从乡土到多元

何弘 著

从乡土到多元
——网络化背景下的文学

何 弘 著

河南大学出版社
HENAN UNIVERSITY PRESS

·郑州·

图书在版编目(CIP)数据

从乡土到多元:网络化背景下的文学/何弘著.—郑州:河南大学出版社,2018.2
ISBN 978－7－5649－3237－4

Ⅰ.①从… Ⅱ.①何… Ⅲ.①中国文学－当代文学－文学评论－文集 Ⅳ.①I206.7－53

中国版本图书馆 CIP 数据核字(2018)第 034725 号

出 版 人	张云鹏
出版统筹	侯若愚
责任编辑	侯若愚　甘慧君
责任校对	郭永君
封面设计	侯一言

出　版		河南大学出版社
地　址		郑州市郑东新区商务外环中华大厦 2401 室
电　话		0371-60993151(人文社科出版分社)
		0371-86059753
网　址		www.hupress.com
印　刷		河南瑞之光印刷股份有限公司
版　次		2018 年 4 月第 1 版
印　次		2018 年 4 月第 1 次印刷
开　本		720mm×1000mm　1/16
印　张		21.25
字　数		316 千字
定　价		68.50 元

本书如有印装质量问题,请与河南大学出版社营销部联系调换。

在文学现场、社会现实到灵魂探险的路上
(代序)

自1984年进入南开大学中文系读书算起,我从事文学方面的专业学习与工作已经30年了。其间体验了文学无比的兴盛与荣耀,也亲历了文学的日益边缘化和衰落。当然,所谓的边缘也好,衰落也好,其实都是相对的。尽管不再是每个青年都天天做着文学梦,尽管征婚者不再把爱好文学作为一项必列或必备的条件,文学仍然拥有庞大的读者群。

但我所从事的文学研究与批评相对于创作来说,情况似乎更不乐观。因为文学批评一向被认为缺少独立性,文学评论家甚至被讥讽为寄生虫、吹鼓手或轿夫等等,总之是需要依附于创作而生存的不光彩的角色。现在,文学批评和研究更被许多人认为是与人类的现实生存无关的理论游戏,距离大众的生活似乎越来越远,越来越无关痛痒。当然现实情况也似乎的确如此,文学评论家好像既不能面对现实生活发现问题、提出问题,也不能面对文学创作发现问题、提出问题,甚至连命名的能力也一并丧失。文学评论和研究差不多成了书斋里玩弄概念的无聊游戏或为配合文学作品炒作的堂会表演。总而言之,文学评论家的边缘化感觉似乎从未像现在这么强烈,这曾令我产生一种走进了小胡同的感觉。

在20世纪60年代,美国文学批评家J.希尔斯·米勒关于文学批评曾有一个经典性的说法,称文学批评是"意识的意识,文学的文学"。想起米勒的这个说法,许多文学评论家想必和我一样感到振奋。米勒认定:"文学批评本身是文学的一种形式……文学批评是二级的文学。它借着他人已经写出的诗歌、小说、戏剧、日记和书信而进入文学的世界……在一个新的形式中延展、完成、构造那些先已表现于文学中的主题。因而它像文学那样使用语言,并表现相同的现实。"他说:"这尤其意味着,文学批评家,像小

说家或诗人一样,也是在进行着他自己的灵魂探险,虽然这种灵魂探险采取的是隐秘的或间接的形式。"米勒显然不同意将文学批评和文学研究当作科学知识方式的观点,同时也在与文学创作的关系对比中,为文学批评的独立性和生存权利进行了辩护。

然而,即便确立了文学研究和文学批评的独立地位,它对人生、对社会的价值究竟在哪里呢?对我而言,不管是创作还是评论,写作毕竟不只是一种专业技能那么简单,它涉及与人类精神生活、个人经验相关的一种信念,写作者应该对时代的问题和人类的生存体验进行有深度的表达。写作关乎的是精神信仰问题,要追究到终极的问题上去,要对人的生命安立提供自己的帮助。那么,一个以文学批评为职业的人如何才能做到这一点呢?就在我颇感迷惑的时候,文化研究日渐受到重视,这促使我去关注那些决定我们生活方式的重要因素,把目光投射到人们现实生活的方方面面,出版了研究计算技术、网络对人类生活和生存的影响的专著《生存的革命》。由此我发现,评论家一样可以表达自己对于人类现实生活与生存的深度关切,一样可以对人类的现实生存发挥积极的作用。

是什么正在影响我们的生活?什么又即将影响我们的生活?在这个风云变幻的时代,我愿意关注那些影响我们生活与生存方式的重要因素,愿意进行灵魂的探险,为自己也为大家寻找精神的寄托和灵魂的处所,对文学更对人们的生活发挥积极的影响。我想,尽管文学评论和研究可能的确处在社会的边缘,但我所关心的这些与我们的生活息息相关的问题其实都处在技术和社会发展的前沿,对人类生存与生活的影响也是全新的。而从另一个角度讲,前沿其实也处在边缘,处身前沿就远离了中心。在这种思想的指导下，我写作并发表了一系列文章，于2005年辑为《探险者——何弘文化文学论集》，由河南文艺出版社出版。

当然，现实的研究工作并不能完全按自己的兴趣进行。在世纪之交，从先前的河南省文联文艺理论研究室到之后的河南省文学院，我从事文学评论的同事耿占春、王鸿生等相继调离，只有我跟随院长孙荪先生守在原地，廖化般地做起了河南省文学院理论研究部主任、院长助理、副院长、院长。职责所在，对文学豫军或者说中原作家群的研究自然成为工作的重点。在此期间，我担任了河南几乎所有重要文学奖项的评委，也担任了包括鲁迅文学奖、茅盾文学奖在内的全国重要文学奖项的评委，成为名副其实的职业读者。正因如此，不管愿读还是不愿读，每年都要阅读大量文学作品，其中有令人愉悦的好作品，也有不少不忍卒读的糟糕作品，对其中一些作品，还得发表自己的看法，如此所积渐多，于2009年辑为《我看》由河南文艺出版社出版。

除了对具体作品的阅读和对作家个体的关注之外，对中原作家群总体的关注和研究自然是必不可少的。这些年，我撰写了一系列中原作家群的综述性文章，如发表于《人民日报》的《中原作家群：关注现实，厚重大气》，发表于《光明日报》的《贴近乡土，沉稳大气——中原作家群创作风格综述》，发表于《小说评论》的《中国新文学中的中原作家群》，发表于《中原文化研究》的《新世纪中国文学地理版图中的中原作家群》等。同时组织相关专家撰写文章，主编出版了《走在重振雄风的路上——改革开放30年的河南文艺》、《坚守与突破——中原作家群论丛》等。

在研究、撰写文章的同时，组织相关文学活动也是一个工作重点。我做院长之前,在孙荪先生的主导下,"文学豫军"一直是我们介绍河南和豫籍作家时使用的一个概念,并得到全国同行的认可。在我接任院长之后,随着中原经济区建设的推进,我们提出了"中原作家群"的概念。除前述的一些文章反复阐释推广之外,2010年我们在郑州组织了"坚守与突破——中原作家群论坛",铁凝等全国文学界的重要作家、评论家参与了活动,对中原作家群给予了充分肯定,"中原作家群"作为一个学术概念逐渐被文学界乃至社会所接受。2012年8月28日至9月1日,我们利用北京国际图书博览会设立中国作家馆的机会,使河南成为中国作家馆的首个主宾省,面向世界代表中国展示文学整体成就,包括在京豫籍作家在内的近40位作家以强大的阵容,连续五天不间断参加了一系列活动;包括新华社、《人民日报》、《光明日报》、中央电视台、《工人日报》、《中国文化报》、《中国艺术报》、《文艺》、《中华读书报》、《中国图书商报》和新浪网、中国新闻网、人民网等在内的超过40家媒体连续进行跟踪报道,在京城以至全国,刮起了一股强大的"文学中原风",取得了良好的效果。作为此次系列活动的重要组成部分,29日下午,"中原崛起——中原作家群论坛"在中国作协十楼会议室举行,全国众多一线评论家及中原作家群全部参会作家参加了研讨。会议对中原作家群的创作情况给予了充分肯定,再次确立了中原作家群在全国的影响和地位。当然,关于中原作家群的个案研究及其他活动还有很多。

作为"中原作家群"建设的一个主要推动者,我把自己写的一些文章,辑为《超越还是重复——中原文学论稿》于2013年由河南文艺出版社出版。我的这些研究虽以回顾总结为主,但更重要的是为了对今后的创作产生意义,"超越还是重复"是其中一篇文章的标题,我以它为书名,正代表了我对中原文学今后发展的思考。

在关注并将主要精力放在中原作家群研究上的同时,我内心深处对影响我们生活与生存方式同时也必然影响文学的那些重要因素的关注一直没有停止。多年前,我就开始了一项叫"网络化背景下的文学"的课题,并得到了中国文联、中国作协、社科基金的资助。尽管这项研究有诸如《网络化背景下的小说观念》等文章在《小说评论》等刊物发表,但项目总体至今尚未完成。我始终认为,这是一个非常重要的课题,值得我花更多的精力把它做好。

在多年的文学实践活动和研究工作中,我发现文学的发展总是与其传播方式的变化息息相关的。网络的发展对文学传播方式的影响是革命性的。在过往的历史中,口头文学到书面文学是一次革命性的变化;而书面文学的传播方式尽管经历了各种变迁,总体上说都有物质形态;网络文学的传播则是以数字化方式进行的,物质形态的消失使传播的便捷性前所未有地增加,"作品"本身不再有可资珍重的形式,内容的无限延伸放大成为可能。因此,网络文学因传播方式的变化直接造成了阅读方式的变化,并对读者的审美习惯、作家的写作方式都产生了巨大的影响。

纵观整个文学发展史,每一个时期都会有其主流的文学样式。在纸张出现之前,书写和携带的不便,使文学不可能以长篇大论的形式展开,这时的诗、文都非常精短。纸张的出现,使更长篇幅文学作品的传播成为可能,于是诗由四言、五言而至七言、长短句,文章的篇幅也相应拉长,并出现了一些民间流传的通俗样式。到印刷技术成熟,特别是大规模机械印刷普及之后,长篇小说迎来了其发展的黄金时代。很难想象,如果没有大规模印刷技术的普及,会有长篇小说的繁荣;也很难想象,在机械印刷时代,长篇小说会不是主流的文学样式。但无论如何,这时的文学作品都有其具体可感的物质形式,篇幅必然会受到物质形式的制约。这样的文学作品,有一个最基本的审美约定,就是力争在有限的篇幅内表达尽可能丰富的意蕴。因此,对传统文学来说,只有那些耐品味、经琢磨,常读常新的作品才是好作品,可资把玩是传统文学的一个基本特质。

但是,网络技术的发展对文学的存在形态产生了颠覆性的影响。严格来说,真正意义上的网络文学并不是放在网上进行传播的文学作品的通称,而是那些依靠网络方式进行写作并进行传播,同样通过网络进行阅读的文学作品。这样的文学作品其实是不能或非常不便于以传统形式存在和传播、阅读的。目前在世界范围内,华文网络文学呈现出一枝独秀的局面,这主要与我们发展出了一套可行的商业模式有关。现在的原创文学网站主要运营方式是,作者自由注册为会员、自由发表作品,当作品发表到一定量,比如30到50万字后,如果达到相应的点击量,即与作者签约上架销售。此后,读者如果要继续阅读该作品,就需要付费获得相应篇幅的阅读权限,阅读量越大作者的收益就越多。对网络写手来说,除了吸引更多的读者来阅读作品之外,对有一定读者群的作品来说,不断拉长篇幅是获得更多收益的有效手段。这种商业模式造成的一个后果就是网络文学作品的篇幅越来越长,500万以至上千万字的作品俯拾即是。这种商业模式导致网络文学的另一个重要特点是,它不像传统文学作品那样,是作者创作完成经反复修改并编辑出版后才由读者阅读的,它基本上是即时写作、即时发表、即时阅读的。尽管作者会避免"断更"（中断更新）导致读者流失，会预先"缓存"一定篇幅的内容，总体上说写作与阅读是近乎同步的，读者不知道，甚至作者也不知道，作品的终点到底在哪里。这使读者对网络文学作品的阅读与传统文学的阅读有着明显不同的心态和阅读期待。如果说对传统文学作品的阅读更多基于审美需求的话，对网络文学的阅读则更接近消费和消遣，甚至成为一种持续不断的生活方式。这样的阅读与传统把玩式的欣赏是截然不同的，网络文学的阅读基本都是一次甚至一过性的、不会重复的阅读，这种阅读的审美特点与传统文学作品肯定是不同的。手机的流行使网络文学呈现出了一些新的特点，比如一些新的精短文字开始流行，但总体而言，网络文学的发展是与其传播特点和商业模式密切相关的。

  网络文学的另一个特点是由于基本没有进入门槛，导致作品数量极为庞大。于是，在众声喧哗中，如何吸引眼球成为网络写手最主要的考虑事项。目前，网络文学基本是类型文学的天下，这是市场主导的必然结果。严格来说，所有的流行文学基本都属于类型文学的范畴，只是在网络文学领域表现得更为充分罢了。这些年网络文学的发展，使玄幻、奇幻、武侠、仙侠、都市、言情、历史、军事、游戏、体育、科幻、灵异等类型文学有了充分的发育，培育了相对稳定的读者群，并反过来影响了网络文学的发展形态。这种类型化的写作，作者更多在意的是语言的机辩锋利、情节的生动曲折、细节的夸张离奇、想象的奇妙诡异，相对而言，作者对作品的价值和意义缺乏明确的追求，除部分类型外，作品内容也大多与个人的生存经验无关。

  网络文学的主要读者是年轻人，随着时间的推移，网络阅读必然会成为文学阅读的主流。而网络文学在注意对作品价值和意义的追求、注重表达个人经验和时代经验并不断提高品质之后,一定会成为主流并走向经典化。

我坚信,网络就是今天影响我们生活与生存方式的最重要的因素,关注人类的精神生活必须关注网络,因为它必然也是影响文学的最重要因素。我应该也必须对此给予更多的关注,把更多的精力放在对此问题的研究上。

(《东京文学》2014 年第 3 期)

目 录

远 道

中华美学精神的当代建构　　（3）
文艺评判标准与社会主义核心价值体系建设　　（14）
叙事文艺作品中英雄主题的流变　　（22）
小说文体流变考　　（34）
乡土小说
　　——中国新文学百年的标志性文体　　（42）
不可忽略的马镫　　（48）
第八届茅盾文学奖评奖阅读笔记　　（52）
"茅奖"评奖记　　（64）
短篇小说：以短见长　　（67）

中 原

从乡土到多元
　　——中国新文学中的中原作家群　　（73）
新世纪中国文学地理版图中的中原作家群　　（102）
贴近乡土　沉稳大气
　　——中原作家群创作风格综述　　（110）
中原作家群：关注现实，厚重大气　　（116）

乡土:超越还是重复
　　——《莽原》2009年河南青年作家小说专栏作品扫描　　(121)
新力量的崛起
　　——中原作家群青年作家综述　　(126)
中原作家群新论　　(134)
坚忍的探索者和深刻的思想者　　(142)
现代化进程中的众生命相
　　——评《生命册》兼议当代长篇小说创作　　(160)
看灵魂凌虚而舞
　　——以《等等灵魂》为例　　(172)
周大新论　　(178)
新时期文坛的一张硬弓
　　——张一弓和他的创作　　(194)
送一个灵魂高贵的人远行
　　——悼南丁老师　　(198)
泄露天机的人　　(202)
让灵魂闪出理想光芒
　　——郑彦英长篇小说《拂尘》　　(206)
风行水上:不拘格套的和谐之章　　(210)
因为理解,所以悲悯
　　——邵丽小说简评　　(216)
我就是我的身体
　　——乔叶小说的身体伦理　　(219)
墨·白
　　——墨白印象　　(223)
回到身体本身
　　——简评《性爱的思辨》　　(226)
杨晓敏对小小说发展的理论贡献　　(233)

网　　络

作为存在处境的网络文化	（241）
华文网络文学发展概论	（247）
网络化背景下的小说观念	（261）
博客写作的文本特质	（269）
网络文学的模式转变和精神担当	（274）
叙事的革命	（280）

附　　录

文学的难题是文化的难题
　　——专访河南省文学院院长、著名评论家何弘　　（299）
腹有诗书，心有担当，永远在超越的路上
　　——何弘访谈录　　（310）

远道

中华美学精神的当代建构

中华美学精神是习近平总书记 2014 年 10 月 15 日在文艺工作座谈会讲话中提出的一个重要概念。他在讲话中提出:"要结合新的时代条件传承和弘扬中华优秀传统文化,传承和弘扬中华美学精神。"那么,在美学理论研究和文艺创作实践中,我们究竟应该如何建构中华美学精神,并自觉以此指导创作和批评实践呢?

中华美学精神是社会主义核心价值观的美学表达

要想真正理解习近平总书记提出的建构中华美学精神的思想实质,我觉得首先需要跳出文艺的范畴,从中国社会当下基本的思想文化现实出发,来理解这个问题。

20 世纪是中国社会思想文化价值变动最为剧烈的一个世纪,或者说是价值失范的一个世纪。在这个世纪,不仅中国几千年的封建制度走到了尽头,而且传统文化也受到了外来文化前所未有的挑战。在攸关民族存亡的关键时刻,我们基本上是主动地放弃了传统文化,而以强势的西方文化为基本参照,开始建设"新文化"。此后,面对日寇侵华的铁蹄,民族救亡成为一个时期的绝对主题。再后,经过三年大规模的战争,马克思主义成为占据主导地位的意识形态,但在该世纪的后 20 年,原本被视作资本主义标志性特征的市场经济又对社会主义制度形成新的冲击。这个过程,基本是割裂传统文化的过程。而在这个世纪结束的时候,我们遇到了整合各种文化价值观念、重新确立自己统一的文化体系的问题。

在将近一个世纪的时间里,中国的传统文化出现了断裂,而西方以宗教为背景的文化又不可能被我们完全接受,于是随着市场经济的不断发展,对现实物质利益的追求成了大多数人的生存目的,财富的多寡成为衡量一个人成功与否的唯一尺度。但是,尽管物质生活越来越丰富,幸福感却似乎越来越少,精神需求问题日益成为我们必须面对的一个重要问题。子曰:"君子怀德,小人怀土。"但当今社会似乎大多数人都在"怀土"。对于社会来说,如果没有一个共同的信仰基础,没有一个共同的文化背景,多"小人"而少"君子",要真正实现社会的文明进步无异于痴人说梦。现在,信仰的缺乏已经成为大家普遍关注的问题。在当今的中国社会,无神论的观念已经被大家普遍接受,我们不可能通过一个外在的神祇来建立一种信仰。如何在无神的前提下建立信仰,如何以马克思主义基本理论为指导建立信仰,是当前面临的一个重要问题。而社会主义核心价值观正是在这个背景下提出来的。尽管中国传统文化中存在不适应当今社会的内容,但它基本的理论核心和价值观念在今天仍然具有非常积极的作用和重要意义,使我们可以在马克思主义的指导下,吸收中国传统文化的精华,构建起一种能为全社会所认同的价值体系、一种精神信仰。当社会主义核心价值体系构建起来的时候,当下许多社会问题也就迎刃而解。

正因如此,习近平同志提出:"广大文艺工作者要高扬社会主义核心价值观的旗帜,充分认识肩上的责任,把社会主义核心价值观生动活泼、活灵活现地体现在文艺创作之中,用栩栩如生的作品形象告诉人们什么是应该肯定和赞扬的,什么是必须反对和否定的,做到春风化雨、润物无声。"显然,习近平同志对通过文艺构建社会主义核心价值体系并引导人民践行社会主义核心价值观寄予了殷切的期望。具体来说,要想使文艺作品体现社会主义核心价值观,需要"结合新的时代条件传承和弘扬中华优秀传统文化,传承和弘扬中华美学精神"。从这个意义上来理解,可以说,中华美学思想是社会主义核心价值观在文艺中的具体体现,换句话说,中华美学思想是社会主义核心价值观的美学表达。

美与善的统一是中国传统美学思想的一个重要特点。这个"善",实质就是核心价值观,就是社会倡导的价值观念和道德规范。丁振海在谈到中华美学精神与社会主义核心价值观的关系时说:"中华美学精神源远流长,博大精深,其精髓正在于强调以艺术的载体和审美的方式,彰显或蕴涵思想的、道德的力量。只要我们认真地加以传承和弘扬,就可以为涵养社会主义核心价值观、为当代文学艺术从'高原'迈向'高峰'提供丰富宝贵的精神资源。"[1]美与善的统一在当代的具体体现,就是中华美学精神与社会主义核心价值观的统一。正因如此,仲呈祥也明确提出:"传承和弘扬中华美学精神,是涵养社会主义核心价值观、促进中国特色社会主义文艺健康持续繁荣发展的重要条件之一,也是中华民族在 21 世纪为人类以审美方式把握世界、促进和谐安定开出的一剂美学良方。"[2]

中华美学精神是植根传统、立足现实、面向未来的开放体系

如何建构中华美学精神？不同的人会有不同的理解。有些人会更多着眼于中国传统文化,把中华美学精神理解为中国古典美学传统,并以此排斥西方及其他外来的美学观念,以保证中华美学精神的中国特色及其纯粹性。有些人则从全球化、现代化的现实出发,认为中国古典美学观念不合时宜,应该以现代美学理念为基础,建立具有普适意义的中华美学精神。不能否认,两种观念都有合理性,但都有其偏颇之处。如果中国古典美学观念完全适应今天的文化现实,那直接把它继承下来就是,没必要重新去进行建构;如果片面强调中华美学精神的普适意义而否定其历史性和民族性,事实上就消解了中华美学精神的独特价值,与世界文化多元发展的趋势也是背道而驰的。

习近平同志在文艺工作座谈会上指出:"中华优秀传统文化是中华民族的精神命脉,是涵养社会主义核心价值观的重要源泉,也是我们在世界文化激荡中站稳脚跟的坚实根基……要结合新的时代条件传承和弘扬中华优秀传统文化,传承和弘扬中华美学精神……我们社会主义文艺要繁荣发展起来,必须认真学习借鉴世界各国人民创造的优秀文艺。只有坚持洋为中用、开拓创新,做到中西合璧、融会贯通,我国文艺才能更好发展繁荣起来。"这段话清楚地指明了中华美学精神的内涵和特质:它是植根中华优秀传统文化的,是立足当下现实并面向未来的,是融会中西的开放体系。

中华美学精神植根中华优秀文化传统,这个传统不仅包括中国古典文

---

[1] 丁振海:《中华美学精神与繁荣社会主义文艺》,《人民日报》2015 年 3 月 24 日第 14 版。
[2] 仲呈祥:《传承和弘扬中华美学精神》,《文汇报》2014 年 11 月 6 日第 5 版。

化传统,同时也应该包括"五四"以来的新文化传统。

中国古典文化传统在数千年的发展过程中形成了富有自身特色的美学思想,这是中华文化区别于其他文化的根本要素,也是中华文化能够在世界文化激荡中站稳脚跟的坚实基础。王德胜在谈到这一问题时说,中华美学精神"突出强调了当代中国文艺创作与理论批评在精神层面所应持守的'中华立场'"[1]。也就是说,中华美学精神的建构必须持守"中华立场",而"中华立场"的持守自然应该以中华优秀文化传统为根基。但是,建构中华美学精神,继承和弘扬中华文化的优秀传统,并不意味着要将中华传统与西方文化对立起来,排斥西方及其他外来文化。历史发展的事实证明,保守主义、民粹主义倾向对中华文化的健康发展,会产生极大的阻滞作用,特别应该引起我们的警惕。中华文化历数千年而不衰的历史证明了其自身优秀的品质,而它在晚清以来所受到的冲击,表明它本身也存在需要完善的地方,需要借鉴外来文化的优秀成果完成自我完善,以更好地面对未来。

"五四"以来中国新文化的发展,是我们面对世界文化相互冲击影响的现实,进行自我更新发展起来的。经过百年的发展,它已经成为中华文化传统的一个重要组成部分,即中国新文化传统。中国的新文化传统有对中国古典文化传统的继承,也包括了西方文化、苏俄文化的基因,革命文化、红色文化是其重要组成部分和特色之一。

20世纪中国新文化的发展,使中国文化发生了两千年未有之巨大变革。但在这个过程中,也出现了片面否定文化传统、人文割裂文化传统的情况。这种矫枉过正的情形出现在文化冲突的初期是可以理解的,随着社会文化的进一步发展,在与外来文化的比较中,我们对中华传统文化价值的认识也进一步加深。实际上,中国的文化传统,本就是在不断吸收外来文化的过程中形成的,其中有中华民族大家庭不同民族文化的融合,有对诸如佛教等纯粹外来文化的融合,等等。中国新文化的发展,更是一次对外来文化的巨大吸收和融合。这表明中华文化传统本身就具有巨大的包容性、开放性,也正因如此,中华文化才能历数千年而生生不息。今天,我

---

[1] 王德胜:《中华美学精神的实践品格》,《人民日报》2015年2月27日第24版。

们在继承中华文化优秀传统的基础上建构中华美学精神,自然要继续保持其开放性和包容性。

习近平同志在谈到传承和弘扬中华美学精神时强调"要结合新的时代条件",这个"新的时代条件"就是当下中国的文化现实,是世界不同文化冲突、交流、交融、发展的现实。在全球化的背景下构建中华美学精神,保持中华文化特色是出发点和落脚点,而面对世界其他文化,它还应该能够保持足够的影响力和辐射力,这就要求它具有面向世界、面向未来的能力,具有代表人类精神文明最高成就的先进性。要保证这种先进性,中华美学精神的建构就应该在继承中华文化优秀传统的基础上,借鉴人类文化的一切优秀成果,以开放的姿态包容创新,使其具有自我更新、自我发展的动力和活力。

中华美学精神的历史性及其民族特色

中华美学精神建构的目的,是要用以指导文艺实践,使其保持中国特色、中国风格、中国气派,让中华文化在世界文化的激荡中站稳脚跟。因此,中华美学精神必须体现中华民族审美的精神特质,即具有独特的民族性。中华美学精神的民族性是在中华文化数千年发展的历史过程中形成的,民族性实际上也就是其历史性,因而中华美学精神的建构必须以中国传统美学思想为根基。

中华传统美学思想的形成经历了一个漫长的历史过程,期间吸收融合了多种不同的外来文化思想。王一川在谈到这个问题时说:"中华美学精神本身是一个在时间维度上不断演变和在空间维度上持续交融的历史性过程,有着多层面构成";"从族群形态看,中华美学精神可以视为中华我者与外来他者之间的长期的文化涵濡(Acculturation)的历史性成果……是中华多族群生活方式的持续交融体";"在哲学思维上,中华美学精神的构成可以视为以道、气、阴阳及气韵生动等系列学说为特征的中华思维方式的综合作用的结果";"在审美习惯上,中华美学精神的构成与中华民族,特别是汉民族对那种富于'兴味蕴藉'的审美对象的偏好有关";"在人生境界上,中华美学精神的构成还需考虑我们这个作为多族群联合体的国家内部不同族群审美趣味之间的相互交融与共生状况,这突出地体现为一种有关人生境界的层层上升的追求,如'和而不同'等"。[1] 王德胜认为:"中国传统美学的一个主导性理想,就是强调生命活动的内在和谐性,倡导个体生命体验向自然生命运动的沉浸和投入,讲求天、地、人相合。"同时,"强调文学艺术对现实人生的改造与提升,突出文艺活动的人生教育和伦理构建功能,这一理念贯穿中国美学思想发展的始终,直接影响到我们对文学艺术的功能要求和价值判断,也是'中华美学精神'核心内涵的一部分"。[2]

中华传统美学思想作为一个"有着多层面构成"的"持续交融体",总体来说主要包括儒家、道家、佛教美学思想以及丰富多彩的多民族民间美学观念。

儒家美学追求美与善的统一,注意人与社会的关系,因而伦理构建成为其重要的着眼点之一。儒家美学思想的核心是"中和",实现方式是"比德",即把自然美和人的精神道德情操相联系,赋予自然以道德属性,像"岁寒,然后知松柏之后凋也"[3],"芷兰生于深林,非以无人而不芳"[4],都是从人的伦理道德观点去看自然现象,把自然现象看作人的某种精神品质的对应物。于是,在儒家美学思想的影响下,文艺创作实际上就是赋予自然以道德品性的过程,而文艺欣赏则是欣赏自然的道德品性,完成道德养成的过程。也正因此,"文以载道"成为儒家对文艺创作的基本要求。注重道德建设和伦理建构是儒家积极入世态度的必然追求,这种态度使儒家倡导一种自强不息的进取精神,这种精神也是中华文化数千年来生生不息的重要支撑力量。同时,儒家"中和"的观念使它反对一切极端的追求,能够以"和而不同"的态度对待其他文化,从而具有极大的包容性。

道家重视自然之美,注重人与自然的关系,重点着眼于生命的自由自在。道家美学思想的核心是"自然",实现方式是"畅神"。"畅神说"最早见于南朝宋画家宗炳的《画山水序》,强调自然山水形象带给人的精神愉悦和

---

[1] 王一川:《对中华美学精神的几点思考》,《光明日报》2014年12月26日第11版。
[2] 王德胜:《中华美学精神的实践品格》,《人民日报》2015年2月27日第24版。
[3] 孔子:《论语·子罕》。
[4] 荀子:《荀子·宥坐》。

享受。自然而然的本真状态和自由指向,是道家看重自然的根本原因,它与道家对生命自然本真状态和精神自由无限指向的追求是一致的。道家美学崇尚自然、平淡、朴素、简约,也就是通过"心斋""坐忘"来模仿虚静的自然本真状态,达到无我的精神自由状态,超越物象,领悟自然蕴含的神韵。因而在道家美学思想的影响下,文艺创作就不仅仅是对外在物象的描摹,而是要通过有限的物象,将人引向"道"的境界,亦即自由、玄远、无限的境界。这种思想的美学表达,就是宗炳所说的"山水以形媚道","神本亡端,栖形感类,理入影迹","万趣融其神思","畅神而已"。[1] 道家美学思想对中国"重写意、重神韵"文艺观念的形成影响深远。

佛教传入中国,至慧能提出"即心即佛""无念为宗""明心见性""顿悟成佛"开创中国禅宗,方彻底完成了中国化。禅宗是佛教与中国儒道思想融合的产物,追求人的本性与宇宙本体的绝对冥契合一,即终极涅槃之境,绝对美与自由之境。禅宗"不立文字""明心见性"的观念使其与道家一样,不注重外在的物象而重在意的表达。但禅宗美学与道家美学的不同之处在于,道家追求以有限的物象达至无限的意义空间,而禅宗则把美看作"在刹那间照面映现的瞬间澄澈之美",即所谓"无常之美"[2],而艺术是要以色喻空,使观者由"悟"而达妙境。禅宗追求"空灵之美",其"悟"的观念、"境界"的追求,对中国文艺影响至深,成为中国传统美学思想的核心构成要素。

把中国传统美学思想分为不同的层面来谈论,并不意味着它们是相互割裂的。事实上,中国传统文化是在吸收不同外来文化的基础上发展起来的,除了上面提到的一些因素外,还有其他许多文化基因融入其中,比如受墨家思想影响发展起来的侠客文化,当然还有构成中华大家庭的其他民族文化以及民间文化等。这些文化融合在一起,形成的中华文化传统、中华美学思想,共同表现出了注重生命性和精神性、追求天人合一、重表现、尚意的特点。这是中华传统美学思想的历史特色,也是今天的民族特色。

---

[1] 宗炳:《画山水序》。
[2] 傅雪松:《禅宗"空寂之美"的时间性阐释》,《思想战线》2008年第5期。

中华美学精神的开放性及其时代特色

在谈到中华美学精神的历史性及其民族特色的时候,我们实际上已经涉及了它的另一个重要特征:开放性。

王德胜如此看待中华美学精神的开放特质:"放在整个中华民族发展史中来看,'中华美学精神'始终处于不断生成、积淀和丰富的展开过程中,在不同的时代往往被赋予不同的价值内涵。它在集中体现'中华性'的同时,交织融合了中华民族历史积淀的精神历程和多样性的思想追索,随时代变化而不断丰富其自身,且愈发深隽醇厚,呈现出意义的开放性和思想的丰富性。""作为历史传统的'中华美学精神',因其意义的开放性而具有延续文化血脉、塑造文化品格、强化文化使命的实践意义。"[1]正是因为中华文化传统自身具有开放的特质,它才能在几千年的发展中不断吸收外来文化,在保持自身特点的同时,自我更新,自我发展,才能在当今全球化的背景下适应世界文化多样化发展的新趋势,吸收世界文化的一切优秀成果,面向世界、面向未来,不断丰富和发展。

事实上,在谈到中华文化传统的时候,我们应该认识到,中国古典文化传统与近百年来形成的中国新文化传统事实上是共时存在的。而且,如果说中国古典文化传统是当今中国文化精神的重要根基的话,新文化则是其重要表现形式。20世纪初,在中国传统文化受到外来的西方文化猛烈冲击的时候,我们借鉴西方文化,开始了新文化运动。今天我们熟悉的小说、散文、诗歌、话剧、影视等,都是借鉴西方的艺术样式重新发展起来的艺术样式,与中国古典小说、散文、诗词、戏曲等有着明显的差异。这个过程中,我们的美学思想事实上也迎来了数千年未有之变局,有了巨大的发展。中国新文化运动的发展,有西化、苏联化的过程,有抛弃传统到回归传统的过程,也形成了自身革命文化的传统。今天,当我们谈到中华美学精神的当代建构时,新文化传统是不可忽视的文化现实,是我们能够与世界文化对话交流的现实基础,同时也是中华文化开放性的证明,是中华美学精神具

---

[1] 王德胜:《中华美学精神的实践品格》,《人民日报》2015年2月27日第24版。

有时代特色的保证。

中华美学精神的当代建构，肩负着"弘扬中国精神、凝聚中国力量"使命。对中华美学精神的当代建构来说，以民族性来证明其正确性是一种危险的倾向。完全回归传统，我们就失去了面对当下现实的能力，失去了自我更新的能力，失去了面向未来的发展能力。因此，中华美学精神的当代建构应该在继承和弘扬中华传统美学精神、坚守中华文化立场的基础上，吸收借鉴其他文化的优秀基因，使中华美学精神具有适应时代并影响其他文化的能力。它是中国的，也是世界的，是中华文化对世界文化发展的最新贡献。

中华美学精神的当代建构是理论命题更是实践命题

习近平总书记强调"结合新的时代条件传承和弘扬中华优秀传统文化，传承和弘扬中华美学精神"，是着眼于当下的文艺现实、文化现实而言的，更是着眼于实现中华民族伟大复兴的中国梦这一伟大目标而言的。因此，中华美学精神的建构就不能只是一种理论命题，更应该是实践命题，应该也必须落实在具体的文艺实践中，应该为社会主义核心价值观的涵养、为鼓舞和引导人民提供有效的支撑。王德胜在谈到这一问题时说："这一命题的提出，突出了文艺审美价值构建过程中历史与现实、文化传统与当代实践的统一，进一步明确化、具体化了当代中国文艺实践的美学品格。对今天的文艺创作与理论批评来说，强调'中华美学精神'的传承和弘扬，更为现实的要求，在于以'中华美学精神'自觉引导文艺创作与理论批评的当下实践，推动中国文艺实践的当代价值构建。"[1]

习近平同志在文艺座谈会上对文艺批评寄予了殷切的希望，对文艺评论家提出了具体的要求。这其中隐含着对当前文艺批评现实状况的诸多意见。具体来说，就是当前的文艺批评事实上处于一种大面积失效的局面，而改变这一局面的关键，正在于自觉以中华美学精神指导文艺批评，使文艺批评回到美学批评的正确道路上来。

---

[1] 王德胜：《中华美学精神的实践品格》，《人民日报》2015年2月27日第24版。

文艺批评受到质疑,当然远非近几年才有,只是近些年更趋激烈。当前的文艺批评,基本上处于文艺主管部门不满、读者和观赏者不满、文艺创作者不满的局面。对此,文艺批评界很多人感到非常委屈,认为当下的文艺批评,论从业者人数之众、发表文章之多,甚至是研究的广度、深度及文章的学术水平,都要好过以前。他们认为,出现在社会上的这些质疑,实际上更多出于质疑者的无知和偏见。这种说法并非毫无道理。但是,在当下的社会舆论中,文艺评论基本到了一无是处、惨不忍睹的境地,评论家被普遍看作收红包的吹鼓手。何以批评界的自我认知和社会认可度之间存在这么大的差距呢?我认为问题的根本在于看待批评的着眼点有所不同,就文艺批评本身的数量和质量而言,不能说不如以前;但如果从文艺批评的社会影响力和对创作的影响力而言,确实是大不如前。造成这种状况的根本原因其实来自于当下文艺批评的无效性。

回顾 20 世纪 80 年代,文艺批评影响力的巨大,首先在于文艺本身影响力的巨大。同时,当时的文艺批评确实给文艺创作、给全社会贡献了新鲜而有深度的思想和精神,对文艺创作和社会都具有极大的引领作用。那时的文艺批评还有一个重要的特点,就是文联、作协系统自身的批评期刊和批评家都非常活跃,在文艺批评中发挥了重要甚至堪称核心的作用。这种批评被雷达先生称之为"专业批评"。这种"专业批评"的重要特点是:紧密结合创作实际,具有在场感;注重阅读作品的感觉,能对作品做出很好的美学和艺术判断;理解创作,能准确把握作品创作的得失,对作者和读者具有启示和引导作用;采用更加文艺化的表达方式,能带给读者阅读快感。这种迥异于理论研究和学术论文的批评,更容易得到大众的认可,因而对社会、对作家都具有较大的影响力。

这些年,随着项目为中心的学术体制的建立,资金开始围绕项目流动,并形成一个自足的生态体系,文联、作协系统的大量批评家开始进入高校。同时,在重视学术性的旗帜下,一套以数量和发文刊物等级为标准的学术评价体系建立起来。追求文章的数量,追求学术的规范,成为普遍的风气,这些进入高校和科研机构的文艺批评家当然也包括在内。此时的文艺批评文章,已经日益向学术论文靠拢,可读性下降,对社会的影响力自然大大减弱。而且在这种畸形的学术体制中,表面化的学术规范代替了内在的精神思想,大量出现的文艺批评文章除了反复炒些早已成为常识的理论外,缺乏发现和创见,貌似深刻实则空洞无物,基本是学术垃圾,自然不会有任何实质的影响力。而那些有较深刻见解的文章,因其过于强调学术性,写得更像学术论文,难以被大众读者接受。更为严重的是,文艺批评界出现了习近平总书记批评的以西方文艺理论为标准来度量中国文艺作品、阐释中国文艺实践、裁剪中国文艺审美的错误倾向,这些文艺评论总是以西方理论来框架、解释文艺作品,离文艺创作的现实很远,离中国的社会现实更远。目前一些文艺评论家,热衷于政治批评、社会批评、文化批评,独独缺少美学批评的维度,实际上就是缺少了对作品艺术上优劣的判断,缺少了作品何以是好的、何以是不好的分析,这样的评论对创作者和读者而言,自然是无效的。这是当前文艺批评社会影响力减弱的一个重要原因。

目前,提升文艺批评的有效性,扩大文艺批评的影响力,以更好地发挥文艺批评对文艺创作、对社会的重要作用,当务之急是加强美学批评。文艺批评说到底与一般的学术研究还是有所不同的,它应该有极强的现实性、具体的针对性、良好的可读性和切实的在场性,以及由此而实现的批评有效性。

加强美学批评,就是要自觉传承和弘扬中华美学精神,积极参与到中华美学精神的当代建构中,自觉以此指导批评实践,积极面对生活现实、创作现实发现问题、提出问题,把真正优秀的作品推介给人民,并引导创作健康发展,为涵养社会主义核心价值观,为实现中华民族伟大复兴的中国梦,发挥更大的作用。

(《文艺报》2016 年 4 月 20 日)

文艺评判标准与社会主义核心价值体系建设

没有标准就没有判断。对文艺评论来说,评判标准是评论进行的基础、依据、准绳。如果没有标准,就无法对作品做出好与不好的判断;如果标准出现偏差,判断的结果自然也会出现偏差。本雅明曾提出了评论家应恪守的十三条法则,其中第二条是:"没有明确立场的人须保持沉默。"[1]作为一个评论家,假若没有自己对艺术的判断标准,所说的可能都是些人云亦云的废话,这样的话说来又有什么意义呢?

当前,评论家对作品的判断标准似乎在以下两个向度上出现了偏差:一种是屈从市场和大众标准,一种是只看重表现技能。

前一种情况的出现,可能更多地缘于评论家在市场经济大潮中自信的丧失和自我的怀疑。面对销量、收视率、上座率这些作品受大众欢迎程度的具体指标,很多评论家对自己一向坚持的艺术价值判断标准发生了怀疑,开始自觉不自觉地屈从于市场标准和大众标准。但是,市场标准和大众标准对文艺作品的衡量尺度并非艺术价值标准。在市场经济条件下,很多文艺作品为追求销量、收视率、上座率,往往会主动迎合受众的欣赏口味,这就造成某些低俗的文艺作品反而受到追捧。这些年,低俗化倾向愈演愈烈就是一个很好的说明。作为文艺评论家,如果不想成为道具或摆设,就应该坚持自己的独立品格和价值标准,坚持用艺术标准来评价作品,并以此引导大众的欣赏趣味。只有这样,文艺评论家才能在市场环境中显示出自身不可替代的独特价值。

后一种情况则更多地出现在那些自视甚高的专业人士那里。一些评论家似乎特别注重作品的艺术性,坚守艺术价值标准。对他们来说,衡量作品优劣的标准就是其表现能力或者说表达技巧的高下。在文学领域,一个时期以来,叙事技巧甚至写实能力的高低,成为衡量作品水平高下的重

---

[1] 〔德〕瓦尔特·本雅明:《单行道》,李士勋译,人民文学出版社2006年版。

要甚至唯一尺度。在美术、书法、摄影、影视等领域,表现技法也是很多评论家衡量作品水平的重要标准。但是,文学、艺术毕竟不只是一种专业技能那么简单,它与人类的精神生活、个人经验息息相关。从根本上说,文艺是关乎精神信仰的问题,必须追究到终极问题上去,对人的生命安立提供帮助。所以,评论家的判断标准应该建立在作品是否对时代的问题和人类的生存经验做出了有深度的表达上。评论家应当以这样的方式表达自己对于人类现实生活与生存的深度关切,对人类的现实生存发挥积极的作用。

一直以来,文艺评论被认为缺少独立性,评论家甚至被讥讽为寄生虫、吹鼓手或轿夫等,总之是需要依附于创作而生存的不光彩的角色。而现实情况是,由于评论标准的偏颇,评论要么迎合市场、作者,成为商业炒作的道具或堂会表演,要么变成与大众无关的自娱自乐的游戏。要改变这种状况,评论家应该坚守自己的艺术评判标准,积极面对生活现实、创作现实发现问题、提出问题,大力介入当代文艺现状的构建,为社会主义核心价值体系的建立做出自己的贡献,显示自身在新的历史时期的独特意义、价值、作用、责任和使命。

标准就是操守,标准就是责任。在今天这个除了金钱似乎无法找到其他衡量事物价值准则的时代,既然选择了评论,就应当确立并坚持自己的判断标准,不屈从于市场、大众或其他标准,以艺术的标准引导创作者创作出真正能代表当今这个时代水平的文艺作品,并通过我们的发现推介,使之在人类发展的历史长河中作为我们这个时代的标志流传下去。

那么,文艺评论应该坚持怎样的评判标准呢?

我们判断一部作品是否优秀,总体上讲应该从这么两个方面来衡量,一是文化上有无贡献,二是形式上有无贡献。所谓文化的贡献,自然是就内容而言的,就是看其是否具有独特的文化视野,为我们传达一种关于人类生存的新的信息,告诉我们,人类其实也可以如此生存,人类的生存也存在着这样一种可能。而形式上的贡献,就是看形式有无创新,其叙事手段、表现技法等是否对该体裁作品的表达提供了新的、有价值的表现手段,使该体裁的表现力更趋强大、表现手段更趋丰富。只要一部作品在其中一个方面有贡献,就可以判断这部作品是有价值的、是好的。当然能在两个方面都有贡献是最好不过了。

一般说来，文艺作品的形式在一定时期内相对比较稳定，能够在形式上有所创新的相对而言总是少数。而且，从根本上说，形式毕竟是为内容服务的。所以更多文艺家对好作品的追求是在文化上有所贡献。在说到这个问题的时候，我们很容易想到如何面对民族文化的问题。这个问题其实也有两个方面。以前我们常听到"越是民族的就越是世界的"这样的说法，我觉得这个说法是有问题的。每个民族都有自己的生存方式，都有自己独特的文化，对此以文艺的方式进行表达当然是对人类的一种文化贡献。但是，各种文化或各个民族的生存方式对人类而言是否有价值却是必须加以考虑的。在"越是民族的就越是世界的"这样的观念影响下，不少人总是抱着猎奇的心态去欣赏、展示一些原始的、不健康的生活方式。这样的文化虽然很"民族"，但未必有什么世界性的普适价值。所以，对于各种文化我们还是应该以一种人类视野进行考察和表达，只有这样才能对人类真正具有文化贡献。这就牵涉到对文化的价值判断问题。我前面已经谈到，文艺从根本上说是要追究到终极问题上去的，要对时代问题的解决提供帮助，要对人类的生存提供精神支撑，从而对人类的现实生存发挥积极的作用。

对人类的生存提供精神支撑，就是要帮助人们建立一种精神信仰和价值体系，这对个人生命的安立、对社会的和谐都具有重要的意义。构建和谐社会是当下一切工作的根本主题。但构建和谐社会的核心在哪里呢？我觉得在文化，在于使全社会确立共同的信仰，建立共同的价值观念，也就是要构建起社会主义核心价值体系。因而在当代中国，我们评价一部文艺作品在文化上有无贡献，最重要的一条，就是看其对构建社会主义核心价值体系有无切实的贡献。

作为一个重要的评判着眼点，我们应该怎样认识社会主义核心价值体系及其构建的意义呢？

20世纪是中国社会文化价值变动最为剧烈的一个世纪，或者说是价值失范的一个世纪。在这个世纪，不仅中国几千年的封建制度走到了尽头，而且传统文化也受到了外来文化前所未有的挑战。在攸关民族存亡的关键时期，我们基本上是主动地放弃了传统文化，而以强势的西方文化为基本参照，开始建设"新文化"。此后，面对日寇侵华的铁蹄，民族救亡成为一个时期的绝对主题。再后，经过三年大规模的战争，马克思主义成为占据主导地位的意识形态，但在该世纪的后二十年，原本被视作资本主义标志性特征的市场经济又对社会主义制度形成新的冲击。这个过程，基本是割裂传统文化的过程。而在这个世纪结束的时候，我们遇到了整合各种文化价值观念、重新确立自己统一的文化体系的问题。这种情形与诸子百家兴起的春秋战国时期多少有点相似。

春秋战国是我国社会比较动荡的一个时期，人们普遍希望找到一种应对乱世的生存法则，并恢复天下一统的社会和文化格局。于是，各种理论竞相出现，遂有诸子百家的勃兴。坦白地讲，春秋战国变动不居的社会现实为人们的思想打开了一个活跃的空间，但这个时期并非一个可以让人安心书斋去构建完整思想体系的时代，而且，时人，包括现在被奉为圣人的诸子大家，既没有建立完善思想体系的兴趣，也缺乏这种能力。当时的社会更需要的其实是一些应对日常生存处世的可操作的行事准则。所以，我们现在看到的诸子著作，多数是后人整理的关于人生态度、处世原则以及如何建立一个良好的社会秩序的只言片语的说辞。在这一方面，儒经原典《论语》是一个很好的代表。它基本以语录为主，间有孔丘与弟子的简单行止记录。实际上，这些语录的大多数意指并非那么明晰，其含义往往是模棱两可、含混不清的，这就为后人的解释提供了广阔的空间。所谓"半部论语治天下"，其真正的含义也许并非读了半部论语就能应对一切问题，而是《论语》中那些含义原本不甚清晰的话语给人留下了广阔的解释空间，使人可以把自己的思想用《论语》中的经典语录表达出来，从而更具说服力。这种注经的传统一直延续至当代，使我们可以不断给马克思主义注入新的内容，予以发展。

但是，作为传统文化的儒学，并不是在孔子那里完成的，也不是在此后的孟子、荀子等一干人手中完成的，包括《论语》在内的儒经原典都是只言片语的，没有一个完备的体系。而魏晋以来，佛教日益兴盛，它相对来说有一套从形下到形上的理论体系，对儒学形成了很大的冲击。这个时期，河南洛阳一带，儒学和佛教都比较兴盛。以"二程"为代表的一批儒学家，吸取释道的优点，创立了以理学为代表的新儒学，把儒家以前互不关联的概念统一起来，建立了"道"、"理"、"命"、"天"、"心"、"性"、"气"这样一套相互关联的完备概念。

与一般宗教不同，儒家是着眼于现世的。宗教通常着眼于来世，期望通过现世的修行求得来世的幸福。如果寄望于来世，就需要一个超验的力量，需要一个外在的神祇来保证来世。但"子不语怪力乱神"，儒家反对完全内向的精神探索，反对对一切神灵世界和死后之事的研究，坚持认为，人的全部责任就是作为社会的一员合乎道德地行事，让人明白自己在世界、在社会中所处的位置。所以儒家努力的重点是要为世界建立一个秩序，每个人都要在社会中承担起自己的责任，实现社会的和谐。但回避死所遇到的一个重要问题就是，如何解决生命安立的问题，使生命体现出它自然的意义。这个问题，儒家是通过强化"孝"的观念来解决的。对儒学来说，孝不只是体现在对父母老人的尊敬和赡养这些表面的现象上，孝其实是一种祖先崇拜，其实质是，把个体的生命理解为从祖先那里绵延下来的生命流的一个阶段，你的责任就是要让这个生命流生生不息地流传下去。也正因此，才有"不孝有三，无后为大"的说法。这样，个人的生命就成为自祖先到后代这个生命链条中的一环，只要这个生命流能延续下去，个人的死亡似乎就得到了否定或回避，至少，生命无意义的焦虑得到了缓解。所以，"忠"、"孝"其实是儒家理论的核心支点，"忠"着眼于社会秩序的建立，"孝"着眼于个体生命的安立。这种观念的确立，使儒学在一定程度上具有了宗教的作用和意义。

儒家思想在中国漫长的封建社会一直占据主导地位。但1840年开始，帝国主义列强的坚船利炮打破了中国绵延千年的大一统梦想，西方文化也开始迅速蔓延。由于中华民族在与西方民族的冲突中经历了惨痛的失败，于是很多人开始对传统文化产生怀疑。在攸关民族存亡的时候，大家不约而同地选择了强者的文化，期望以此挽救民族，那是个民族救亡大于一切的时代。于是，儒家文化开始受到彻底的质疑。对此最早有激烈表现的是康有为。

康有为在1891年写出了一本惊世骇俗的著作,叫《新学伪经考》[1],其中所讲的故事着实让人目瞪口呆。康老先生说,于公元前8年继承父业主持西汉宫廷藏书阁的刘歆,在负责校勘群经的过程中,利用职务之便,完成了一项有史以来规模最为宏大的作伪工程:他假托古人之名,写出了《左传》、《毛诗》、《周礼》等一系列典籍。为了使他的同代人和后代人都对这些作品是古人所作坚信不疑,他同时需要对天下与此相关的书籍全部篡改一遍或添加上相关伪证。比如,他伪造了一部《左传》,假托是春秋时一位名叫左丘明的盲人所写。但如何使大家相信呢?这就需要一个证据链。于是刘歆就修改《史记》,把他伪造的《左传》中的文字体现在《史记》中,以为佐证。比康有为更激烈的是钱玄同。钱老先生不只说这些儒家典籍是刘歆伪造的,他还说,为了证明这些赝品的来历,刘歆甚至自创了一整套先秦汉字,《说文解字》中的那些古文字,其实都是刘歆伪造出来的。

康、钱两位先生是今文经大家,这么攻击古文经派也并非完全信口开河。因为在秦汉时期,书生们确实热衷于伪造经典。但他们的伪造可不像现在专做盗版书的书商,他们没有任何现实的功利目的,动机高尚得令人感动。一切都源于秦始皇的焚书坑儒,他要让历史从他这里开始,此前的一切典籍都必须销毁。但过去的典籍虽然大都收缴销毁了,书生们的文化精神却并未被熄灭。于是,以伏生为代表的一些书生把残留的典籍夜以继日地背诵下来,到秦亡后又凭记忆用当时的隶书默写了下来,这就是康、钱那一派的今文经学;一部分书生,如孔子的后代则把典籍藏在了夹壁中得以保存下来,到西汉时被重新发现,这些古籍是用六国的古文字写的,所以被称为古文经。其实,书生默写的今文经真的就是原典吗?民间的那些古籍真的就是古代传下来的典籍吗?现在看来,说这些经典全是伪造显然不实事求是,但其中肯定夹杂了一些私货,比如《庄子》,其中的《外篇》和《杂篇》就有很多系后人伪托之作。但我们也不能因此就怀疑这些书生作伪的动机,他们其实是在文化的废墟上努力重拾记忆,构建民族的文化传统。所以,对康有为和钱玄同所谓刘歆伪造经典和古文字的故事,钱穆先生写

---

[1] 康有为:《康有为全集》,人民大学出版社2007年版。

了一本《刘向刘歆父子年谱》[1]，说明"其不可通者二十有八端"，我们的先秦经典大体上还是靠得住的。

以康有为、钱玄同两位大家的学问识见，他们不知道这个道理吗？显然不是。康有为说刘歆是蒙蔽国人两千年的伪经制造者，其用意在于告诉世人过去的这些文化学说都不可信，应该变法维新，只有这样中华民族才有出路。钱玄同则更为激进，他说中国的那些古文字都是刘歆伪造的，所以我们有理由怀疑并打倒中国传统文化中的一切，连汉字都应该废了，改用罗马字母，从此开创一种全新的文化，建设一个全新的世界。康、钱的思想在民族危亡的关头确实影响了很多人，于是，自"五四"新文化运动到十年"文化大革命"，中国的传统文化几乎被彻底毁弃。

在将近一个世纪的时间里，中国的传统文化出现了断裂，而西方以宗教为背景的文化又不可能被我们完全接受，于是随着市场经济的不断发展，对现实物质利益的追求成了大多数人的生存目的，财富的多寡成为衡量一个人成功与否的唯一尺度。但是，尽管物质生活越来越丰富，幸福感却似乎越来越少，精神需求问题日益成为一个我们必须面对的重要问题。子曰："君子怀德，小人怀土。"但当今这个社会似乎是绝大多数人都在"怀土"。对于一个社会来说，如果没有一个共同的信仰基础，没有一个共同的文化背景，多"小人"而少"君子"，要真正实现社会的和谐无异于痴人说梦。现在，信仰的缺乏已经成为大家普遍关注的问题。在当今的中国社会，无神论的观念已经被大家普遍接受，我们不可能通过一个外在的神祇来建立一种信仰。如何在无神的前提下建立信仰，如何以马克思主义基本理论为指导建立信仰，是当前面临的一个重要问题。

其实，儒学正是要在无神的前提下建立信仰。它在努力建构一个稳定的社会秩序，使人们都能顺应"道"，明确自己在社会中的位置，保持一种坚定的精神操守，通过自身的完善实现社会的和谐。马克思主义也是在无神的前提下建立的信仰，共产主义也正是一种通过全人类的自我完善而达到的一种理想境界。所以，尽管中国传统文化中存在不适应当今社会的内容，但它基本的理论核心和价值观念在今天仍然具有非常积极的作用和重

---

[1] 钱穆：《刘向刘歆父子年谱》，《燕京学报》1930年第7期。

要意义,使我们可以在马克思主义的指导下,吸收中国传统文化的精华,构建起一种能为全社会所认同的价值体系、一种精神信仰。当社会主义核心价值体系构建起来的时候,当下许多社会问题也就迎刃而解。

因此,是否有利于构建社会主义核心价值体系,是评判当下文艺作品在文化上有无贡献的一个重要标准。坚持将这样的文化标准和形式贡献的标准结合起来,就可以在保证文艺事业百花齐放的同时,为人类的生存与生活,为和谐社会的构建发挥积极的作用。

(《中州大学学报》2009年第5期)

叙事文艺作品中英雄主题的流变

尽管每个人对英雄的理解各有不同，但通常来说，英雄是指在某些方面不同凡响、出类拔萃的人物。让自己的存在变得超凡脱俗、与众不同，是绝大多数人尤其是年轻人心中长久激荡的梦想。文艺始自对生活传奇化的记录，因而，文艺作品最开始基本都把英雄作为自己的主要表现对象，英雄主题是文艺创作最重要的主题。但在文艺漫长的发展历程中，文艺作品的主题，甚至就英雄主题本身来说，有着一个不断嬗变的过程。文学是一切艺术最重要的母体，本文主要以小说为例，兼及戏剧、影视等，来探讨中国叙事文艺作品中英雄主题的流变。

书写英雄是小说的基本主题

文学有多种体裁，包括小说、诗歌、散文、纪实文学、儿童文学等。不同的时代有不同的主流文学样式，这主要与传播方式相关。在机械印刷技术成熟之后，小说，尤其是长篇小说，成为最主流的文学样式。

小说是一种叙事文学样式，是以经验的方式对世界进行表达。有些人注重表达的技巧，把小说的发展历程看作一个形式不断完善的过程；有些人则注重表达的内容，把小说理解为人类经验的记录，因而不同的时代有不同的文学经典。

但不管是注重表达的技巧，还是注重表达的内容，我们会看到小说的发展确实经历了一个从表达形式到表达内容都发生了重大变化的过程。今天的小说，特别是传统作家创作的发表于专业文学期刊的小说，与古典小说相比较，总体上有着显著的区别。作为一种叙事艺术样式，今天的小说似乎故事性不那么强，甚至人物性格的塑造也不是那么突出，而人类的内心生活或者说微妙的经验、人性的灰色地带成为表现的重点。回顾小说的发展历史，可以明显看到它经历了这样几个阶段：

一是生活的传奇化或故事化。小说在最初的发展阶段,主要是讲故事。中国古典小说直接的来源是唐传奇和宋话本,基本上是讲述超出日常生活内容的富有传奇色彩的故事。西方早期的小说短篇如《十日谈》,长篇如《鲁滨逊漂流记》《巨人传》等,情况也差不多。其实西方长篇小说的起源就是英雄史诗,表达的当然是英雄主题。这个时期的小说以讲述富有传奇色彩的故事为主,英雄人物的故事自然成为书写的重点。因此,小说在发展之初,基本主题就是对英雄的书写。对读者而言,阅读小说最基本的心理动因在于,在阅读这些富有传奇色彩的故事时,通过"代入"而体验到了与日常沉闷的现实生活不一样的人生。成为英雄是很多普通人,特别是年轻人内心的渴望,而阅读英雄小说则被这些读者视为成为英雄的向导,至少也可以在想象中过一把"英雄瘾"。正因如此,直到今天,拥有最广大读者的依然是这类故事性强的小说。这类小说从本质上讲都是在书写英雄,只是有着不同的时代背景,英雄可能是不同生活领域的胜利者,包括政治、军事、经济、文化、社会等各个方面。从这个意义上说,小说最基本的主题天然就是英雄主题。而且我们今天把小说理解为一种虚构的艺术,从根本上讲,也正是在于现实生活难以满足读者不断增强的猎奇心理,为不断增强故事的传奇性、英雄的超越性,虚构自然被引入小说的写作当中。

二是人物的性格化。小说发展的一个重要进步,是从单纯讲故事走向注重塑造人物形象、刻画人物性格,作品人物从类型化的扁平人物向性格化的立体人物转变。中国古典小说中,《三国演义》所写的基本是类型化的人物,而《水浒传》所写的人物则是性格化的。小说从注重讲故事,发展到注重写人物,是一个很大的进步。小说从注重故事到注重人物,并非一下子改头换面,而是关注的重点发生变化,从对传奇性事件的表现深入到对事件中人物的表现,要写好富有传奇色彩的不平凡的人物,英雄自然仍然是表现的重点。而且,因为更加注重表现人物的性格,这时的英雄形象会更加饱满、更加立体。为表现人物性格,小说的表达就不会只停留在故事的描写上,而是会关注人物的精神成长,会深入到人物的内心世界。因而这样的英雄对读者而言,就具有更强的"代入感",也更有助于借此理解和把握世界。

三是内心生活的审美化。当小说写作从讲故事发展到刻画人物后,作品会更多表现人物的内心世界。应该说,小说发展的又一个阶段,人物对世界微妙的情感和精神体验、人类复杂的经验逐渐成为表现的重点。今天,我们通常会把那些对人类经验的复杂性、对世界感受的丰富微妙性,当然包括对人性的灰色地带,有着深刻而精准表现的作品,看作具有较高文学水平的作品。这时,凡俗的日常生活成为小说表现的内容,作家常常致力于在一些司空见惯的生活琐事中,发现人性的光辉或丑恶,表现人物内心世界的微妙和复杂。应该说,当内心生活的审美表达成为小说的表现重点时,英雄人物并非单纯的内心世界也成为很多作家着力表现的内容,于是我们看到了很多有着正常人缺点的英雄,看到了某些方面出类拔萃的英雄同样有着平凡的一面。但与此同时,更多的小说不再追求传奇性和故事性,平凡的生活和平凡的人物得到越来越多的描写和表现。

小说发展所经历的这几个阶段,严格说来并非一个后者替代前者的线性过程。实际上,现在包括网络类型小说在内的海量小说作品中,数量最多的仍然是将生活传奇化或故事化的作品,其次是注重将人物性格化的作品,然后才是将内心生活审美化的作品。这也和其读者的分布状况是一致的。小说的这个发展过程,表明小说这种文体实际上逐渐从一种大众文学样式发展为一种精英文学样式。任何一种文体都会经历这样一个从大众化到主流化再到精英化的过程,这也是其经典化的过程。

小说发展之初以讲故事为主,英雄那些传奇的经历自然成为书写的重点。而在注重塑造人物形象的小说作品中,英雄仍然是一个重要的表现主题。到了将人物内心生活审美化这个阶段,表现英雄丰富内心世界的作品依然不少,只是这时更多作家将眼光投向了日常生活,表现英雄的作品比重逐渐减少。但不管从小说历史的发展过程看,还是从当下小说总体的创作数量看,作为叙事艺术,小说从根本上讲就是讲故事,而书写英雄则是其基本主题。

中国新文学中的英雄主义精神

中国新文学自"五四"新文化运动前后发端开始,以鲁迅、茅盾、巴金、叶圣陶、老舍等为代表的一批作家创作了一批优秀的现代白话小说。这些作品主要以反封建为主题，要么对国民精神进行深刻透析，要么表现中国城乡的社会政治经济状况，总体来看，较少以英雄人物为主要表现对象。随着全国抗日救亡运动的全面展开，英雄人物不断涌现。特别是《在延安文艺座谈会上的讲话》发表以后，工农兵成为文艺作品的描写重点，《吕梁英雄传》《新儿女英雄传》等歌颂英雄的文学作品大量出现。

中国文学素有"文以载道"的传统。新文学发端以前，中国文学的主流样式是诗、文，即诗歌和散文，诗以言志，文以载道，诗文承担了教化的职责。新文学全面繁荣以后，小说成为主要文学样式，承担起了反映社会生活、启蒙民众、唤醒世人的重要使命。换句话说，新文学中的小说开始成为"载道"的主要文学样式。于是，小说成为进行革命和道德理想教化的重要工具，塑造符合这种理想的英雄形象自然成为新文学的重要主题。

新中国成立以后，革命英雄主义成为中国新文学高昂的主旋律。"十七年"中国文学的代表作"青山保林，三红一创"，即杨沫的《青春之歌》，周立波的《山乡巨变》，杜鹏程的《保卫延安》，曲波的《林海雪原》，吴强的《红日》，罗广斌、杨益言的《红岩》，梁斌的《红旗谱》，柳青的《创业史》。这些作品大多以革命战争为背景，描写的是在正面战场、敌后战场等领域与敌人顽强斗争的不折不扣的英雄。其中的《山乡巨变》虽然描写的不是战争年代的事件，但作为《暴风骤雨》的续篇，这部表现农业合作化运动的小说，其实仍然高扬着英雄主义精神。类似的还有《创业史》，塑造的是在中国农业社会主义改造进程中涌现出来的英雄形象。这个时期，革命英雄主义精神是所有文艺作品的基调，小说之外，像歌剧《洪湖赤卫队》《江姐》及电影《烈火中永生》《董存瑞》，唱响的同样是英雄赞歌。

"文化大革命"期间，英雄主义精神被推到了极端的地步。以《沙家浜》《红灯记》《智取威虎山》《杜鹃山》《红色娘子军》《白毛女》等"样板戏"为代表，文艺创作在人物塑造上形成了"三突出"理论，即"在所有人物中突出正面人物，在正面人物中突出英雄人物，在英雄人物中突出主要英雄人物"。按"三突出"理论塑造出来的英雄人物都是"高大全"的英雄形象。这样的英雄形象是道德品质与革命情操都高度理想化的人物，作为人性中任何自私的、欲望化的内容绝不允许存在。这样的文艺创作实质上近乎"造神",是把崇高的革命理想和绝对的道德理想肉身化的结果,本质上近似宗教中的"道成肉身"。

"文化大革命"结束之后,文艺创作延续中国新文学的传统,开始塑造与"四人帮"及其爪牙勇敢斗争的英雄形象,其中较有影响的戏剧作品有宗福先的《于无声处》、苏叔阳的《丹心谱》、赵寰和金敬迈的《神州风雷》、丁一三的《九一三事件》等,文学作品有从维熙的《大墙下的红玉兰》等。党的十一届三中全会之后,历史进入改革开放的新时期,文学创作从"伤痕文学"、"反思文学"到"寻根文学",开始对"文革"脱离现实极端拔高的做法进行反思修正,创作的基调从"神化"人物转向"人化"回归,作品主题主要是对社会历史的反思和批判。这时,革命英雄主义的精神虽然在文学创作中仍有延续,但总体上不再像"文革"及其之前,一直是文艺创作的基调。在军事文学领域,这个时期的作品在描写英雄伟大崇高一面的同时,也描写他们普通平凡的一面,比如李存葆《高山下的花环》所描写的靳开来,就是一个爱发牢骚、讲怪话,有着明显缺点的英雄;而朱苏进的《射天狼》同样描写了英雄人物庸常的一面,并努力于平庸的生活中表现英雄的闪光点。总体来说,这个时期的英雄褪去了"神性"、于平凡中见出不平凡的人物形象。改革开放的一个重要标志,就是改变了过去"以阶级斗争为纲"的革命思维,开始转向"以经济建设为中心"的发展思维。相应地,文学作品开始塑造在经济建设中涌现出的优秀人物,如蒋子龙的《乔厂长上任记》等,这实际上也是英雄主题在不同领域的新型表达。

英雄主义的退潮和英雄主题的变体

20世纪80年代,随着改革开放的不断深入,西方现代主义思潮风靡中国,文艺创作开始"向内转",由过去外在的社会关注转向关注个人感觉和内心生活。20世纪90年代以后,中国社会主义市场经济开始快速发展,社会大众普遍的关注点从意识形态和道德理想转向社会经济和日常生活。当全社会的关注点从"英雄主义"理想转向物质享受和快乐生活的时候,文艺创作中的英雄主义理想自然会逐渐褪色,代之而起的则是关注庸常生活的新写实主义。于是,从 20 世纪八九十年代开始,英雄主义开始全面退潮。

中国文艺创作这次英雄主义的退潮,是外在的社会因素和内在的文艺思潮两方面相互作用的结果。

从社会层面来说,中国社会从晚清以来,开始了长达近一个世纪的对传统文化的全面否定,逐渐建立起了马克思主义信仰。改革开放以后,随着西方思潮的进入和市场经济的发展,经典马克思主义理论面对新情况和新问题,未能做出令人信服的理论创新,使不少人产生了疑问和困惑,信仰危机成为一个时期全社会的重要问题。于是,理想主义开始被现实主义和功利主义代替。这样的社会情绪使文艺创作的英雄主义精神失去了现实土壤。

从文艺创作自身来说,"文化大革命"期间,以极端理想主义为基础的"三突出"创作模式塑造的众多"高大全"英雄形象,因严重脱离实际、漠视人性而成为"假大空"的代名词。加之这种创作思想成为统治性的文艺思想,其他创作模式完全没有生存的空间,使全社会对此产生了严重的反感情绪。随着对"文革"错误思想的全面清算,这种创作思想自然被彻底抛弃。也许是某种程度的矫枉过正,英雄主义精神也被不少作家、艺术家不自觉地予以放弃。

与此同时,西风东渐,西方现代主义思潮开始全面影响中国的文艺创作。相对于西方的古典主义精神,现代主义思潮具有强烈的颠覆性。西方的古典主义本质上建立在一神信仰的基础上,作品追求的是内在的神圣性。西方文化的宗教背景,使个体的存在因"神"的保证而有了最后的依归。因为上帝的存在,任何个体现世的存在不过是通过不断赎罪的修行经"末日审判"而实现"与主同在"的过程。西方现代主义思潮始于对个体生命认识的不断深入,达尔文进化论的提出,使人为上帝所造的观念受到严重挑战。在进化论的观念中,人不过是动物进化的最高阶段。而弗洛伊德精神分析和无意识理论的提出,进一步将人降到了与动物一样受欲望支配的地位。在此情况下,尼采提出:上帝死了!对上帝存在的否定,使个体的存在失去了根本的依据,生命于是成了一个毫无意义的荒诞过程,因巨大的无意义感和毁灭性虚无所带来的恐惧、焦虑成为人的基本情绪。以存在主义等为代表的西方现代主义文学,主要表现的就是人的存在的这种无意义感、荒诞感,它为人的存在赋予的意义无非是对这种荒诞性的抗争。所以,现代主义文艺的基本特征就是对神圣的消解,是对个体存在的偶然性、随意性、不确定性、荒诞性的揭示。20世纪80年代盛极一时的先锋文学,正是在西方现代主义思潮影响下发展起来的,在当初对西方思潮不加分析的接受中,淡化理想主义,嘲讽英雄主义,消解神圣主义,成为当时文艺创作的主要潮流。

中国文艺创作中的先锋思潮到20世纪90年代以后,开始渐渐退潮,随之而起的是新写实主义的兴盛。在此后一个历史时期,文艺创作水平的高下似乎主要取决于写实能力的强弱。从社会到文艺创作,极端现实主义造成的理想主义的缺失和信仰危机,成为全社会面临的严峻问题。随即,弘扬社会主义核心价值观成为意识形态领域各项工作的重要内容,文艺创作也开始重建信仰、重构理想主义,英雄主题也随之重新成为文艺创作的重要主题。

在改革开放、以经济建设为中心的年代里,那些不畏艰难、勇于改革的经济强人,成为新时代的英雄,成为文艺作品表现的新英雄形象。一个时期内,官场文学红极一时,这些作品与反腐败相结合,塑造了一批以"清官"形象出现的"当代英雄"。与之相对应的是职场文学,塑造的是在经济领域的成功者形象。这类作品其实来自于《三国演义》和"包公戏"所开创的文化传统,反映了国人对权力、权术的迷恋。历史小说领域如二月河的"清帝系列"、熊召政的《张居正》、孙皓晖的《大秦帝国》等大量以帝王将相为主角的小说,实际上也源自这一传统。这些作品应该说都是英雄主题的不同变体。

受好莱坞电影、港台警匪片的影响,在影视创作中,许多公安题材的作品塑造了不少警界英雄,其中不少带有明显的"孤胆英雄"色彩。

战争题材的文艺作品这些年也出现了不少优秀之作,如《历史的天空》、《亮剑》、《雪豹》等。这些作品应该说从本质上仍然延续的是英雄主题,只是像姜大牙、李云龙这样的英雄,已不再是道德高尚到了不食人间烟火的圣人,相反,他们还带着一些比普通人更多的"痞气"、"匪气",因而是带有更多"烟火味"的另类英雄。所谓过犹不及,后来的一些作品,过分地强化了这种"痞气",从而使作品带有一种"精神流氓化"的实用主义倾向,走向了带有理想主义色彩的英雄主义的反面。同时还有一些作品,塑造的则是顽强奋斗走向成功的底层英雄形象,电视剧《我的兄弟叫顺溜》、《士兵突击》等都是这一类作品。这些作品虽然总体上表达的仍然是英雄主题,但相对而言理想主义的色彩不再那么浓重,是一些凭自己鲜明的个性实现成功的现实英雄。

类型小说的英雄主题

网络的出现使信息的传播方式发生了革命性的变化。而且,作为一种超越了过往诸种局限的全新媒体,网络必然会成为文学创作、发表的重要平台。

20世纪90年代,随着互联网的兴起,一些作者开始依托网络进行写作。就中文网络写作而言,尽管20世纪90年代初就有一些留学生开始网络写作,但目前真正被广泛认可的第一篇网络中文小说是1998年台湾的痞子蔡发表在BBS上的中文小说《第一次亲密接触》。随即,大陆许多作者开始进行网络小说的写作,其中最著名的就是邢育森、宁财神、李寻欢等网络文学"三驾马车"。实际上这个时期的网络文学创作,总体上延续的仍然是传统文学写作的路子,就文学品质而言,并没有太大的差异。

世纪之交,大批个人文学网站如雨后春笋般不断涌现。但这些网站主要是将传统文学作品数字化后放在网上供人阅读,原创作品并不多。随着付费阅读模式的建立,网络原创文学逐渐发展起来。这些作品追求新奇,喜欢天马行空的想象,玄幻小说因而成为网络小说的主要类型;追求刺激,很多作品把对身体体验、性经验和生活享受的表达作为写作的终极目的;追求前卫,一些迎合小资情调的作品,标榜另类、前卫、脱俗、有品位,并发展成为重要的网络小说类型;追求叛逆,颠覆经典,戏说历史,如《悟空传》、

《唐僧传》、《孙二娘日记》、《乞丐说三国》、《贾宝玉日记》、《聊斋新传》；追求机趣，网络小说语言的特点是调侃、戏谑、嘲讽、诙谐，阅读的语言快感是很多年轻人读网络小说的一个重要原因。

个人文学网站经过一段时间的无序发展，终于在资本的强势介入下，盛大公司一统江湖。付费阅读模式的建立和资本的强势推动，使中国的网络文学出现了类型小说空前繁荣的局面，并造就了一批年收入达数百万乃至千万级的大神，进一步吸引众多青年投入到网络类型小说的创作中。盛大文学的成功，使众多大资本眼热，腾讯等大型网络公司也开始涉足网络文学领域，使中国的网络文学创作在全世界独树一帜。

网络类型小说之所以能在中国得到如此好的发育，一个重要的原因是付费阅读商业模式的建立，它使网络文学网站和网络写手都能够获得相应的利益从而自足发展。另一个不容忽视的原因是，在20世纪90年代之前，中国长期遏制市场经济的发展，以商业利益为主要诉求的类型文学失去了生存的土壤。而在西方国家，由于市场经济的充分发育，类型小说也得到了很好的发展，并形成了稳定的商业模式。在中国港台地区，类型文学也发育良好，最典型的就是武侠小说，出现了金庸、梁羽生、古龙等一批广受追捧的知名作家。实际上在大陆，随着市场经济的发展，类型文学在网络文学兴盛之前，已开始悄悄发育，严格来说，大量的官场小说、反腐小说、言情小说，甚至多数历史小说，都属于类型小说的范畴。中国是一个人口众多的大国，对类型小说有着巨大的市场需求，而网络这个全新媒体的出现，为其发育提供了肥沃的土壤。特别是因为没有固定商业模式的束缚，类型小说通过网络平台得到爆发式增长。

严格来讲，通俗文学、流行文学基本都可纳入类型化的范畴。网络文学既然是在资本的推动下发展起来的，必然要走类型化的道路。而类型文学作为大众文学，一定会走故事性强、富有传奇色彩的创作路子，这是吸引读者的最好手段。也因此，英雄主题在网络类型小说中自然会得到充分的体现。

其实在个人文学网站开办之初，由于缺乏监管，多数网站都是通过转载原发于纸媒上的作品来吸引读者的，像《大唐双龙传》、《星战英雄》等都是当时网站到处转载的作品。这些作品不管是历史类的还是幻想类的,表达的其实都是英雄主题,而且对以后网络原创小说的发展产生了巨大的影响。

类型小说是指题材选择、结构方式、人物造型、审美风格等具有固定模式,读者有固定阅读期待的小说样式。中国网络类型小说大约可分为玄幻、奇幻、武侠、仙侠、都市、言情、历史、军事、游戏、体育、科幻、灵异、盗墓、寻宝、官场、职场等类型,其中每个类型又包含若干子类型。

玄幻小说是网络文学一个最重要的小说类型。中国的玄幻小说融合了武侠小说、志怪小说、民间传说、神话故事及科幻小说、魔幻小说的特点,总体上说表现的都是身处逆境以至绝境的主角通过艰苦的修行和奇遇,成为绝顶高手的历程。《斗罗大陆》、《斗破苍穹》、《大主宰》、《烽烟尽处》、《星河大帝》、《不死不灭》、《长生界》、《遮天》、《完美世界》、《星战风暴》、《神控天下》、《九天武帝》、《择天记》等,是其中影响较大的作品。这类作品的主角总体来说都是从逆境走向超凡境界的英雄形象。

网络历史小说大多是以幽默的语言讲述历史故事,最有影响的是《明朝那些事儿》。这些作品虽然写英雄,但总体而言并非以张扬英雄主义精神为主要诉求。但也有例外,比如天使奥斯卡的《1911新中华》,表达了"我生国亡,我死国存"的铁血豪情。网络历史小说最为人关注的其实是穿越小说,早期走的是《寻秦记》的路子,主人公为男性,按武侠的套路写。男主穿越小说后来发展为架空历史这个子类型,其中一个类型是异界小说,如《天骄无双》、《紫川》等,近乎玄幻,是按塑造英雄的模式来写的。目前网络上流行的穿越小说则大都是女主,与言情小说结合,成为类型小说的一个重要分支。女主穿越小说描写最多的是穿越到清朝,即所谓的"清穿"。"清穿"最有影响的是流潋紫的《后宫甄嬛传》和桐华的《步步惊心》。这类小说还有个重要特点就是宫斗。这类作品表现的其实是女性斗智斗勇的权力斗争,是《三国演义》所代表的权术文化的女性表达。某种意义上,它塑造的是女性世界的"英雄"。

仙侠类小说如《莽荒纪》、《星辰变》、《凡人修仙传》等,与玄幻小说类似,主角本质上都是英雄形象。

网络军事小说作为一个类型，这些年也有不少作品产生影响，如《狼牙特战队》《雷霆反击》等。这类作品通常以特战队、狙击手为表现重点，表达的当然是英雄主题。但这类作品过度脱离实际，开了抗日神剧类作品的先声。

网络小说的其他类型，包括官场小说、职场小说，与传统小说注重描写现实的存在状态不同，它更偏重于想象，以满足读者内在的心理需求。用网络流行的说法，它描写的基本都是"屌丝逆袭"的故事。这类作品从根本上讲，延续的其实同样是英雄主题，只不过是在职场、官场进行的另类表达。

网络小说的一个重要特点，是善于描写小人物或背景强大但身处逆境者的绝世逆袭。因而网络小说的大多数类型，从根本上讲，都内含着英雄情结，表达的都是英雄主题。只不过，这种英雄少了道德完善的理想主义精神，多了些为了成功不顾一切的现实态度。

网络类型小说的写作，因对商业价值的高度重视，而特别在意语言的机辨锋利、情节的生动曲折、细节的夸张离奇、想象的奇妙诡异，但相对缺少对作品价值和意义的明确追求。这也是目前网络文学虽然作品数量众多、读者群庞大，但难以成为主流文学样式的重要原因。

王国维说："四言敝而有楚辞，楚辞敝而有五言，五言敝而有七言，古诗敝而有律绝，律绝敝而有词。盖文体通行既久，染指遂多，自成习套。豪杰之士，亦难于其中自出新意，故遁而作他体，以自解脱。一切文体所以始盛终衰者，皆由于此。故谓文学后不如前，余未敢信。但就一体论，则此说固无以易也。"[1] 传统小说从注重讲故事的大众文学样式，发展到今天注重叙事和微妙经验表达的精英文学样式，实际上基本走向了经典化，想再创新已经很难。而网络小说重新从大众文学的源头出发，正蓬蓬勃勃向前发展。目前的网络文学已到了该自觉"载道"的时候，应该对人类现实的经验做出表达。网络小说目前内在的英雄主题表达，要在歌颂成功者的同时，张扬理想主义精神，重建神圣，重构信仰，为弘扬社会主义核心价值观做出

---

[1] 王国维：《人间词话》，黄霖等导读，上海古籍出版社1998年12月第1版。本版本中该段"楚辞"二字加有书名号，我以为王国维此处所谓"楚辞"非特指屈原之《楚辞》，故去掉了书名号。

自己的贡献。如此，网络文学才能更快地成为社会主流的文学样式。

结语

纵观小说的整个发展历程，可以看到，小说最初源自对生活传奇化的表达，英雄自然是其基本表达主题。特别是长篇小说，就其起源来讲，不管是中国的说史话本、说经话本，还是西方的英雄史诗，讲述的都是英雄非凡的故事。中国新文学自发端以来，一直高扬英雄主义精神，特别是中华人民共和国成立以后，出现了一大批讴歌英雄的优秀作品。这些作品的基本特征是带有明显的理想主义色彩，可以给读者带来强烈的精神鼓舞。到"文化大革命"时期，这种理想主义精神被推向极致，以"样板戏"为代表，作品塑造的都是脱离实际的"高大全"形象。"文化大革命"之后，作为对这种极致做法的反动，加上西方现代主义思潮的冲击，中国文学、影视等叙事文艺作品出现了英雄主义退潮的局面，出现了解构神圣、嘲讽英雄的文艺思潮。这种思潮发展到一定程度，人们心中潜藏的英雄情结再次复苏，文艺创作重新开始塑造英雄形象。但这时的英雄形象，已带有更多现实的色彩，性格更为生动饱满。网络类型文学的发展，使文学表达重新回到小说的源头，对传奇性英雄形象的塑造成为其重要的主题。英雄是叙事文学的基本主题，对英雄的敬仰是人类基本的情感。叙事文艺作品不管从其自身的发展规律来讲，还是从社会的需要来讲，都应该为英雄主题的表达留下重要的位置。塑造英雄形象，应该合理张扬理想主义的精神，从而为弘扬社会主义核心价值观发挥润物无声的推动作用。

（《中国文艺评论》2017 年第 7 期）

小说文体流变考

发端于 20 世纪初的中国新文学,其各种文体,包括小说、新诗、散文、报告文学等,基本都是学习西方文学重新建构起来的,相对于中国传统的小说、诗歌、散文等,除了名称一致外,差不多是全新的文体,无论是语言形式、内部结构,还是思想基础,都是如此。尽管不少中国的小说研究者总是从庄子的"饰小说以干县令"[1],从班固的"小说家者流,盖出于稗官。街谈巷语,道听途说之造也"[2],从桓谭的"小说家合残丛小语,近取譬喻,以作短书,治身理家,有可观之辞"[3],当然还会从其他古籍中抬出古人关于"小说"的种种论述,以证明"小说"是中华民族老祖宗几千年前就玩过的玩意儿,但中国新文学中的现代小说,确实更多的是借鉴西方的文学观念而形成的新文体。

对于小说这种文体的发展变化,一直存在着一些似是而非的观点。比如说,大家普遍认为,小说一直是分为长篇、中篇、短篇的,小小说则是更为短小的短篇小说。但实际情形究竟如何呢?目前的研究普遍认为,长篇小说和短篇小说有着不同的起源。在西方的文学传统中,长篇小说起源于英雄史诗,短篇小说则起源于故事。在 17 世纪之前的欧洲,"小说"是指介于小故事和长篇散文之间的一种短故事的文学形式,与现在所谓"短篇小说"接近。长篇小说像拉伯雷的《巨人传》、塞万提斯的《唐吉诃德》、笛福的《鲁滨逊漂流记》,所写的都是非凡人物的成长史,以此表现作者的世界观。而在中国的文学传统中,长篇小说起源于宋元讲史话本(包括说经话本),也称"平话",如《三国演义》、《水浒传》、《西游记》都是由平话发展而来的;短篇小说则起源于宋元小说话本,当然对笔记、志怪、传奇也有继承,小说话本即小说家的话本,基本都是短篇故事,如《张生彩鸾灯传》、《风月瑞仙

---

[1] 庄周:《庄子·外物》。
[2] 班固:《汉书·艺文志·诸子略》。
[3] 李善注《文选》卷三十一引桓谭《新论》语。转引自鲁迅《中国小说史略》。

亭》《柳耆卿诗酒玩江楼记》《宋四公大闹禁魂张》《错斩崔宁》等。宋元讲史话本即"平话"的代表作,如《新编五代史平话》《大宋宣和遗事》《三国志平话》《武王伐纣平话》等,所存较多。而"说经"原意是演说佛书,今存只有《大唐三藏取经诗话》,体制和唐代的变文有某些相同之处,与佛经故事有一定关系,是《西游记》的雏形。所谓"诗话",王国维称:"其称诗话,非唐、宋士夫所谓诗话,以其中有诗有话,故得此名。"[1]说经话本直接由唐代"俗讲"演变而来,包括说参请、说诨经等,都是讲宗教故事。说参请类有《菩萨蛮》《花灯轿莲女成佛记》两部话本,讲的是参禅悟道故事;还有一本讲苏东坡与佛印问答故事的《问答录》,也可能是说参请性质的话本。[2]可见说经话本严格讲是包括了大如讲史话本、小如小说话本两类的,但以讲参禅悟道故事为主的说参请基本可归入小说话本中。因而,无论在东方还是西方,长篇小说和短篇小说虽然同为叙事文学样式,但从一开始起就具有不同的文体特征。相对而言,长篇小说具有更长的时间跨度、更复杂的人物关系,更为重要的是,长篇小说表现出了一种时间上的"完整性",意在传递在某个特定的时代一个人、一个家族甚至整个社会的命运变迁,阐述某种内在的因果关系,从而表现自己的世界观。从某种意义上说,长篇小说内在结构的最高典范就是《圣经》,从创世到末日审判,在一个统一的神定计划中囊括了全部时间。而短篇小说原本起源于讲故事,它重在讲述一个或一组有趣味或有意味的故事,它追求故事的完整性,但在时间跨度上表现为一种相对的片段性。所以,从起源上看,小说原本就分为长篇和短篇两个大类。尽管后来长篇小说和短篇小说在叙事手段、表现方式等很多方面互相借鉴,具有很大程度上的相似性,以至于今天我们通常以字数的多少来对其进行划分,但从本质上讲,它们的结构方式有着很大的不同。简而言之,长篇小说强调的是时间上的完整性和自足性,以通过人的成长、命运的变迁来证明某种因果关系;而短篇小说强调的是故事的完整性,以通过故事的讲述来传递某种趣味和意味。

---

[1] 见《大唐三藏取经诗话·王国维跋》。《大唐三藏取经诗话》国内早已佚失,日本有两种藏本:一题《大唐三藏取经诗话》,一题《新雕大唐三藏法师取经记》,两本文字相同,互有残缺。1916年,罗振玉将两种本子影印出版,附有王国维写的跋。现在该书有1954年排印本和1955年影印本两种版本流行。

[2] 参见程毅中《宋元话本》,中华书局1964年版。

问题在于,当我们这样厘清了长篇小说和短篇小说之间的关系后,中篇小说和小小说似乎就有些出身不清、来源不明了。这样的疑问在小小说这里似乎较为普遍,而对于中篇小说,大家似乎把这种疑问无限地搁置了起来,好像这个问题从来就不存在。但事实恰恰是,尽管我们可以从很早以前的作品中指认出一些明显属于中篇小说的作品,其中很多还是中篇小说的经典作品,但中篇小说作为一种相对独立的文体,应该说还是晚近的事。特别是对于中国新文学来说,中篇小说作为一种独立的文体受到重视,出现繁荣的局面,应该是在新时期以后。小小说的情况与中篇小说多少有些类似,也是在新时期以后成为独立文体并广受重视的。

那么,小说究竟是如何从长篇小说与短篇小说二分天下走向长篇小说、中篇小说、短篇小说、小小说四分天下的呢?应该说,长篇小说在长期的发展过程中,一直保持着自身文体的独立性。尽管近年来出现了一些从时间跨度、信息容量、人物关系到结构方式等都更近于中篇小说的所谓小长篇,但总体来说,严格意义上的长篇小说依然保持着其传统的文体特征,并不断有所发展。而原本的短篇小说,情况就有些复杂。从短篇小说的起源可以看出,传统短篇小说是从讲故事发展而来的,对故事的重视一直是短篇小说关注的重点。短篇小说在发展过程中,向追求故事的完整性方向发展,努力把故事讲得更为完整,使故事的展开过程更加细腻,于是篇幅加长,成为中篇小说;而在另一个向度上,短篇小说的写作向不求故事的完整而重在表现事件或人物某个有意味、有趣味的片段、瞬间、侧面发展,篇幅精简,成为小小说。尽管现在大家通常都以字数来作为长篇、中篇、短篇和小小说的划分标准,而中篇小说、小小说也确实与传统的短篇小说有着内在的渊源,但这并不意味着中篇小说就是写长了的短篇小说,小小说就是写得更短的短篇小说。应该说,字数的划分只是一种便于分类的简便手段或权宜之计,从本质上说,中篇小说、小小说在走向独立以后,它就具有了自身的文体特征,作品的结构方式也有了自己的特点。否则,我们依然把它们通称为短篇小说岂不是更为方便。这就是说,并非把一个短篇以精简的语言讲出来字数压到1500字左右它就成了小小说,正如我们从来不会把一部长篇小说的故事梗概作为小小说来读一样。小说其他几种文体的情形也同样如此。正是在这个意义上，铁凝等作家都曾有过"长篇写命运，中篇写故事，短篇写感觉"之说。[1] 这说明，同样作为叙事文学样式，由于侧重点的不同，中篇小说、小小说逐渐脱离传统的短篇小说，向不同的方向发展，逐渐形成独立的文体。

比较而言，小小说的情况还有其复杂的一面。小小说作为文体，应该说是在新时期以后才确立了自己独立地位的。当然，追根溯源，我们可以从中国古老的笔记、志怪、寓言等多种文体，也可以从西方如欧·亨利、莫泊桑、契诃夫等小说家的作品中，找到它的雏形，甚至是堪称范本的小小说作品。同时，我们也可以从欧美、苏联的理论评论类作品中找到对"小小说"的命名。比如，关于小小说，欧美曾有"the short short story"之称，苏联有"маленький рассказ"之称。即使在中国，早在20世纪50年代，"小小说"的命名也已出现。[2] 但是作为独立的文体被大家认可从而获得自己应有的地位，并有作家自觉从事该文体的创作，有研究人员专门从事该文体的相关研究，无疑是在新时期之后。

在一般的意义上，我们倾向于认为小小说是从传统的短篇小说中分化而来的，经过发展，小小说和短篇小说、中篇小说、长篇小说一起构成了小说家族。但在小小说界，还存在着不同的看法，比如杨晓敏就把小小说与长小说并列，也就是说，他认为小说可划分为长小说和小小说两类。所谓长小说是涵盖了长篇、中篇和短篇在内的所有除小小说之外的小说文体的。在《小小说是平民艺术》一文中，杨晓敏提出："它（指小小说）的兴起，是对'长小说'而言的文体创新。"[3] 这明显是把小小说与"长小说"并列来谈的。这种所谓提高小小说"文体地位"的努力在小小说界还在进一步发展，比如王晓峰，就把小小说与小说并列，认为小小说是独立于小说的一种文体，应该和小说、诗歌、散文、报告文学等并列。[4] 其实，长篇小说、中篇小说、短篇小说并不会因为都在小说的"屋檐下"，就存在"文体焦虑和自

---

[1] 这个说法一般认为是铁凝所说，但似乎有很多作家、评论家都表述过类似的观点，所以它也被记在了如王蒙、冯敏等很多人的名下。

[2] 雪弟：《小小说：规范与权威的命名》，载《中国当代小小说大系》第五卷，河南文艺出版社2009年版，第233页。该文曾谈到，阿·托尔斯泰有篇谈论小小说的文章当时就被译为《什么是小小说》。

[3] 杨晓敏：《小小说是平民艺术》，河南文艺出版社2006年版。

[4] 参见王晓峰《当下小小说》第二章《小小说文体》第一节《有关小小说文体的一种假说》，文化艺术出版社2008年版。

卑",小小说也当如此。即使我们把小小说提高到和小说并列的位置,走出小说的"屋檐",小说"屋檐下"的长篇、中篇、短篇也不会因此低小小说一头,产生"文体焦虑和自卑"。我们承认小小说是一种独立的文体,具有自身的文体特征、结构特点,这就够了。对一种文体来说,能做到这一步,这种文体就会走出自己独立的发展轨迹,就会在文学史上留下自己的位置。

  我们说小小说文体发展有其复杂的一面,还不是就存在于小小说界这些相对混乱的观念而言的。其实在小小说界,大家一般也是认可小小说是从短篇小说发展而来的这一观点的。杨晓敏是小小说界一个影响巨大的人物,他的《小小说是平民艺术》近二十年来几乎被小小说界奉为"圣经"。在这篇文章中,杨晓敏也明确提到:"小小说文体正从短篇小说文体中逐渐剥离出来。"[1]这表明杨晓敏也把小小说看作从传统短篇小说中发展、分化进而独立出来的一种文体。小小说文体发展脉络的复杂性在于,相对于中篇小说基本就是直接从传统短篇小说发展而来而言,小小说尽管从现代文体意义上说是从传统短篇小说发展而来的,但它在中国的发展还有着更多的来源,延续了更多的传统。前面我们已经谈到,中国新文学中的现代小说,基本是从西方借鉴过来的一种文体。对于目前中国绝大多数的长篇小说、中篇小说、短篇小说来讲,情况基本如此。但在小小说这里,除了继承西方的文学传统,比如以欧·亨利的方式结构小说,我们更多地继承了在其他文体中几乎被忽视的中国文学传统,使笔记、志怪、寓言等传统在小小说的躯壳中焕发出新生。在目前经典的小小说作品中,大量的作品是在描写生活中有意味的细节,其表达方式显然来自于西方的叙事传统,但更有很多经典的小小说作品显然承继的是中国的文学传统。比如《世说新语》、《太平广记》、《聊斋志异》及大量的志人志怪小说,都是中国传统的极有意味的叙事文学样式,这种表现方式在冯骥才等人那里得到了很好的继承,出现了大量优秀的小小说作品,并成为小小说的一个重要类型。而中国大量的笔记小说显然对孙方友等人产生了重要影响,于是有《陈州笔记》这一类的作品大量出现。寓言的传统在很多作家那里都得到了继承,像凌鼎年、秦德龙等人的作品就具有明显的寓言意味。这样的内容基本是被历

---

[1] 杨晓敏:《小小说是平民艺术》,河南文艺出版社 2006 年版。

代文人固化并成为文学传统被我们继承了的,而对其形成产生重要影响的民间故事、传说等其实至今仍活跃在民间,如广泛流传的段子等,对小小说的写作也发挥着重要影响,成为小小说写作的重要资源库。当我们从这样的角度来看小小说的时候,就会发现它确实与今天的长篇、中篇、短篇小说都有着很大的差异。从这个意义上讲,杨晓敏把小小说和包括长篇、中篇、短篇在内的"长小说"并列,也并非毫无道理。

以上我们基本是就小小说文体自身演变的角度来谈论问题的。其实对于中国小小说的发展,还有一个重要的因素不能忽视,那就是来自于人为因素的自觉推动。最近二十多年来,媒体传播方式和人们生活方式的变化为小小说的发展提供了适宜的土壤,小小说在自发状态下开始发展,一批专门登载小小说作品的刊物开始出现,其中最有影响的就是《百花园》和《小小说选刊》。这两个刊物的主编杨晓敏更是小小说的积极倡导、推动、实践、传播和理论探索者。他撰写的《小小说是平民艺术》,对小小说的文体规范、社会与艺术定位、发展方向等进行了全面阐述,对中国小小说的发展产生了极为重大而深远的影响。在这篇文章里,杨晓敏对小小说做了文体界定:"小小说作为一种文体创新,自有其相对规范的字数限定(1500 字左右)、审美态势(质量精度)和结构特征(小说要素)等艺术规律上的界定。"[1]应该说,小小说由此开始逐渐被作为一种独立的不依附于短篇小说而存在的小说样式为大家所接受。在长期的实践中,杨晓敏等人通过刊物、选本不断推出小小说的代表作家、作品,通过理论研究、评论、评奖为小小说发展提供示范和导向,最终使小小说的文体规范得以确立并获得了广泛的社会认同。在社会和文化的意义上,杨晓敏明确提出了"小小说是平民艺术"的观点,这对于小小说文体的走向产生了深刻的影响。应该说,小小说其实在自身的发展中是存在着向精致化、精英化方向发展的可能的,但这样的方向可能使它无法作为一种独立的文学样式为大众所接受,从而出现今天的繁荣局面。小小说平民艺术观的提出,使之在叙事方式、审美趣味上都体现出民间化的特征,我们前面所说的小小说对中国文学传统的广泛继承也因此有了更大的动因。所以,考察今天小小说文体规范的形

---

[1] 杨晓敏:《小小说是平民艺术》,河南文艺出版社 2006 年版。

成,绝对不能忽视这个因素。

刘勰在《文心雕龙》中提出了文体论的四个要素:"原始以表末,释名以章义,选文以定篇,敷理以举统。"[1]也就是说,对于一种文体,要搞清其源流变化,对其名称要做出解释以使人明了该种文体的主要功能,要选出经典的文章来使人对这种文体的规范有具体的把握,同时还要敷陈该文体文章的写作理论以对该文体有宏观的把握。如果能做到这些,从文体论的角度讲,对这种文体的论述就是全面的,反过来说,这种文体自然就是一种成熟而独立的文体。这些年来,我们对小小说的源流,对小小说的名称和内涵,对小小说的写作理论,都有了充分的认识和论述;同时,不断出版的选本也逐步确立了小小说的经典文本。2009年5月,《中国当代小小说大系》出版。该书共五卷,收录了自1978至2008年三十年间经典的小小说作品和理论评论文章,其中作品四卷,理论评论一卷。应该说,作为一个权威的选本,这套书使小小说从文体规范的意义上,再次得到确认。

就小小说发展的过程来看,它在文体上的自觉性是显而易见的。小小说这些年的发展,人为因素的推动是一个重要因素,对小小说文体的定型及独立地位的确立发挥了非常重要的作用。与之相比,就中篇小说的发展过程来看,它在文体的发展上更多地表现为自发性。尽管在新时期,中篇小说一度成为最具影响力的小说文体,但关于中篇小说的文体研究则相对很少。从社会发展的层面看,近几十年是社会变化相对迅猛、印刷技术突飞猛进的时期,传统短篇小说就其容量来讲,在讲述一个故事的时候,其情节的完整性、细节的丰富性、过程的细腻性都与时代的要求存在差距,于是短篇小说的写作在走向上就有了更为追求故事完整性的要求,它在这一方向发展的结果就是促进了中篇小说的繁荣和文体的独立。因而,尽管从文本形态上说,中篇小说的确是早已有之,但它出现繁荣并走向文体的独立仍然是近三十年的事。近年来,小长篇开始兴起,虽然它被称为长篇,但与其说它是长篇小说向精简的方向发展,不如说是中篇小说向故事更为完整丰富的方向进一步发展,要来得更加贴切。

对于小说文体的发展,我们还应该注意的是网络小说的兴起,由于网

---

[1] 刘勰:《文心雕龙·序志》。

络阅读一次性消费性的特点、按字数收费的商业模式,使网络小说的写作不断向更大的篇幅发展。现在一般认为,网络小说100万字以下算短篇小说,100到300万字之间算中篇小说,而网络长篇小说要在300万字以上。与此同时,网络小说在结构上也与传统小说有着很大的区别。对此,需要专门进行研究。

总而言之,长篇小说从因发源于史诗、平话等以讲史为主的文体,一直保持着相对独立的文体特征,追求的是时间的完整性;中篇小说、小小说是在传统短篇小说的基础上发展分化而来的,小小说同时从志怪、笔记、寓言等中国传统文学样式及民间文化中汲取营养,渐次发展成为独立的文体。中篇小说和小小说都从传统短篇小说以讲故事为主的基础出发,前者向进一步追求故事的完整性、过程的细腻性和细节的丰富性发展,使篇幅加长;后者则不断向表现事件或人物某个有意味或有趣味的片段、侧面的方向发展,使篇幅更趋精短。中篇小说、小小说在逐渐脱离传统短篇小说之后,形成了自己的文体特征和内在规定性,开始独立发展,使小说家族形成长篇、中篇、短篇、小小说并列的局面。而网络写作的兴起,则使小说的文体特征出现了新的变化,需要进一步深入研究。

(《南方文坛》2012年第1期。另本文的修改版曾以《小小说文体流变考》为题在《文艺报》2011年7月27日第11版及《百花园》2011年9月下半月刊等多家报刊发表)

乡土小说
——中国新文学百年的标志性文体

中国新文学刚好走过了一百年的发展历程。其发端之际,正是中国传统文化遭受全面质疑、西方文化广受推崇之时。在"五四"砸碎孔家店、建设新文化的浪潮中,中国新文学基本是在全盘借鉴西方文学的基础上建立起来的。中国新文学发展的一个重要特点是小说摆脱了难登大雅之堂的边缘地位,前所未有地占据了文学最核心的主流地位,影响力空前强大,并一直持续到今天。应该说,中国新文学发展的一百年,是小说空前繁荣的一百年。中国新文学诸文体中,成就最突出的是小说,而小说中成就最突出的则是乡土小说。换句话说,乡土小说代表了中国新文学一百年发展最突出的成就。

"文以载道"是中国文学的一个重要传统。尽管不同时期有不同的表现,但这个核心理念直到今天从未有本质的改变。在新文学发端之前,中国文学延续的一直是诗文的传统,因为诗是能言志的、文是能载道的,所以诗歌散文一直是居于主流地位的文体;而小说则一向被认为是引车卖浆者流道听途说的东西,难入大雅之堂。新文学自发端开始,小说就被赋予了反映现实、引导现实、启蒙思想的重任,换句话说,小说开始被赋予了"载道"的使命,因而迅速发展成为主流的文学样式。

新文学发端之前的中国,农耕文明得到了充分发育,重农耕而轻工商,是一种持续了数千年的传统。而近代以来,西方列强的坚船利炮严重动摇了这一传统,工业文明开始由沿海而内地,逐渐渗入中国社会的方方面面,以工业化为基础的现代城市一步步发展起来。在这个过程中,一批知识分子开始离开乡土社会进入到城市中生活,乡土既是他们根之所系,因而是眷恋怀念的对象,同时也是落后的象征,因而是批判变革的对象。正是在这样的思想基础上,他们开始了对乡土的书写,中国的乡土文学也因而一直延续着这样的基调:或是以批判的姿态高扬着改变乡土社会的激情,或是以称颂的心态充满着对田园牧歌式乡土的眷恋。二者之中以前者为主流，当然也有着混合的情绪带来的一些变种。

作为中国新文学的旗手，鲁迅一直被看作20世纪中国乡土文学的奠基者。鲁迅的第一部短篇小说集《呐喊》，收录了多篇描写乡土生活的作品，为读者展现了富有浓郁江南特色的地方风俗画面。但总体而言，鲁迅写作的目的在于批判乡土社会的弊端，宣扬新文化的理念，完成思想启蒙，进而实现社会变革。鲁迅的这种思想事实上一直影响着中国乡土文学的创作，尽管不同时期有不同的表现形式，但思想基础大体未发生本质的变化。

受鲁迅的影响，"五四"乡土小说在20世纪20年代中期至30年代蔚为大观，台静农、王鲁彦、彭家煌、许杰、废名、许钦文、蹇先艾、黎锦明、徐玉诺、王思玷等，都有优秀的乡土小说问世。其作品共同的特点是以写实见长，富有乡土气息，直面农民的艰辛。同时，活跃于北方的"京派小说"也为后世留下了大量优秀的乡土文学作品。"京派小说"继承了"五四"乡土小说描写乡村题材的特点，但又不似"五四"乡土小说那般拘泥于写实，而是借鉴创造社"身边"小说的抒情笔法，着意描写悲悯人生和诗意情境，以求营造充满爱和自由的理想状态。沈从文、汪曾祺、凌叔华、萧乾等是其突出代表。从某种意义上说，"京派小说"是以田园牧歌式的乡土为精神家园这种传统观念的延续。与此同时及在此之后，茅盾、吴组缃、沙汀、艾芜等被严家炎称为"社会剖析派"作家的乡土小说，柔石、叶紫等人"革命＋恋爱"式的乡土小说，特别是邱东平、彭柏山等"七月派"的乡土小说，延续的其实都是思想启蒙、变革乡土的道路。而东北流亡作家的乡土写作带有"救亡"的主题，其中萧红的写作则有着非同一般的鲜明个性和特色。

20世纪40年代，毛泽东《在延安文艺座谈会上的讲话》发表，解放区作家的乡土书写进入一个繁荣发展的新阶段，并形成了以赵树理、马烽、西戎、孙谦、胡正等人为代表的"山药蛋派"和以孙犁、刘绍棠、从维熙、韩映山等为代表的"荷花淀派"。这两个流派的写作具有鲜明的政治性，影响一直及于新中国成立后的很长一个时期。应该说，乡土文学此时表现出的革命主题，与之前的启蒙、变革思想，从本质上是一脉相承的。中国乡土文学的政治化书写到"文革"时达到高峰,出现了《艳阳天》《金光大道》这样"高大全"的颂歌式作品。

"文革"结束,中国文学开始了一个新的繁荣发展期。这个时期有一个文学史命名:"新时期文学"。新时期文学最突出的成就仍然是乡土小说。新时期乡土小说按时期顺序经伤痕、反思、寻根主题而进入新写实阶段,每个阶段都有优秀的作品问世。新时期文学之所以出现乡土文学的再次繁荣,一是因为重新开始写作的老作家在"反右"和"文革"期间,大都有着农村的生活经历,而新近开始写作的生于20世纪50年代的年轻作家则大多有着"知青"经历或者就是在农村生长起来的,乡土生活自然成为他们写作的重要题材;二是因为这个时期农村开始发生重大变革,为文学创作提供了生动的素材。当然从更深层的意义上讲,乡土文学在新时期的繁荣是中国新文学自身惯性发展的必然结果。中国新文学从发端起乡土小说就一枝独秀是由中国特殊的社会结构和发展阶段决定的,而在新中国成立至改革开放之前的这段时间里,我们一直执行的实际上是反资产阶级、反城市的政策,城市知识青年上山下乡,正是其具体表现。因此,农村在中国社会的政治生活中就具有了特殊的地位,而中国的绝大多数人口生活在农村的事实也一直没有根本变化。在这样的社会现实中发展起来的文学自然会以乡土文学为主流,而反资产阶级的政治现实也自然诞生出了讴歌农村甚至讴歌贫穷的乡土文学作品。新时期乡土文学是在对这种思想反思、批判中形成自己独特风貌的。在西方文艺思潮席卷中国文坛,先锋文学兴起之后,中国的乡土文学出现了多元化的局面,但总体而言,表现农村的社会变革一直是其基本主题。

自新文学发端,乡土文学即肩负起了思想启蒙并推动社会变革的重任。之所以有这样的现象,是因为自晚清以来,社会达尔文主义逐步成为中国社会的主流观念。

1897年12月,积贫积弱的中国正饱受帝国主义列强的欺凌,严复翻译的《天演论》在天津出版的《国闻汇编》刊出。《天演论》是英国生物学家赫胥黎的著作,书名如果直译的话应该叫《进化论与伦理学》。从书名就可以看出,达尔文的这位朋友是将生物学进化论的观点应用在了社会学上。

而严复没有直接翻译达尔文的《物种起源》而选择了赫胥黎的著作翻译出版，也足见其社会学导向。事实上，《天演论》并非直译，而是夹杂了严复大量的发挥和评论，他毫不掩饰自己通过竞争使中国成为强国的社会达尔文思想。《天演论》一经问世即产生了巨大的社会反响，维新派领袖康有为更是对此书大加赞赏。从此，"物竞天择，适者生存"的观念开始在中国流行，社会达尔文主义的思潮开始在中国大地上激荡。这种思潮把社会发展看作一个从落后到先进不断进化的过程，如果不能在这个持续的进化过程中走得更快从而成为先进者，就必然走向被淘汰的深渊。这种社会发展的先进性在整个 20 世纪的中国就表现为现代性。从 20 世纪初开始，中国人就为实现现代化而不敢停下发展的脚步，现代化的焦虑开始在中国大地上弥漫，并成为中国新文学一个持续不断的主题。在改革开放之前，这个主题最显著的表现就是：革命。革命文学通常表现的是落后与先进的对立，而落后表现在政治、思想、文化、社会等各个方面。落后就要挨打，只有通过不断的革命才能获得现代的新生，这是革命文学一个最基本的模式。现代化在不同的时期有不同的名字。改革开放之后，随着不断革命的理论被抛弃，它有了一个新的名字：脱贫致富。于是，脱贫致富开始追在国人的身后，使每个人都怀揣着发财致富的梦想不断打拼，不敢停下脚步。自然，改革开放以来，脱贫致富作为新时期现代化焦虑的具体内容成为文学的表现主题。

新时期大量乡土小说所表现的是中国年轻一代努力通过发财完成自我实现的社会现实，其实质乃是现代化焦虑在人们内心的具体折射。改革开放以后，原先革命性的衡量标准被经济发展水平的标准取代，贫穷就是落后，富裕就是先进。于是，走出大山，走出农村，走向城市，成为中国持续了近三十年的潮流，也成为改革开放以来中国文学的重要主题。这个主题的表现，沿用的依然是逃离或出走这种自革命文学以来中国文学的最常见模式。只是革命文学表现为背叛反动阶级出身或走出愚昧落后，走上革命道路，而新时期的表现则是逃离农村、摆脱贫穷，走上富裕的道路。在改革开放之初，它表现为高加林式的奋斗与抗争，而今天则表现为在商场的奋斗。尽管表现形式不同，它表现的依然是中国新文学这个最基本的主题，只是现代化的焦虑具体为摆脱贫穷、发财致富的焦虑。

这种以脱贫致富为表现特征的现代化焦虑,在整个社会政治经济生活中的表现是以经济建设为中心,努力追求GDP的调整增长;在具体的个体那里,则表现为把挣钱发财作为人生的价值和目的,不顾一切地追求物质利益。新时期乡土小说大量描写的就是处于这种焦虑中的当下中国的基本社会现实。一个时期以来,在很多人的价值观中,挣钱几乎是实现人生价值的唯一手段,道德的、情感的、精神的因素都可以退居其次。于是我们看到,新时期乡土文学所描写的许多人,基本都处于对物质利益的极端追求中,情感、性、婚姻都要从物质利益的衡量中进行选择。人生的价值是可以简单地用金钱的多寡进行度量的吗?社会的进步是可以简单地通过发展经济就解决的吗?今天,由于对精神价值的忽视、由于精神信仰的缺失,各种各样的社会问题纷至沓来,一方面现代化的焦虑难以摆脱,另一方面信仰的焦虑又不断加深。对人生来说,对社会发展来说,当然还有比挣钱发财更重要的东西,它是我们的情感、我们的精神永远寄托牵挂的东西。此一方面,我们也可以看到,像沈从文那般描写乡土、视乡土为精神家园这一类作品,实际上一直是一条或浮出地表或暗藏在地下的河流,从未中断过。

今天,随着城市化进程不断加快,乡土文明濒临崩溃,乡土文学也渐渐式微。实际上,乡土文学绝对不是关于农村的文学的代称,它更是一种文明的表征,一种伦理的体现。中国工业化进程的加快,使大批劳动力从农村进入城市,农村的空心化现象日趋严重,从自然景观上讲,乡村机理改变了;从社会关系上讲,乡村伦理消失了。乡土文学也因此失去了它丰厚的土壤。百年来,中国的乡土文学持续繁荣,一个重要原因在于我们的一代代作家都拥有丰富的乡土生活经验。而今天活跃的大多数作家,实际上基本失去了直接的乡土生活经验。目前还在描写农村生活的许多作品,出自老一辈作家之手的,大多是基于过往经验对当下乡土生活的虚构和想象;出自年轻作家之手的,大多是在阅读前辈作家作品获得的间接经验基础上建立起来的虚构和想象。正因如此,这些作品很难取得更大的成就,自然难以引起大家的关注。尽管今后还会有描写中国农村的作品,但随着乡土中国的消失和现代中国的出现,乡土文学已不再可能重新居于中国文学的主流地位。

  皇皇 36 卷的《中国乡土小说名作大系》就是在这样的背景下编辑出版的。这套丛书记录下了 20 世纪中国文学最辉煌的成就,是对中国乡土作品的一个良好总结,是一项空前的划时代工程,具有重要的现实意义和历史意义。我们有理由、有必要向这部作品的编辑出版表达崇高的敬意。

  (本文为中原农民出版社出版的《中国乡土小说名作大系》而写,收入《乡关何处:一个时代的追问——大家论中国乡土小说》一书)

不可忽略的马镫

马镫这个小物件，大家虽不常见，但肯定都习以为常到了不会注意到它存在的程度，觉得只要骑马就会有它，自古而然。历史小说也一样，即使不常读，大家也绝不觉得陌生。但把马镫和历史小说放在一起谈，大家就会觉得陌生，甚至觉得有些怪异。我其实早就有谈这个话题的想法，因为近年来，历史小说的创作呈现出异常火爆的局面，创作题材也从明清史上溯到秦汉史以至上古史，金戈铁马的描写自然少不了，所以大家虽然很少直接写到马镫，但与马镫的关联其实是隐含在其中的。特别是最近，读了同事创作的一部描写商周历史的小说，更觉得有必要从马镫开始，谈谈历史小说创作的一些基本问题。

上古的历史，比如说商周时期吧，除了甲骨文和《尚书》、《诗经》等文献中的零星文字外，可信的记载少之又少。《史记》总体上说是可信的，但关于上古的记载，也大有可怀疑处。正因如此，我们关于那段历史的了解，基本上近于神话传说，所以才有了《封神演义》这样的作品。所以，以历史小说的形式写这段历史困难确实很大，因为我们很难想象当时人是怎样生活的，甚至怎么称呼、怎么说话都搞不清。而且，另一个困难在于表达方面，尽管甲骨文已是成熟的文字，但我们现在使用的词汇，大多是在此后形成的。也就是说，我们用以传达基本生活经验和生存体验的符号，绝大多数都是在此后很长时间才形成的。这样一来，且不说描写对话的困难，即使在叙述时，这种困难也同样存在，因为很多经验我们不知道离开我们惯常使用的这套符号系统，应该怎么传达。很多作家在行文中，都会习惯性地使用一些成语或俗语，但用一个形成于成百上千年之后的成语或俗语来描述之前的事物或经验，多少会给人些怪诞的感觉。所以，现在虽然电视、文学有不少表现这段历史的作品，但经得起推敲的几乎没有。从这个角度看，写这个时期的历史小说，是有点知难而上，甚至有点冒险了。

话说远了，我们还是回到马镫这个非常不起眼的小物件上。

在最近读到的这部商周题材的历史小说中,我看到了关于骑马交战的描写——当然,类似描写在历史题材小说中非常多。在一般人看来,古人作战,基本上都是骑着马杀来杀去吧。但至少在春秋之前,骑马作战并不普遍,至少将帅几乎是不可能骑马参战的,那时使用最普遍的应该是战车。

马在我国被驯养,大约在新石器时代晚期。早期马多被用来驾车,《周礼·保氏》上说:"养国子以道,乃教之六艺:一曰五礼,二曰六乐,三曰五射,四曰五驭,五曰六书,六曰九数。"儒家一向重视的"礼、乐、射、御(驭)、书、数"六艺,驾车排在第四,足见在当时驾车是一项应用广泛的重要技能。不仅在日常生活中,驾车是有身份人出行的一种主要方式,而且在军事上,车的应用也极广泛。所以不管是国际象棋还是中国象棋,"车"都是极有威力的棋子。就现在了解的历史事实看,春秋战国时期,各诸侯国的军队都是以步兵和兵车混合为主,骑兵极少。直至赵武灵王提倡"胡服骑射",才为赵国训练了一支强大的骑兵队伍,改变了原来的军队装备,这是军事史上一项伟大的变革。

但那时的骑马作战可能也并不是我们现在想象的样子。因为当时骑马是一件十分辛苦的事,原因在于一种非常简单的东西还没有发明出来,这就是今天我们要谈的马镫。马镫是骑马时踏脚的装置,没有它,当马飞奔或腾越时,骑士们只能用双腿夹紧马身,同时用手紧抓马鬃才能避免摔下马来。可以想见,骑在没有马镫的马上作战,很难如我们想象的这般手舞大刀长矛灵活刺杀。据此可以推测,赵武灵王提倡胡服骑射的时候,骑兵的作战可能主要就是骑在马上向敌人射箭、冲击,并不如我们想象这般灵活地使用十八般兵器,要不然怎么说是"胡服骑射"呢?所以,马镫虽然很小,作用却很大,最重要的一点在于它解放了骑士的双手,使骑士和战马可以更好地结合在一起,甚至达到人马合一的境界,使人和马的效力得到最大限度的发挥。

马镫最早是由中国人发明的,但准确的发明时间目前学界尚无定论。就现在考古所见,如著名的秦始皇兵马俑,其二号坑中出土了许多与真马大小相似的陶马。如果细心观察的话,我们会发现这些马身上各种马具相当齐备,但就是没有发现马镫。这表明在秦朝时,马镫可能还没被发明出来,至少是在军队中未被广泛应用。现在可以见到较早的马镫是1993年在吉林市帽儿山墓地18号墓中出土的。这个马镫是用铜片夹裹木芯,以铆钉固定在一起的,其年代大致在西汉中晚期至南北朝。这表明在汉以前,骑兵并不普遍。所以我们现在发掘的春秋战国时的国君墓,都有车马坑,因为使用战车还是当时主要的作战方式。

对于马镫的发明,英国著名中国科技史专家李约瑟博士曾这样评价:"关于脚镫曾有过很多热烈的讨论……最近的分析研究,表明占优势的是中国。直到8世纪初期在西方(或拜占庭)才出现脚镫,但是它们在那里的社会影响是非常特殊的。林恩·怀特说:'只有极少的发明像脚镫这样简单,却在历史上产生了如此巨大的催化影响……我们可以这样说,就像中国的火药在封建主义的最后阶段帮助摧毁了欧洲封建制度一样,中国的脚镫在最初却帮助了欧洲封建制度的建立。'"

所以,马镫虽然是一个很不显眼的东西,但对古代作战方式的影响却几乎具有决定性意义。类似的东西当然还有很多。回到关于历史小说的话题上,我觉得我们写历史小说,应该特别注意这些细小的东西,在考据上下一些功夫。否则的话,作者根据现在个人的经验或有限的历史知识所做的想象可能会与历史事实大相径庭。我们现在看到很多历史小说在描写春秋战国甚至以前的战争时,都会写到两军交战时双方将领骑马挥刀舞枪刺杀的场面。之所以会出现这样的谬误,可能就在于忽略了当时尚无马镫这个小物件的历史事实。

写历史小说,最大的难度其实就在于"做实",也就是通过大量的细节来还原历史场景,营造出一种现场感。因为对于历史小说而言,它所描写的重大历史事件,框架基本上已经固定,史家已经把来龙去脉交代得很清楚,起承转合也无须更多去考虑。这使很多历史小说的作者觉得,写作不过是在描写大的历史事件的同时,添油加醋增加些小花絮和噱头而已。但叙述和交代历史事件,不需要历史小说,史书已经做得很好了;情和爱的点缀往往无关大局,与历史事件不能融合在一起,更像是蛇足。对于长篇历史小说而言,最当着力处是在"细节"上下功夫,用扎实的细节来还原、再现当时的历史场景,用一个个具体的细节把历史人物塑造得血肉丰满。要把细节做扎实,像马镫这样的小物件就不能不引起历史小说家的重视。否则,作者对整个具体历史情景的想象就会出现根本性的偏差,就会由是否有马镫这样小小的物件造成的小硬伤导致大的描写错误,使作者还原的历史场景严重背离历史事实,使作品出现重大败笔,甚至导致整部作品的失败。

老子说:"天下大事,必作于细。"写历史小说同样需要"为大于其细",只有下足功夫,做足功课,不放过诸如马镫这样的小物件,扎扎实实把细节做好,整部作品才能经得起推敲,才能实实在在地站稳。

(《文学自由谈》2007年第5期)

第八届茅盾文学奖评奖阅读笔记

2011年8月1日到20日,第八届茅盾文学奖的评选工作在北京八大处中宣部的干部学院进行。

这次评奖有两个特殊的地方,一是实行大评委制,二是实行实名投票。实行大评委制的好处我以为在于有更广泛的代表性,可以使评委个人特殊的欣赏趣味对最终结果的影响充分降低,也会使作者面对高昂的请托成本而自觉却步。实名投票制相对于无记名投票,应该说各有利弊。对于民主制度来说,实名制相对于无记名投票制并不是一种进步。但是,我们必须面对的一个社会现实就是,当前社会上确实弥漫着一股不信任情绪,对什么都要进行质疑。在这样的情况下,实名制可能是一种更好的选择。应该说,在实名投票并即时公布的情况下,如何面对名家的作品,如何面对请托,确实考验着每一位评委。在实名投票的情况下,每一位评委需要面对的就不仅是人情,更是千千万万双眼睛。在这样的情况下,作为在全国具有一定影响的评论家、作家,绝大多数评委都会更加重视自己的学术声誉、道德声誉,从而做出相对公正的选择。每轮评奖结果即时公布,对增加评奖过程的公开化、透明化,吸引全社会的注意力,都是有好处的。纪检、公证的介入,对保证评奖过程的公正性也很有必要。这些我认为都是很好的做法。当然,剑都是双刃的。大评委制因评委较多,而且每省市区和部队都推荐一人,如何在评委选拔环节做得更好一些以保证评委的素质,是个需要考虑的问题。再有就是大评委制因评委人数较多,如何保证对作品讨论的充分性,使每个评委的意见都能传达给全体评委,使评委对作品有更全面的认识,也是需要考虑的问题。而评委的提前公布和每轮评委投票情况的即时公布,会对评奖过程造成不必要的干扰。个人觉得,评委名单和每个评委的投票情况与最终评奖结果一起公布可能更好些。

网络文学进入本届茅盾文学奖的评选范围,是这次评奖的又一个引人注目处。但这次参评的网络小说,多数仍然是传统小说,只不过曾在网络发表过。即使人气较高的《遍地狼烟》从严格的意义上讲，与那些动辄数百上千万字的网络小说相比，也没有很大的代表性。应该说，网络小说和传统小说，由于写作方式、传播方式、阅读方式的不同，在作品的审美倾向、欣赏趣味、心理诉求等方面都是存在很大差异的。把它们放在一起比较其实并不是一个好的选择。何况，在目前情况下，网络文学的传播方式、题材选择、叙事方式都与传统文学大相径庭，其瑰丽的氛围、奇特的想象等都可圈可点，但毕竟与茅盾文学奖所注重的语言富美感、结构要完整、叙事有特点、思想有深度以及贴近现实的担当精神等有较大差距。而且，网络写手的着力点也不在这些方面，因为网络小说读者的兴奋点并不在这里。这就好比古体诗与新诗，不能说哪种形式更好，但评判标准显然差别较大，如果分开评奖，可能更能展现各自的精彩。所以，网络小说未能在茅奖评选中走得更远其实是正常的。但我相信而且是坚信，网络小说一定会成为未来小说的主流，会有经典的作品产生。

说到网络文学的过早止步，自然就牵涉到评委对作品的具体判断标准。我的看法是这样的：茅盾文学奖作为中国最高水平的长篇小说专业大奖，每四年评选一次。对于获奖作品，简单来说，就是要代表四年来中国长篇小说的创作水平。具体到每一部作品时，就是要看它对中国长篇小说创作水平的提高有无贡献。它包括两个方面：一是对时代经验的表达有无贡献。这种经验的表达一定要有独特性，它不应该是处于大众经验范围内的公共经验，而应该是以前作品所不曾表达过的或不曾表达得如此准确深入的。同时，作品还应通过叙事对所表达的时代经验提供独到的解释，也就是要体现出深刻的思想性。二是对长篇小说的叙事艺术有无贡献。长篇小说作为叙事艺术，它的发展过程是一个形式不断完美的过程，是不断探索新的表达方式的过程。一个时代好的长篇小说，应该对叙事艺术的发展有所贡献。另外还有一点，就是语言。长篇小说作为语言艺术，一定要让读者体会到语言的魅力，使阅读本身成为享受。本次获奖的五部作品，在语言上各有特点，都能让人体验到语言的美感。

本届实际参评作品为176部，总计7800万字。如此巨大的阅读量对每一位评委来说都是不堪承受之重。我作为评委参与了评奖的全过程，加上集中前的两个多月时间,大量阅读了中国四年来的优秀长篇小说,同时了解了来自作协、高校、研究机构、期刊等不同行业的同行对中国长篇小说创作状况的认识,确实很有收获。长达20天的评奖过程,阅读量巨大倒在其次,最让人纠结和煎熬的是在每轮投票中,都会面临不同的作品各有优长、难以取舍的情况,而最后总得忍痛舍弃自己喜欢的某些作品,越到后几轮,这种情感折磨越甚。所以,获奖的作品固然优秀,但很多没能走到最后的作品同样优秀,只是我们遵循某种游戏规则做了取舍。具体是怎么取舍的,我将我的关于入围的20部作品的阅读笔记,与大家共享,以期使大家对评奖的情况及这些年中国长篇小说创作的整体情况有个更好的了解。

《你在高原》,张炜著,作家出版社2010年4月第1版

10卷,450万字。面对体量如此巨大的"长河小说",不由对张炜20年的坚守心生敬意。无论如何,读完450万字总比写下450万字要轻松得多吧。《你在高原》的主人公叫宁伽,与其相关的人物超过百位。作品围绕"家园"展开叙事,描写了主人公的家族史、成长史。作者站在精神高原对中国的现代化进程,包括革命、建设、文化、生态等问题进行全面的观照、反思,体现出一种特有的思想性,作品整体上是丰润的、厚重的。不过,把《你在高原》作为一部完整的长篇小说来看,它在结构上还是显得有些松散,各卷的艺术水平不完全一致;同时,对于作者所表达的人生和时代经验、思想来说,是否有必要写到450万字? 是否可以用更少的文字来完成表达? 但是,就像不能要求马拉松选手全程保持百米选手的速度一样,某些部分适度的"松"也在可容忍的范围。在这么一部浩大的作品中,张炜始终保持着旺盛的创作激情,对抒情和诗性有种特殊的迷恋,语言从未松懈,气势依然饱满。更重要的是,在全社会商业化的浮躁的年代,能有这份精神坚守实在难得。

《天行者》,刘醒龙著,人民文学出版社2009年5月第1版

《天行者》由《凤凰琴》、《雪笛》、《天行者》三个部分构成,简单地说,它

写的是民办教师在艰难中守望、在坚守中奉献的故事。民办教师现在已经成为过去时,但这个曾经通过在中国农村进行思想启蒙、文化启蒙和知识传播而改变了无数个农村孩子命运的群体,这个对中国现代化进程产生过重要影响的群体,永远不应该被遗忘。写民办教师的作品有过很多,但都不及《天行者》这般让人感动,它为民办教师这个群体树立了一座精神丰碑。就写法来说,这部作品比较传统,在叙事方面没有刻意求新求变;从结构来说,它甚至带有三部中篇连缀的痕迹,也许作者太在意《凤凰琴》的影响吧。但是,刘醒龙对他笔下的人物有感同身受的体悟,在他的字句中,你能感觉到作者的呼吸、心跳和体温,因而对其所描写的人物会有更深的理解,会在不经意中体味到温暖和感动。而这恰恰是目前大多数作品无法给予的。

《蛙》,莫言著,上海文艺出版社 2009 年 12 月第 1 版

我从来不曾怀疑过莫言变幻奇诡的叙事才能和汪洋恣肆的文学才情,这使我对他的每一部作品都充满期待。《蛙》描写的是计划生育政策对乡土中国的影响和改变。作品主要描写的是一个乡村妇科医生在从新生命的守护者到新生命的扼杀者这个转变过程中的行为和心理,表达了对生命的深刻认识以及对中国传统文化的思考,对于由政策带来的生命尊严和制度执行、个体需求和整体利益的矛盾等,也有深入的反思。切入中国当下的社会现实,这对莫言来说也是一个可喜的转变。莫言多年来一直坚持对长篇小说叙事艺术的探索,《蛙》由一系列书信和一个话剧剧本组成,在结构上显得相当特殊,作者的叙事才能和艺术才情得到了很好的展现。

《推拿》,毕飞宇著,人民文学出版社 2008 年 9 月第 1 版

《推拿》描写的是一群盲人按摩师的生存状态。对于盲人这个边缘群体,以往的文学作品也有表现,但多为心思缜密、感觉敏锐的半仙形象或作为怜悯对象的弱者形象。《推拿》大概是第一次把盲人像正常人一样来表现的长篇小说,而且作者对盲人生活把握得透彻、全面、准确,其中有希望、有温暖、有情怀,令人不由不拍案称奇。毕飞宇对讲故事有一种特殊的才能,他能把一个看似平常的故事讲得别开生面、精彩奇特。《推拿》对盲人对时间变化、他人声息等独特感受的表现是如此出人意表而又不可思议地精妙,这种生存经验和心理感受是以前作品未曾表现过的。单此一点来讲,《推拿》对长篇小说的发展就有了独特的贡献。

《一句顶一万句》,刘震云著,长江文艺出版社2009年3月第1版

《一句顶一万句》以刘震云的故乡延津为背景,描写的是北中原地区的乡土形态、社会形态和人们的内心形态。《出延津记》写孤独无助的吴摩西为寻找唯一能够"说得上话"的养女走出延津的历程;《回延津记》写吴摩西养女的儿子牛建国为寻找"说得上话"的朋友走向延津的历程。刘震云从《新兵连》、《塔铺》到《一地鸡毛》,到《温故一九四二》,到《故乡》系列,到《手机》,再到《一句顶一万句》,写作方法、表现方式在不断变化,他对长篇小说叙事艺术的探索从未停止。在中国新文学中,反映社会变革过程、表现罪恶与救赎等,一直是长篇小说写作的基本主题和表现模式,而刘震云的《一句顶一万句》则切入了真正属于中国人的内在精神世界,他对中国人的内心生活、人际关系、社会结构的内在本质的揭示是此前文学作品从未有过的,他以反反复复、絮絮叨叨的言说方式,用他特有的"刘氏幽默",把中国人内心深处和他人"说不着"的深刻孤独很好地表现了出来。无论从表现方式还是表现内容讲,《一句顶一万句》对中国的长篇小说叙事艺术是有重要贡献的。

《麦河》,关仁山著,作家出版社2010年10月第1版,2010年12月第2版

《麦河》是参评作品中最为贴近当下社会现实的作品之一,作品涉及的土地流转、新农村建设、现代农业的商业化进程等,都是当下正在发生并将

对中国的社会形态变化产生重要影响的问题。近年来属于该题材类型的作品有很多,但大多因与政策、现实贴得过近而显得概念化,文学性较差。关仁山是前些年全国闻名的河北"三驾马车"之一,关注现实是其一贯的传统,但《麦河》在表现手法上与作者过往的作品相比有很大的创新。作品以盲人白立国的视角切入叙事,并引入其与苍鹰、鬼魂的对话,从而极大地拓宽了表现范围;在纵的方面表现了中国百年土地变迁的历史,在横的方面表现了乡土中国的社会文化形态及其变化,带有明显的魔幻现实主义色彩。全书五章以由缺到圆复缺的月相命名,带有明显的象征意义,突出了作品的乡村寓言特征。但这些叙事手段的运用多少有些生涩和僵硬,使叙事显得有些凌乱。

《农历》,郭文斌著,上海文艺出版社 2010 年 10 月第 1 版

《农历》是一部真正属于中国人的特殊小说,它切入了乡土中国平凡人的日常生活和内心世界,写得天然、纯朴、亲切、安详,让人读来不由对远去的童年和故乡心生怀念和留恋,内心充满安静和安详。作品以中国"农历"的一个个"节"来结构全书,通过五月、六月一对小姐弟串联起十五个"节",很好地表现了中国人对于天、地、人关系的认知,可帮助读者全面、透彻地理解中国人传统的世界观、人生观、价值观、道德观,还原出一个安详、天然的传统中国。但《农历》也许真的太特殊了,一以贯之故事情节的缺乏使其长篇小说的身份受到某些怀疑,感觉像是中短篇小说甚至专题散文的集合。

《我是我的神》,邓一光著,北京出版社 2008 年 1 月第 1 版

邓一光一定是奔着"史诗"去写《我是我的神》的。作品从 1949 年写起,通过一群军人子弟的成长经历,把中华人民共和国成立以来的历次重大事件和重要变迁全部串联起来,很好地表现了建立新中国和与新中国一道成长的两代人的命运和心路历程。小说以传统的写作手法展开叙事,阅读起来顺畅而又气势磅礴。作品充满英雄之气,读来使人振奋,给人力量;它直面现实的勇气和对一些重要历史事件惨烈状况的大胆描写,读来震撼人心。总体而言,这确实是一部厚重的现实主义长篇小说。虽然,视角的单一和平铺直叙的描写可能会使作品更好读,但在艺术上多少显得有些粗糙。

《农民帝国》,蒋子龙著,人民文学出版社 2008 年 9 月第 1 版

蒋子龙的《农民帝国》能写出如此模样,远远超出我的预料。这部作品反映的不仅仅是改革开放三十年中国农村的发展变化,更是中国农村近百年的变迁。作品以主人公郭存先的成长经历、人性蜕变及最终毁灭为主线,描写了郭家店的发展变化,揭示了在金钱、欲望、权力冲击下人性的变异,并对中国乡村社会的内在权力和文化结构进行了深入的反思。总体看来,作品的前半部分写得更好些,而到后面郭存先基本成了其原型人物禹作敏,写得过实了些。《农民帝国》很容易让我想到李佩甫出版于 1999 年的《羊的门》,两部作品的立意大致相同,但就文学性和思想性而言,《羊的门》显然更胜一筹。

《遍地月光》,刘庆邦著,北京十月文艺出版社 2009 年 10 月第 1 版

刘庆邦是公认的"短篇王",但《遍地月光》让我知道,刘庆邦的长篇小说同样值得期待,这部小说堪称近年来中国最优秀的长篇小说之一。小说以地主后代黄金钟为主人公,描写其在 20 世纪六七十年代的遭遇,让我们看到了糟糕的制度是如何一点点把人性中的恶挤压出来的,从而对当时中国农村的现实有更深刻的认识。这部作品的优秀之处在于,在这个信息泛滥的时代,在浅阅读普遍化的时代,它依然保持了长篇小说作为叙事艺术的语言魅力,其语言的美感、描述的精确,令人叹为观止。同样写得细腻、精确,但刘庆邦绝没有王安忆的那种絮叨、繁复,显得非常节制,富有意蕴,读来非常通畅明晰。《遍地月光》让我们明白,尽管电视剧、电影成为当下

叙事艺术的主要形式，但长篇小说独有的魅力却是其无法掩盖的。

《生命树》，红柯著，北京十月文艺出版社 2010 年 12 月第 1 版

在"天山系列"长篇小说中，红柯写了英雄与马、女人与熊、少年与羊，《生命树》肯定要有一种动物或植物作为象征，如作品名字所示，这次是树。作品写了与马燕红相关的四个家庭，表现从内地到边疆不同人的现实的生活状态和本真的人性状态，唱响生命和大地的赞歌。作品显著的特点是将神话、传说、歌谣等融入其中，来强化其对现实和经验灵异化的特征。但问题似乎也在这里，读到这些部分，总会明显感到一些概念化和做作的成分。

《水在时间之下》，方方著，上海文艺出版社 2008 年 12 月第 1 版

方方给她的小说起了一个好名字：现实、亲切而又带着些形而上的意味。作为一个去年刚刚获得了鲁奖中篇小说奖的作家，她的语言、叙事确实处理得不错，作品的故事也很吸引人：汉剧名伶"水上灯"自 20 世纪 20 年代开始差不多半个世纪的传奇经历。应该说，这部作品汇聚了成为经典的所有元素，但这些元素似乎都是过往经典的元素：近年来屡被表现的名伶、家族恩怨、民族冲突与战争、分属国共双方的兄弟之争、对革命的反思，等等。作者对主题的预设和读者对经验的熟悉无疑会对作品价值和意义产生影响。重要的是，为了表现其预设的主题，主人公被作者随意地调遣进各个事件。最终，作者为作品预设的"尖锐"被严重钝化。

《河岸》，苏童著，人民文学出版社 2009 年 4 月第 1 版

《河岸》用苏童一贯扑朔迷离的叙事方式为我们讲述了库文轩、库东亮父子在特定历史时期辗转于河上和岸上的故事，展现了命运的荒诞和人性的变异，揭示了革命语境下集体意识对个体意识的消灭以及时代的迷乱与颠狂。无论是叙事形式还是表现内容，《河岸》集中了渐行渐远的先锋小说

的几乎所有表现元素,而且运用娴熟,表达自如,有理由让我们对其保持足够的敬意。

《天·藏》,宁肯著,北京十月文艺出版社 2010 年 6 月第 1 版

本届参评的所有作品中,《天·藏》可能是在文本试验方面走得最远的一部。在文本形式方面,作者空前地发挥了注释的功能,使之上升到与正文几乎同等重要的地位,参与叙事的进行,力图打开通向共时叙事的通道;在结构上,作品采用开放式结构,将王摩诘的个人生活与思考、与维格的情爱以及马丁格和父亲的对话交织在一起,力图完成对形上问题多角度思考的表达。但小说作为叙事艺术,归根结底要通过叙事来完成思想的表达,《天·藏》恰恰在此一方面存在着明显的不足。文本试验如果能打开一条看似不可能的通道,能够完成刀刃上的舞蹈,当然值得赞许;如果不顾双脚被割得鲜血淋漓,仍坚持在刀刃上跳舞,值得赞许的就只是精神了。

《无土时代》,赵本夫著,人民文学出版社 2008 年 1 月第 1 版

《无土时代》的主人公天易、柴门、石陀是一而三、三而一的,作者想以此表现在城市化进程中当代人精神的游走与迷惘,揭示人与土地、自然的内在关系。这是一部以夸张、变形、荒诞、象征的手法表现现实问题的作品,读来别有意趣。而问题在于,作品概念化的意味太重了些。而且,其"概念"本身也值得推敲:城市文明固然需要反思,但站在农业文明的立场上对其进行批判则是更值得反思的,这样的历史观是有问题的。有这样的历史观,就有对在城市种麦子这样的闹剧的赞歌。

《大地雅歌》,范稳著,北京十月文艺出版社 2010 年 6 月第 1 版

作为范稳"藏地三部曲"的终结篇,《大地雅歌》同样以汉藏结合部康巴藏区为背景,通过一段曲折的爱情故事,表现了多种民族、多元文化、多种信仰在复杂的历史处境中的交流和碰撞以及处身其中的人物命运的变迁、人性的升华。汉人写藏地的作品近来不少,参加本届评奖的也有好几部,其中《大地雅歌》较好地克制了猎奇心理和对宗教类形上思考的直接言说,较好地把对多元文化、宗教碰撞所引发的思考放在叙事中进行表达,使作品在具有很好可读性的同时,不失其思想价值,显得博大浑厚。

《老风口》,张者著,作家出版社 2010 年 1 月第 1 版

张者的《老风口》描写的是新疆建设兵团波澜壮阔的发展历史。整体而言,作品的故事情节设置得跌宕起伏,而且作品所表现的人与自然、男人和女人、汉人和少数民族在特殊历史背景下的复杂关系及由此引发的故事,会给人带来别有意味的阅读体验,使作品因而具有很好的可读性。在叙事上,作者采用了多视角叙事的方式,每章都分为上下两个部分,以不同的视角展开叙事,这表明作者在叙事上具有相当的自觉性。但在语言表达和叙事控制上,作品还显得有些粗糙。

《坼裂》,歌兑著,解放军文艺出版社 2011 年 1 月第 1 版

歌兑的《坼裂》差不多是本届评奖中唯一给人带来意外惊喜的作品。一个非专业作家描写自己亲历汶川地震的作品,未读之前,想必大家都会和我一样,觉得它能带给我们的可能是一些惊心动魄的场面和感人至深的细节,会带有显著的报告文学特征。但阅读的结果几乎完全改变了我们的认识:汶川地震在这部作品中只是作为背景存在的,它描写的其实是当代人精神的坼裂以及通过"抗震救灾"所完成的救赎。叙事训练的不足在此成为一柄双刃剑,它使作品呈现出与专业作家的作品截然不同的面貌,给人带来了直接、鲜活的阅读感受,但同时也使作品显得有些简单、粗粝。

《赤脚医生万泉和》,范小青著,人民文学出版社2007年7月第1版

范小青的《赤脚医生万泉和》以万泉和这个得过脑膜炎的半傻子为叙述人展开叙事,描写了"赤脚"和"后赤脚"或者说"文革"和改革开放两个时代,不动声色地揭示了社会的时代病症。范小青的语言和叙事驾驭能力,使其在处理这个题材时显得游刃有余,作品所表现出的冷冷的幽默也增加了阅读的快感。但问题似乎也出在这里,一个笨嘴拙舌的半傻子叙述者和一个伶牙俐齿幽默机趣的作者时不时会打上一架。也许,作者往后退得更远一点,把自己的语言的巧言善语再收敛一些,作品表现得会更好。

《青木川》,叶广芩著,太白文艺出版社2007年1月第1版

我一向对叶广芩的作品充满期待,去年评鲁奖时读她的《豆汁记》,觉得很有韵味。但《青木川》多少让我有些失望。这部作品从题材来说确实具有足够的广度和厚度,以叶文芩的功底来说,完全具有写成一部厚重大作的可能。也许是作者对青木川这个地方爱得过于深切,使她总想把关于这里的一切,如古建的保护与开发、对民俗的展现、对历史的思考、对革命的反思、对文化的思考等,全部表现出来。当作者通过几个不同的人物表现这些不同方面的内容时,显得不是那么圆融。作品的前半部分相对而言还是相当不错的,但后半部分却显露出了不应出现在叶广芩作品中的粗糙。

通过评奖,集中阅读了一百多部作品,我觉得就叙事能力、语言技巧、艺术水准等方面而言,中国当前长篇小说创作的整体状况还是好的。即使未能入围的很多作品,从叙事到语言,也处理得非常好。但是,问题并非不存在。我以为,如何以人类的视野、用普适的价值观来观照我们的历史经验?如何对当下的经验进行准确的书写并给予有见地的解释?这是绝大多数当代作家都应正视的问题。这些问题处理不好,我们的作品就会缺乏

一种精神的气势和力量,无法使读者对历史和现实有透彻的认识并给人以切实的鼓舞。这大概也是当前长篇小说缺乏像《白鹿原》、《尘埃落定》这样厚重之作的原因,也是当前长篇小说无法像《平凡的世界》这样给无数人以精神鼓舞的原因。因此,我期望中国的长篇小说写作,能够在叙事上有更独特的探索,能够对当下经验有更好的书写,能够以更为开阔的视野表达更为深刻的思想,使我们的文学创作可以达到一个新的高度。

(《莽原》2012年第1期。《大河报》2011年8月26日A44版以《什么样的作品才能获"茅奖"》为题发了进入前十的作品的笔记,略有删节)

"茅奖"评奖记

北京西山八大处公园正对门,有一个没有任何文字标识的小院,楼内的结构像迷宫一样很容易让人迷糊。这个西山脚下不起眼的小院就是全国宣传干部学院所在地。四年多来,中国文学四大最高奖——茅盾文学奖、鲁迅文学奖、全国优秀儿童文学奖、骏马奖的评奖活动一直在这里进行。我有幸数次在这里参与评奖,一住就是半个月以上,对这里,包括对面常去爬山的八大处公园,自然已经非常熟悉。

虽然多次在这里参加评奖,但第九届茅盾文学奖的评选无疑是最让我感到紧张,又是最为欣喜的一次。这不单是因为我们河南的作家李佩甫终于实至名归,以《生命册》荣获大奖;还在于本届评出的五部作品,包含了多样的风格和特点,我以为是代表了四年来中国大陆出版的长篇小说的最高水平,总体看是一个漂亮的盘子。

李佩甫是河南作家的优秀代表,他的创作生涯已有三十多年,从中短篇小说到长篇小说,屡有佳作问世,遗憾的是阴差阳错地一次次与中国文学最高奖失之交臂。这次《生命册》能够获奖,应该说不论从作家本人的创作实力来说,还是从作品本身的思想性、艺术性来说,都是当之无愧的。《生命册》全方位地展现了20世纪50年代以来中国社会从农村到城市、从农业到工业、从实体经济到资本经济曲折复杂的发展变化,对人生与社会发展的内在规律进行了深入探讨和深刻揭示,对中国经验进行了有力书写和全面表达,精准描摹了"背着土地行走"的一代知识分子的心灵史,多角度透视了国民灵魂,是反映当代中国社会的厚重之作。作品以独特的"树状结构"展开叙事,语言感性湿润,情节紧凑精彩,细节致密精妙,塑造了一系列遍及城乡各个行当鲜活生动的人物形象,文本表达效率极高,显示了作者严肃的创作态度和深厚的艺术功力。作品涉及的生活宽度、思想深度及其所达到的艺术高度,均代表了中国当代长篇小说创作的一流水准。

格非的《江南三部曲》由《人面桃花》、《山河入梦》、《春尽江南》组成,旨在描绘自晚清至今百余年来中国社会内在精神衍变的轨迹。格非是先锋写作的代表性作家,去年刚刚以《隐身衣》获得了鲁迅文学奖中篇小说奖,这次又斩获茅盾文学奖,证明所谓"先锋文学"退潮或死去的观点是多么不靠谱。但同时也告诉我们,仅仅玩弄文字和文本技巧的所谓"先锋"是没有出路的,注重语言和表达的技巧,具有深邃的思想,同时坚持现实关切,才是文学创作的坦途。

王蒙的《这边风景》能够获奖,对于王蒙和文学界来说,都是一个意外的惊喜。这部作品从1974年开始创作,完稿于1978年。此后稿子被束之高阁,直到前年被家人发现,王蒙重读后觉得还不错,重新修订并添加"小说人语"后才予以出版。小说创作于"文革"后期到改革开放前这段时间,肯定带有那个时代的烙印。但作品总体的思想意识与那个时代的多数作品相比,还是有着明显的差异,即使在今天看来仍然值得称道。从文学意义上说,作品对新疆伊犁地区少数民族生活的精准描摹,对那个时代经验的记录,是今天的写作无法完成的,具有独特的价值。而且这部作品表现的内容对于我们今天正确处理新疆等地的少数民族问题也无疑具有非常积极的意义。

金宇澄的《繁花》是近年来文学百花园开出的一朵奇葩。这是一部用适度改造的上海方言借鉴中国古典小说的叙事方式完成的地域小说,有人甚至称之为最好的上海小说,将之与张爱玲的小说甚至《红楼梦》相提并论。作品的叙事在20世纪60年代和90年代两个时空里交错,描写市井生活,读来别有韵味。这部作品随手拿起读来的感觉非常好,但读久了会有沉闷之感,我是在很长的时间里断断续续读完的。不知道吴方言区的读者有没有这样的感觉。

苏童是另一位靠"先锋写作"在文坛走红的作家,他在中短篇小说写作方面所表现出的才华的确令人敬佩。《黄雀记》仍然带有先锋写作的某些特点,写的是小地方的小人物的精神生活。作品围绕发生于20世纪80年代一桩青少年间的强奸案展开,描写了蒙冤者、真正强奸者和所谓受害者间的复杂关系,表达了罪、罚、救赎的主题。很多人觉得就作品的格局和情节的展开程度等各方面来看,像一个拉长了的中篇。这也许是《黄雀记》没有获得一些评委认可的原因。

  本次评奖共有252部作品参评,是历届评奖中参评作品最多的一次,这使阅读作品成为一件极耗体力精力的苦差事。好在评委中大多数都是"职业读者",很多作品以前早就读过,甚至写有评论文章,使集中阅读量大为减少。阅读虽累,但对多数评委来说这本来就是日常工作的重要内容。其实真正让评委纠结的是究竟该把有限的投票名额给谁,这种纠结越到后面越严重。本次评奖共经过了六轮投票,从80部、40部、30部、20部、10部到最终投出5部获奖作品,前边还好,越到后面就越为该把票投给谁犯思量。从这个角度看投给张三好,换个角度看投给李四也不错,再看看王五觉得也有其优长,于是就要在反复比较中做出痛苦的抉择。好在本届评奖相对是受外届干扰最少、过程最为平静的一届,这使评委可以从文学本身出发,做出更为恰当的选择。

  就本届获奖的5部作品来说,其艺术风格、表现特征、题材内容等更趋多样化,而作家作品相对来说也都是经得起推敲和检验的。因此,虽然经历了阅读的疲劳和抉择的纠结,但对最终的结果我是感到满意的,我希望并相信广大读者和社会也应该是基本满意的。

(《河南日报》2015年8月20日)

短篇小说：以短见长

近年来，文学的创作方式、传播方式、阅读方式都发生了很大的变化。网络文学自不必说，传统的小说写作也有越来越长的趋势。相对来说，作家对长篇小说的重视程度要超过中短篇，对中篇小说的重视又超过短篇。很多年轻作家一上手就写长篇，从中篇小说写作入手就算是重视写作基本功的好现象了，对短篇小说的轻视与很多年轻作家艺术上的欠缺大有关系。长篇小说、中篇小说因为出版和影视改编等，更容易引起社会关注，能为作家带来更多收益，更受作家的重视。而短篇小说以短见长，相对更纯粹、更讲究艺术性，从文学意义上来看，我们有必要对短篇小说给予足够的重视。

当然，这么讲并不意味着目前的短篇小说创作真的就乏善可陈。第六届鲁迅文学奖短篇小说奖共收到267篇短篇小说和19部小小说集参评。应该说这4年来的大部分优秀作品都申报了，但也有一些非常优秀的作品因为种种原因没有参评。"文无第一，武无第二"，我认为评奖并非要给参评作品排出令每个人都信服的顺序来，而是根据评奖的规则从中挑选出足以代表这些年创作水平和创作成就的几部作品。因此，尽管我们不能说一些没有获奖的作品一定就不如获奖作品，但获奖的作品应该说是这4年来相对优秀的作品，作为这4年来短篇小说创作的代表性作品是没有问题的。从这个意义上讲，我认为第六届鲁迅文学奖短篇小说奖的评选还是比较成功的。

马晓丽的《俄罗斯陆军腰带》的写作手法比较传统，但其叙事纯净畅快，文字简洁有力，显示出了作者良好的叙事能力和对题材、文本的驾驭能力。作品小中见大，巧妙地处理了中俄两军因文化背景、生活习惯和军队管理等方面的差异而引起的误解、较量，使一些原本微不足道的事情显得饶有趣味和意味，很好地反映了中俄两国、两军及其关系的发展状况。

徐则臣的《如果大雪封门》写的仍然是"京漂"这个生活在北京底层外

来者群体的边缘生活。这篇小说的特点是它以一种诗意的姿态和腔调讲述了这群底层小人物无望的生存状态和生活态度。作品以大雪与鸽子为意象,描写了这群小人物涌动的理想和幻灭的现实,揭示了他们麻木外表下内心真实的疼痛。

叶弥的《香炉山》描写普通人的日常生活,看似平淡却蕴含着张力。主人公夜游香炉山时与一个陌生男子相遇,预期要发生的"故事"却终归没有发生。但通过其中隐藏的"戒"与"爱"的较量,作品将女性内心世界的复杂幽深做了极为深入的表达,并由此对当下人际关系的现实和人性深处的奥秘做了极富意味的探究。

叶舟的《我的帐篷里有平安》是一篇让人总觉得意犹未尽的作品,似乎一场大戏的幕布还未拉开戏却结束了。但是,这拉开的一角幕布却让我们对幕后的一切有了无限好奇,让我们通过一个帐篷明白了世界,通过一个黑脸人理解了信仰,看到了芸芸众生在尘世的追逐和对信仰的渴望,感受到了信仰的力量。这篇作品好就好在它似乎远离尘嚣却又与当今社会关系如此密切。

张楚的《良宵》通过一个逃离都市的京剧名伶在荒村与一个染病少年相处的故事,对社会现实的冷漠无情进行了细腻的书写,对幽微的人性进行了精准的开掘,让爱在苦难与疼痛中彰显出来,让我们看到了人物内心的孤苦绝望,更让我们感受到了人性中爱的温暖,是具有大爱、大悲悯情怀的优秀之作。

获得提名而未能获奖的几部作品中,黄咏梅的《瓜子》是非常优秀的一篇,这部描写底层人物的作品,在对城乡关系与人物内心世界的把握上,有着积极的开拓意义。陈河的《怡保之夜》从题材到写作手法上,都表现出了与中国当代短篇小说写作明显的差异。李进祥的《四个穆萨》描写不同背景下同名穆萨的四个人物,表现出了一种非常难得的国际化视野。南翔的《老桂家的鱼》写作手法比较传统,但就题材的把握和叙事的控制讲,处理得非常到位。

《光辉岁月》是短篇小说中获得提名的唯一一部"80后"作家的作品,作者笛安在年轻读者中广有影响。这部作品未必是她最好的,但仍显示出了鲜明的时代感。作品的叙事缺少节制和行笔散漫的问题,在当下年轻作家的创作中普遍存在。笛安没能获奖是一个遗憾,也是一件好事,这会促使他们这代年轻作家在今后的创作中把作品写得更精致、更讲究一些。毕竟他们的路还很长,相信他们今后会创作出更好的作品。

小小说没有作品获奖算是另一个遗憾。这些年,小小说的发展走向了一条大众化、通俗化的道路,与短篇小说精英化、艺术化的发展方向相背离。小小说不是更短的短篇,它有自己的文体特征与审美倾向,把它和短篇放在一起评奖,很容易使大家不自觉地以短篇小说的标准来衡量它,使其处于一个尴尬的境地。这可能是一个需要进行奖项设置调整才能很好解决的问题。

(《文艺报》2014年9月22日,是应约为第六届鲁迅文学奖短篇小说奖写的综述)

中原

从乡土到多元
——中国新文学中的中原作家群

发展概述

在中国新文学发展史中,"中原作家群"的兴起与壮大是一个重要的文学现象。尽管这个现象的出现由来已久,但基本没有作为学术概念提出。在20世纪90年代以后,中国文学界提到中原作家群,通常使用的一个概念是"文学豫军"。之所以使用"文学豫军"这个概念而不直接说河南作家,除了与当时流行的"陕军"、"湘军"等概念相对应外,更重要的原因在于"河南作家"这个概念通常是指在河南本土工作写作的这么一个作家群体,而"文学豫军"则涵盖了在河南本土写作的"河南作家"及离开河南在外地发展的"豫籍作家"这么一个庞大的群体。而"中原作家群"这个概念的提出,除了在外延上涵盖了"文学豫军"的外延并可有所扩展外,更重要的是它强调了这个庞大的写作群体共同的中原文化背景和历史传统,从而更富文化内涵、更具学术意义。

考察中原作家群的崛起,可以追溯到中国新文学发轫之时。南宋以降,河南文学失去了以往那种群星璀璨、大师辈出的局面。这一情形一直延续到"五四"新文学的诞生。尽管当时或其后出现了像冯友兰、曹靖华、师陀这样在现代文学史或文化史上卓有影响的人物,但他们几乎都是在省外活动,把他们作为一个区域性团体来命名在当时是不可能的。1949年以后,河南文学有了新的发展,涌现出了一批在全国有影响的作家,评论界也有着群体命名的倾向,例如有人曾提出命名为"红薯派",但终没有获得像"山药蛋"、"荷花淀"那样真切的命名。进入新时期以后,河南文学再次异军突起,出现了一大批全国著名的中青年作家,影响一直持续至今。正是在进入20世纪90年代后,"文学豫军"的称谓开始出现,并获得国内批评家、学者、作家、媒体和文艺管理部门的广泛认可。批评界把"文学豫军"的"中原突破"与"陕军东征"作为20世纪90年代文学的两个"景观"相提并论。有关"文学豫军"个案和整体的全国性研讨活动也曾多次举行。2010年11月,以"坚守与突破"为名称的中原作家群论坛在河南举行,"中原作家群"第一次作为学术概念被正式提出。

自"五四"新文学诞生以来的整个河南文学,大致可以分为三个时期:

从"五四"前后中国新文学的发端到20世纪40年代末中华人民共和国成立为第一个时期。这一时期,河南文坛尽管涌现出了徐玉诺、曹靖华、冯沅君、师陀、姚雪垠、丰村、赵清阁、于赓虞等优秀作家,但他们基本都在外地发展,河南文学基本上处于自然生长状态,在中国现代文学史上,总体来说位置并不靠前。这一时期河南的文学创作虽然不处在新文化运动的中心,但对河南的生活状态与风俗民情的展现,使这一时期的河南文学具有浓厚的本土特征。与此同时,在河南本土却并没有出现像样的文学群体和重要的文学现象,甚至没有一家有影响力的文学刊物。这一情形的历史和文化原因是发人深思的。

从中华人民共和国成立到"文革"结束为第二个时期。这个时期,在中国共产党的领导下,河南的文学人才得到了组织,从外地归来的姚雪垠、苏金伞等,从外省来豫的于黑丁、南丁、王大海、庞嘉季、郑克西等,在河南本土奋斗、成长的徐玉诺、李蕤、栾星、冯纪汉、赵青勃、李準、吉学沛、乔典运、徐慎、张有德、段荃法等,在热火朝天的社会主义建设中,掀起了文学创作的高潮。但总体来说,河南作家此一时期的创作受"左"倾思想的局限,基本处于跟风状态,鲜有独立的思想观念和文学风格,河南作家的群体形象此时还远未到让全国文坛注目的地步。接着就是万马齐喑的十年"文革",也是文学的十年浩劫。这个时期河南的文学创作与我国的政治文化中心关系极为紧密。如李準、魏巍、刘知侠、叶楠、白桦、吉学沛、张有德、郑克西、南丁、段荃法、徐慎、王绶青等作家写出了与中国社会政治生活比如抗美援朝、农业合作化问题密切相关的作品。作品的主题具有较强的政治性、时代性和社会主义现实主义特征。与此同时,像苏金伞等作家由于各种因素竟中断创作达20年之久。时代热情和历史悲剧使得这一时期河南文学呈现为某种复杂性,需要澄清和总结的问题也很多。

"文革"以后的新时期则为第三个时期。这个时期,中国开始了改革开放的伟大历史进程,文学也进入了解放繁荣的新时期。在由此开始的30年里,河南老中青几代作家共同努力,独立意识和艺术创新精神渐次增强,文学创作出现了新的高潮,各种文学样式都有了长足发展,河南一举成为现代乡土文学和社会历史小说重镇,其创作与理论实绩和队伍阵容日益为中国文坛重视。这个时期,中原作家群开始壮大起来,其主体阵容是这一时期出现的一批小说家,张一弓、南丁、乔典运、段荃法、徐慎、张有德、张斌、郑克西等20世纪50年代的作家重操旧业,而众多年轻作家则相继涌现:有乡村走向城市的作家如叶文玲、张宇、田中禾、郑彦英、周大新、阎连科、刘震云、张兴元、侯钰鑫、孙方友、墨白;有从城市走向乡村又回到城市的作家如杨东明、齐岸青、李佩甫、王钢等;同时还有相继从大学毕业的具有"知识分子写作"风格的作家如行者、李洱等;还有以清史系列小说名扬海内外的二月河等一批历史小说作家。这些不同背景的小说家不仅拓宽了河南文学创作的题材范围,而且风格多样,异彩纷呈,留下许多重要且饶有意味的话题。这一时期,诗歌和散文创作也出现了喜人的局面,出现了一批有影响力的诗人和散文家。同时,长期以来"批评缺席"的局面得以改变,刘思谦、孙荪、鲁枢元、陈继会、王鸿生、耿占春、何向阳、何弘、孙先科等人的研究与批评,在国内理论界和批评界都占有一席之地。

"文学豫军"这个概念被全国文坛广泛接受,文学豫军成为中国文坛一支活跃的劲旅,发生在二十、二十一世纪之交。这个时期,文学豫军的"中原突破"成为中国文坛最值得关注的现象之一。就河南新文学的整体发展来看,中原作家群是在改革开放的三十多年间真正崛起的,其主要标志是一大批小说家的不断涌现、小说创作的全面繁荣。

河南改革开放30年来的小说创作,从表现形式、风格特点、代表人物等方面大致可分为三个阶段。当然,这样的阶段划分肯定不可能绝对准确,作为一个绵延不断的发展流,相邻阶段都有一定的交叉重叠,不可能剥离得非常清楚。但大体而言,这样划分的三个阶段都有各自明显的特点,而且可以使我们更清楚地看到河南小说创作在这30年间的发展变化过程。

第一个阶段从 20 世纪 70 年代末到整个 80 年代,即新时期。随着改革开放大潮开始的思想解放,带来了文学艺术的春天,河南的老作家重新焕发青春,青年作家不断涌现,以乡土变革为主要表现内容的中短篇小说出现了发展繁荣的大好局面。

第二个阶段即 20 世纪 90 年代。这个时期,经过中短篇小说创作锻炼的一批作家,拥有了充分的生活和知识积累,开始进行长篇小说创作,并逐步拓宽作品的题材范围,乡土和历史题材长篇小说取得了令人瞩目的成就,"文学豫军"开始引起文坛的广泛关注。

第三个阶段即进入 21 世纪之后的这段时间。这个时期,活跃于 20 世纪八九十年代的一批作家成为河南文坛的中坚力量,同时一批青年作家开始崭露头角;河南小说创作风格和题材更趋多样化,老中青三代作家俱有精品力作问世;中原作家群不仅活跃在河南本土,在北京和全国各地都有豫籍作家的身影;至此,中原作家群以其健全的梯队、宏阔的活动空间和广泛的影响,而为全国文坛关注认可。

中短篇小说创作

中华人民共和国成立以来,河南的一些作家开始以短篇小说引起关注。首先应该提起的当然是李準,他的短篇小说《不能走那条路》一经发表便引起轰动,此后又有《李双双小传》、《耕云记》等引起不小反响的作品。政治上的敏感和人物形象的生动鲜活是李準作品最突出的特点。因为敏锐地反映了当时处于社会主义改造大潮中的乡村生活,这些作品得到了党和政府的赞赏,李準迅速成为全国文坛有重要影响的代表性作家。此一时期,河南的文学创作同全国一样,基本都服务甚至从属于政治,作品的主题统一或者说单一,但此时河南的农村题材创作在语言的生动、人物形象的鲜活等方面仍然有不俗的表现,比如吉学沛的《一面小白旗的风波》、张有德的《玉厚说媒》、段荃法的《"状元"搬妻》等都是不错的作品。农村题材之外,张有德的儿童短篇小说集《妹妹入学》、南丁的《检验工叶英》等也是很受欢迎的作品。河南的一些作家还创作出了一些并不那么紧贴政治教条的作品,如李準的《芦花放白的时候》、《灰色的帆篷》,丰村的《美丽》,南丁的《科长》,徐慎的《光滑的银丝》,颜慧云的《牧笛》等。这些作品在当时因偏离主流而受到批判,但今天看来却是相当不错的作品。

粉碎"四人帮"以后,一批老作家压抑已久的创作激情迸发出来,以自己的新作引起了社会各界的注意。拨乱反正是此一时期作家的基本追求,这批作品的主题基本都集中在社会政治批判和社会道德批判上。应该说,这个时期的创作,为全社会的思想解放发挥了积极作用。特别是党的十一届三中全会召开之后,极"左"路线被清算,全国开始进入以经济建设为中心的新时期,河南的文学创作,特别是中短篇小说创作,无论从数量上还是质量上、从主题开掘上还是艺术创新上,都达到了新的高度,进入了最为辉煌的阶段,开启了河南文学繁荣发展的新局面。

张一弓的异军突起是此一时期河南文学繁荣的主要标志。粉碎"四人帮"以后,张一弓以直面历史的勇气和严肃的现实主义精神,率先冲破一些题材禁区,创作了中篇小说《犯人李铜钟的故事》,揭露了极"左"思想政策禁锢下,人们在物质和精神方面的生存困境,塑造了当代共产党人"殉道者"的圣洁形象,以深刻的历史内容和高扬的理想主义,在全国产生了广泛的影响。此后他又创作出了中篇小说《张铁匠的罗曼史》、《春妞儿和她的小嘎斯》及短篇小说《黑娃照相》,表现当代农民在改革开放的时代条件下,争取物质富裕和精神富有的快乐与艰难,这些作品使他连续3次获全国优秀中篇小说奖和1次短篇小说奖。他的《赵镢头的遗嘱》、《火种》、《流星在寻找失去的轨迹》也有较大反响。《孤猎》则表现了他对改革进程的关注和思索。他的作品总是紧扣时代的脉搏,既有强烈的现实感,又有厚重的历史感。在艺术上他注重横向借鉴和吸收,显示出一定的哲理思辨色彩。改革开放以后,张一弓像五六十年代的李準一样,成为河南作家的又一公认的代表,为河南文学争得了荣誉,显示了河南文学队伍的实力和潜力。

此一时期,一批20世纪50年代开始从事文学创作的作家也开始不断有中短篇佳作问世,并引起了全国文坛的注意。南丁的《旗》开反思文学之先河,《尾巴》、《死魂灵》、《酒过三巡》、《亮雨》等也受到好评。张有德的短篇小说《辣椒》写得自然淳朴,却又英气徐来,率先获得了全国优秀短篇小说奖。李準的短篇小说《芒果》、《王结实》等作品对日常生活的准确把握和人物形象的成功塑造,显示了深厚的生活基础和艺术功底,《王结实》获得了全国优秀短篇小说奖。徐慎以其情节性强、语言朴实生动、富有鲜明民族传统色彩的中短篇小说而受到关注,其中《有这样一个富裕中农》、《四游记》、《难判的离婚案》、《双桥》等深受读者喜爱。郑克西的《一份孝礼》、吴萍的《雾夜》都是反映较好的作品。

如果说前述作品主要关注的还是社会道德层面的问题的话,段荃法的《典型人物》、《天棚趣话录》、《活宝》等体现了作家对生活更深刻全面的把握,通过大家习以为常的故事,深刻地揭示了一些社会痼疾。乔典运则以一种类似寓言的方式来表达自己对乡土文化的思索。20世纪80年代中后期,他连续发表了《村魂》、《满票》、《刘王村》、《无字碑》、《笑城》、《冷惊》、《香与香》等作品,以其对农民心态以至民族灵魂的深刻挖掘和独特把握,大智若愚的情感态度和寓洋于土的表现方式,形成了特有的风格,多次在省内外获奖,其中《满票》获全国优秀短篇小说奖。

与此同时,现在成为河南文坛中坚力量的一批中青年作家纷纷涌现,不断有佳作问世,显示出良好的创作态势,文学豫军的队伍空前壮大起来。

叶文玲这个时期创作了一大批中短篇小说,结集出版了《无花果》、《心香》、《长塘镇风情》、《湍溪夜话》等。其《心香》较早由对社会问题的关注转向了对社会生活中普通人命运沉浮的关注,荣获了全国优秀短篇小说奖。

田中禾长于挖掘和表现改革年代的农村世相和农民心态,其荣获全国优秀短篇小说奖的《五月》,"摒弃了对生活的各种伪饰和先验的结论,直接切入普通人的生存困境之中,写出了他们真实而琐细的烦恼,写出了他们为了改善自己的生存状况而做出的艰苦努力,从而也就写出了一种不乏庄严意味的历史感"[1]。《落叶溪》等反映20世纪30年代小县城居民生活的作品表现了作家另一创作领地的潜力,《明天的太阳》等也有较大的反响。《轰炸》是他对小说文本和故事意义的一次拆解与颠覆,代表了他对小说艺术探索的高度。

李佩甫的系列短篇小说《红蚂蚱 绿蚂蚱》以人性善的目光探究中原文

---

[1] 曹增渝:《河南新文学大系·短篇小说卷·导言》,于友先主编,河南大学出版社1996年版。

化心理积淀,写得灵动而富有诗意。其中篇小说《无边无际的早晨》描写了处于社会转型期当中农民的淳朴善良和落后愚昧,深刻地揭示了在社会变革和身份变迁中人的矛盾挣扎。《学习微笑》等也曾得到广泛好评。

张宇政治敏锐,语言质朴而灵动。其《活鬼》描写了主人公侯七半个多世纪的生活阅历,带出了20世纪80年代历史的风雨变迁。其《脊梁》、《桥》、《境界》、《一笑了之》、《国公墓》等作品则把笔触伸向基层官场,淋漓尽致地描绘出了庸俗的官场习气,对乡土政治文化做了深入剖析。

郑彦英长于写情,短篇小说《秦川情》曾引起广泛关注。中篇小说《太阳》通过对改革初期农村生活的描写,深情地讴歌了农民身上的人性之美,可以说是一幅理想化的农村生活图画。《净》用乡土味十足的语言讲述了一个富有传奇色彩的故事,传达了深刻的人生体悟。

杨东明总是不断有新奇独特的审美发现,1980年以后他发表了大量中短篇小说,题材广泛,手法多变,《孤独的马克辛》、《欲望之漂》、《走出旧货店的模特儿》、《三眼井》、《混浊》等都有较大反响。

张斌的《驳壳枪》用童年视角,营造出了一种怪异而狞厉的氛围,描写了世事时局的变幻无常。《柳叶桃》、《蔷薇花瓣儿》等也是其优秀之作。

刘学林的中篇小说《沙岸》冷静客观地描写了处于复杂人事关系中农民平庸的生活和精神的空虚,揭示了农民自私、愚昧又相互算计的劣根性。其短篇小说《品茶》也是广受好评的优秀作品。

齐岸青的《执火者》,王钢的《野花瓣儿》,李克定的《斗羊》、《疙瘩妈告状》,王不天的《赴宴》,孙方友的《颖河风情录》,郭云梦的《福禄树》,原非的《老树》,魏世祥的《水上吉卜赛》,张兴元的《酸辣苦甜》、《骂街》,殷德杰的《歪歪井有个李窑主》、《院墙内外》,马本德的《女教师日记》等,都受到广泛的好评。

此一时期,随着一批中青年作家的崛起,河南作家的中短篇小说创作,从拨乱反正的社会道德主题逐步转向乡土文化主题,并进而发展为对人的生存状态的探究。从中可以发现,新时期河南中短篇小说创作的繁荣,一个重要的经验就是贴近时代生活,关注社会变革。这个特点曾经给我们带来过失败的教训,产生了一些盲目跟风的速朽作品。新时期河南中短篇小说创作之所以成功,关键在于作家在时代大潮中有自己独特的发现,能于细微处敏锐捕捉到时代的变革,并以文学的方式加以表现。另一条成功的经验是植根乡土,把握乡土特质,表现乡土变革中人的生存境遇和心理状态。在艺术表现上,此一时期的河南作家,基本上都是在坚持现实主义传统的基础上,自觉进行多样化的艺术探索,并逐渐形成了自己的美学追求和风格特点。

进入20世纪90年代,又有一批年轻作家脱颖而出,创作出了一大批优秀的中短篇小说,在全国文坛引起了较大反响。

李洱善于以富有技巧性的"专业写作"描写知识分子日常生活中的琐事,使原本严肃有意义的事件在清晰、准确的细节和真实得近乎卑鄙、猥琐的心理活动中远离"神圣",产生出强烈的反讽效果。《午后的诗学》、《导师死了》、《遗忘》、《悬浮》、《葬礼》、《饶舌的哑巴》、《夜游图书馆》等都曾引起较大反响。

墨白创作了一大批中短篇小说,而"寻找"是其一贯的主题。他的这些作品基本上都是以其作为"隐喻场"的"颍河镇"为背景写作的。在墨白的作品中,过去与现在、现实与幻觉总是交织在一起,使作者富有形式感的叙述充满了张力,充分揭示了人类生存的痛苦和生命荒谬的本质。代表作有《黑房间》、《幽玄之门》、《航行与梦想》、《重访锦城》、《寻找旧书的主人》、《讨债者》、《爱情的面孔》等。

行者的小说在表现人的精神深度、开发想象力和语言的诗性等方面提供了其他人和其他作品所缺少的或没有充分展开的东西。对人的心灵世界进行深度开发是行者创作一贯坚持的目标。《最后一幅作品》、《士兵李一信》及小说集《浪游者》曾广受关注。

韩向阳总是以"再次叙述"的方式写过去发生在农村小人物身上的事件,在他的笔下,这些小人物的生存被置于一种变幻莫测的历史命运当中,他们个人的希望和努力与不可把握的命运之间的冲突构成了生活之谜。其主要中短篇小说有《斑斓花冠》、《五月半》、《玉米林随风起舞》、《遥远的麦田》、《野村》、《迷魂草》等。

陈铁军坚持以通俗、调侃的语言进行写作,始终保持着对现实的批判态度,《大爷》、《有种打死我》、《老杂碎》等都写得非常可读而又耐人寻味。

戴来在小说创作中显露出了一种略带怪诞的才华。叙事态度的冷峻和叙事技巧的轻灵是其小说的突出特点,而她对生活的剖析则带有一份特殊的精确和冷静。在她的作品中,每个人似乎都游离于社会生活之外,过着一种不由自主的动荡生活,并以此揭示人的生存与精神困境。其作品结集出版有《要么进来,要么出去》、《别敲我的门,我不在》、《亮了一下》、《把门关上》等。

此外,郑竞业的《孤坟》、许建平的《槐树街上的浪漫主义》、汪渌的《跛足骑士》、赵红都的《鼻孔里的子弹》、盛丹隽的《胸卡与邮筒》、张立波的《生活在谜面》等作品都有较大的反响。

与20世纪80年代开始活跃的那批作家相比,90年代开始创作的这批青年作家,作品的题材范围进一步拓宽;艺术表现形式也更趋多样化,其中一部分作家继续坚持现实主义基调,李洱、墨白、行者等人则成为先锋写作的代表人物。这批作家的崛起,是河南文学繁荣发展的又一重要标志。

进入21世纪,河南又有一批作家在中短篇小说创作上表现出非凡的才能,在全国引起广泛关注,使文学豫军形成了一个完整的梯队,保持着良好的发展势头。

邵丽的中短篇小说数量并不是很大,但都有较好的反响。她的大多数作品主要描写平淡或平静的生活外表下,人物内心所荡起的层层涟漪或涌起的道道波澜,如《迷离》、《寂寞的汤丹》、《生活痕迹》、《废墟》等,始终关注人物的内心生活,努力去探索人内心深处最微妙的地方,揭示人性的复杂性。从中篇小说《王跃进的生活质量问题》开始,她开始关注中国这个古老农业大国现代化进程中人们内心的煎熬和挣扎,传达社会转型中传统与现代的冲突给人们带来的失落感、失重感及由此带给人们的身份焦虑,表现与此相关的生存奋斗和人性尊严。她获得鲁迅文学奖的短篇小说《明惠的圣诞》及此后的中篇小说《马兰花的等待》,表达的正是这一主题。

乔叶从散文转向小说写作后很快在全国文坛引起关注。她从女性的角度出发,深入揭示女性对待性、婚姻、家庭、社会的心理,不回避表达的难度,力图揭示在平静的生活外表下人类精神世界的复杂性。《取暖》、《打火机》《锈锄头》《山楂树》《最慢的是活着》等都有广泛影响。在第五届鲁迅文学奖评奖中,乔叶的《最慢的是活着》荣登中篇小说第一名。

从发表《瓜田里的郝教授》开始,傅爱毛迅速声名鹊起。她善于用奇特、怪异甚至略显荒诞的故事情节,和新的经验、新的生活元素去表达人生的基本问题,处理人生的基本苦难。她的《B大校园的火光》《遗落在站台上的包裹》《嫁死》《空心人》《樟木箱子和核桃树》《北京媳妇》《天堂门》《会说话的南瓜》等,都曾引起广泛的反响,出版有作品集《米乡·天堂门》《最后的情书》等。

尉然善于用诙谐的语言描写当下变革中的农村生活现实。虽然生活在具有深厚乡土文学传统的河南,但尉然的小说却呈现出一种不同的审美倾向,甚至显得有些奇异和怪诞。在最为平常的生活当中,他发现了滑稽,虽然这多少有些闹剧化的倾向,但他戏谑的背后,却是深深的悲哀和酸楚。《李大筐的脚和李小筐的爱情》《菜园俱乐部》等分别为他带来了"老舍文学奖"和"河南文学奖"等奖项。

此外,南飞雁、计文君、刘文华、宫林、孙瑜、赵文辉、安庆、八月天、陈明远等一大批青年作家的创作,共同使河南的中短篇小说创作保持着充分的活力。

新时期以来河南的小说创作,还有一个非常耀眼的亮点,就是以《百花园》和《小小说选刊》为根据地,河南郑州成为全国小小说创作的中心。小小说作为一种独立的文体得到普遍承认,应该说与杨晓敏的大力推动有着密切的关系。百花园杂志社对于小小说不遗余力地推广,使得小小说成为当代文坛最富活力、最富生机的文体。

在小小说创作领域里,孙方友是一位成就突出的作家,他的《陈州笔记》《小镇人物》系列小说,以精短的篇幅生动地刻画了五行八作、三教九流一系列形形色色性格鲜明的人物形象,构成一幅完整的市井百态众生谱。作者以这些人物的塑造为中心,建构了一个完整的文学意义上的陈州,使其历史、文化、风土、人情、民俗等生动地呈现在读者的眼前,具有重要的认识价值。在写作方面,作者从丰厚的民间文化中汲取营养,较好地继承了中国传统笔记小说的写作风格和特点,借鉴吸收许多世界短篇小说大师的创作手法,并有创造性地发挥,取得了突出的成就。

作为全国的小小说创作中心,河南拥有一个庞大的小小说创作队伍,如邢可、刘建超、赵文辉、安庆、奚同发、吴万夫、珠晶、丁新生等,都创作有非常优秀的小小说作品。

长篇小说创作

1996年12月,中国作协中华文学基金会与河南省委宣传部出资并主办,在北京召开了"河南新时期小说创作研讨会",这是中国作协中华文学基金会第一次也是唯一一次出资为地方召开创作研讨会。此后,河南作家群便开始被文坛称为"文学豫军"。到世纪之交,"文学豫军"已成为河南文化的一个品牌,成为中国文坛的一道风景线。在20世纪90年代末,有评论家认为,"文学豫军的创作带动了中国长篇小说质量的攀升","他们也许构筑了一道文学最后不被击垮的防线"。有评论家从全国横向比较的角度提出,由新时期以来开始以周克芹为代表的川军,到以莫应丰为代表的湘军,再到以贾平凹、陈忠实为代表的陕军;现在豫军成了"一支相当强劲的、富有生命力的、潜力很大的方面军"[1]。1999年河南省文学院在新乡小冀镇组织河南文学论坛,文学豫军的"中原突破"成为被大家广泛认可的一个提法。这个时期最突出的特点是长篇小说空前繁荣起来。

在中华人民共和国成立到"文革"开始的十七年间,河南仅出版有两部长篇小说,而且思想艺术水平都极其有限。改革开放之后到20世纪80年代末,河南的长篇小说创作数量并不很大,反映现实生活的作品有郑彦英的《少女》《少妇》,主要表现女性的生活和命运;李佩甫的《李氏家族的第十七代玄孙》《金屋》着力表现中原文化的心理积淀,深沉而有力度;赵玄的《红月亮》描写一个红卫兵的生活历程,给人以深刻的思索和启示,得到了文坛的好评。历史题材方面有影响的作品即二月河的《康熙大帝》3卷,气势恢宏,雅俗共赏,在海内外引起了极大轰动。其他如叶文玲的《太阳的

---

[1] 孙荪:《文学豫军论》,见刘增杰、王文金主编《精神中原——20世纪河南文学》,河南大学出版社2002年版。本文有很多观点和资料都出自孙荪的《文学豫军论》以及作者与孙荪合作完成的多篇论文,除直接引文外,未一一注明,特此说明并致谢!

骄子》，王楠的《龙城飞将》，杨东明的《造山时代》《都市里的情人们》，齐岸青的《诱惑》，倪尼的《闪光的年华》，侯钰鑫的《白莲遗恨》，崔复生的《太行志》等，也有一定的影响。

但河南长篇小说的真正繁荣始于20世纪90年代，其主力是一批中年作家，他们经过差不多十年中短篇小说创作的锻炼，部分作家在长篇小说创作上也进行了一些尝试，思想和艺术渐趋成熟，已经具备了驾驭长篇小说创作的能力，于是纷纷从中篇创作转向长篇，而且写出了相当成功的作品，引起了全国文坛的极大关注。

田中禾的《匪首》，描写的是20世纪上半叶豫西南一个家族的经历和变迁，作者通过作为官、商、匪的家族三兄弟之间的心灵对抗、感情纠葛，再现了当时的历史现实，并揭示了其形成的深层原因。作者以深邃的思索、神话般的宏大构思、精当的结构和诗性的语言完成的叙事，使这部作品在具有明显地域文化特色的同时，显现出巨大的超越意义，成为深入思考人类生存状况和精神文化的优秀之作。十几年后，田中禾拿出了他潜心打磨的两部长篇小说《十七岁》和《二十世纪的爱情》。这是作者对个人经验的书写，而这种经验总与这个时代密切相关，由此我们可以看到这个时代的风云，对政治、社会、人生有更透彻的理解，并能进一步洞悉人性的真相。

李佩甫继20世纪80年代的两部长篇小说之后，于1996年初出版了在艺术上带有探索从而具有过渡性质的长篇小说《城市白皮书》，随后于20世纪末创作出版了迄今为止最重要的代表作《羊的门》。从《李氏家族》开始，李佩甫即致力于其"平原风格"的打造。《羊的门》以历史与现实的交汇为基本结构框架，通过呼天成等人物形象的生动塑造，向我们揭示了在中原深厚的文化土壤中，人是如何生长的。作品通过呼天成在一个村子中对百姓"统治"和精神控制的描写，让我们对中国20世纪下半叶的历史有了更深切的理解，对"土地"、"人民"也有了更深入的认识。作者以现实主义的凌厉笔触，直抵古老中原大地的精神内核，作品无论从文学性还是从思想性来讲，都堪称一流。李佩甫相继创作出版了《城的灯》、《等等灵魂》等长篇小说。善于以平静而有张力的叙事、诗意而准确的语言、生动而特别的细节、精练而传神的对话刻画出鲜活的人物，探索人格精神，在对现实进行坚定批判的同时,闪耀着理想的光芒,这可以说是李佩甫小说的基本特征。

20世纪90年代前期,张宇相继创作出版了《晒太阳》和《疼痛与抚摸》。如果说前者还在延续他中篇小说表现乡村"官场"主题的话,后者则从对社会学意义上的人的关注,转变为对作为个体的人,特别是人的内在心理的关注,而且在艺术表现方面也有很大突破。《疼痛与抚摸》从农村女子水月因奸情败露被逼裸体游行开始,追溯了水家三代四个女子的婚姻和情爱的历程。这部作品没有把故事作为叙述的重点,而是重在对人物的命运、行为和情感做深入的探究与分析,把人们潜意识中的东西发掘出来。作品以性与情感为突破口,对中国女性千百年来内心的渴望与痛苦,对人心灵深处隐秘的东西,对人性的探讨达到了相当的深度。之后,张宇又创作了《软弱》、《表演爱情》等作品,虽然叙事方式和表现手段更趋轻松随意,但对人性的深入关注却是一以贯之的。

郑彦英20世纪90年代后的长篇小说创作,把目光瞄准了中国新兴的暴富阶层,他的《石瀑布》的副题即"一个新资本家的心灵史"。这部小说描写的是中国新兴"资本家"追求财富的过程,重点揭示的是其追求尊严的心灵轨迹。就题材范围而言是河南小说创作一个新的拓展。此后,继《洗心鸟》之后,郑彦英又创作了长篇小说《拂尘》,这部作品将描写的对象从创业暴富的"富一代"延伸到了"富二代",但作品关注的根本问题仍然是内在的精神层面的,可以说是一个财富漩涡中的灵魂救赎的故事,以悬疑的方式展开叙事也使得这部作品有了很好的可读性。

杨东明则继续扮演着河南作家中的另类角色,他的兴奋点显然与其他作家有着明显的不同。在《拒绝浪漫》中,他刻画了一个"不仅可以在自己的知识领域内施展身手,而且在官场、商场、情场中,都要而且都能成为强者"[1]的全新人物形象。此后,他开始从心理、人性、社会关系等角度思考性爱问题,相继出版了《性爱的思辨》、《问题太太》、《最后的拍拖》、《感情动物》、《谁为谁憔悴》等"性爱系列"作品,这些作品重在描写人性,揭示当代

---

[1] 孙荪:《文学豫军论》,见刘增杰、王文金主编《精神中原——20世纪河南文学》,河南大学出版社2002年版。

人的情感处境和精神现实。之后,他又转身把目光投向社会底层,创作了描写到城市打工的农村青年生活的长篇小说《姊妹》,描写消防人员的长篇小说《我的阿波罗》等。这些作品有一个共同的特点,就是语言顺畅、情节生动、脉络清晰、注重情感,着力表现主人公的情感状态和精神风貌。

侯钰鑫的代表作应该是此一时期创作的《好风好雨》、《好爹好娘》、《好家好园》三部曲。这是描写有理想有作为的基层官员为改变中国农村面貌而奋斗的系列作品。描写了在当前复杂的社会现实中,基层官员要想有番作为单凭理想与干劲远远不够,还需要机智地与各方周旋,才有可能推动经济发展,很好地表现了处于社会转型、人心浮动、价值失范状态下的社会现实。此后,作者又创作出版了《太阳草》、《东方艳后》、《大地》等长篇小说。

焦述经过多年的挂职生活,创作了《市长日记》、《市长笔记》、《市长手记》、《市长纪事》、《市长女婿》等系列作品,这些作品因有坚实的生活基础而显得真实、信息容量巨大、生活气息浓郁,被评论家称为"厚重的国情报告"。质朴平实是焦述作品的突出特点。

在此还必须再次提及张一弓。在经历了 20 世纪 80 年代的辉煌之后,他有十多年的时间在创作上趋于沉寂。但在退休之后,他的创作活力重新爆发,创作了长篇小说《远去的驿站》。该作品以孩童的经历和视角,写出了战火纷飞年代三个家族所发生的一系列故事,勾勒出中国近百年的社会变迁,描写了清末举人、开明绅士、游击司令及职业革命家等人物,生动而逼真。作品在淡淡的乡愁中,透出特有的刚性苍凉。作品曾获全国"五个一工程"奖、国家图书奖等各种奖项。此后,他又创作了长篇纪事文学《阅读姨父》,描写了曾为毛泽东等老一代领导人做过保卫工作的老八路传奇的一生。

张斌在退休后创作的长篇小说《一岁等于一生》,通过多视角叙事,描写了一个因先天性心脏病而只在人世活了一年的孩子一生的经历和他得到的无限关爱,生动而感人。他此后创作的《小艳史》描写的是发生在 20 世纪 50 年代几个小人物之间的爱情,作品用宁静委婉又生动幽默的语言描写了几个小人物在政治高压下因爱情而导致的坎坷命运。作者从这个小小的切口进入,让我们对那个扼杀人性的年代有了更深的认识,同时也对爱情有了更深的认识。

此一时期,乔典运的遗作《命运》,南豫见的《生命原则》《生命激情》《百年恩公河》,李明性的《故园》《圣土》《家谱》等也都是影响较大的作品。

河南能成为历史小说的重镇,应归功于二月河清帝系列长篇历史小说的创作。他继20世纪80年代完成3卷本的《康熙大帝》之后,相继完成了4卷本的《雍正皇帝》和6卷本的《乾隆皇帝》,他把这套涉及内容达一个半世纪的13卷小说称为"落霞系列"。二月河的写作志向有两个向度:一是以传统的章回体例和现实主义手法,为大众读者写一部中国封建社会百科全书式的小说。二是对两千年的封建帝制做一次解析和评估。在这棵根深叶茂的文学大树身上,流灌着批判的锋芒和借鉴的深意。"替古人画像,让今人照镜子。"[1]二月河的作品之所以产生如此广泛的影响,正在于作品所蕴藏的深刻现实意义。在整个华人世界,论一部当代文学作品的社会影响,可以说无出其右者,甚至有人戏称,全世界有华人的地方,就有二月河的小说,他也因而被海外华人评为"海外最受欢迎的中国作家"。

在二月河的影响下,河南的历史小说创作蔚然成风,如秦俊的《光武帝刘秀》,高有鹏的《袁世凯》《清明上河》,赵扬的《唐太宗》,陈俊峰的《我在两千年前混来混去》等。

这个时期,一批新生代作家也在发表和出版了一批有相当影响的中短篇小说之后,推出了自己的长篇小说处女作。

李洱是新生代的代表作家,在保持叙事先锋性的同时,坚持对作品意义的追求。《花腔》以多视角叙事的方式,揭示了作为知识分子的个人在中国社会政治历史当中的命运,表达了历史是叙述的结果、真实只可无限迫近但永远无法抵达这样的历史观和真实观。作品多视角叙事所产生的"视界融合"极大地拓展了作品的内在时空,使形式具有了内容的意义。《花腔》是新生代作家走向成熟、修成正果的标志性作品,是新世纪以来中国长篇小说最优秀的代表作之一。《石榴树上结樱桃》改变了以往对于农村以

---

[1] 孙荪:《文学豫军论》,见刘增杰、王文金主编《精神中原——20世纪河南文学》,河南大学出版社2002年版。

社会达尔文主义的立场进行批判或像沈从文那样进行田园牧歌式的歌颂这两种观念,真实反映了当前农村的社会政治现实,是农村题材小说创作的一个重要突破。作品在德国翻译出版后广受好评,2007年9月份的德国《普鲁士报》称:"谁想了解中国当代文学的现状的话,就应该阅读李洱的小说,眼下没有比它更好的作品了。"

邵丽《我的生活质量》写的是一位出身贫贱的"官人"的奋斗成长史,作者把重点放在了主人公随着职务的升迁内心深处日益加重的身份变乱分离感和焦虑感,这使得作品与那些流行的模式化官场小说有了明显的分野,显示出作者对当下人们精神世界和人性本身探索的深入。这部作品传达出了社会转型中传统与现代的冲突给人们带来的失落感、失重感及由此带给人们的身份焦虑,可以说切中了当下社会的痛点。这部小说描写生动细致,于平实中见透彻,显示了作者对小说新的理解和创造力。

墨白继长篇小说《梦游症患者》、《寻找外景地》等之后,出版了《欲望与恐惧》,这是其"蜕变三部曲"的第二部。作者通过一个个放大的细节、瞬间的场景,将笔触深入到人物的心灵深处,描写了深深潜藏在每一个人内心深处的欲望、恐惧、焦虑、忧郁,让我们看到在人性的真实面前道德的虚弱,看到在欲望驱使下人的卑鄙和无耻。

行者的《非斯》,以上古神话为背景,从盘古开天辟地、伏羲演绎八卦、女娲抟土造人一直写到夸父逐日、嫦娥奔月、精卫填海等,把一个个神话故事串成一个规模宏大的完整叙事。行者多年来一直坚持先锋探索,具有很强的文体意识。《非斯》构建了完整的中国上古神话谱系,具有重要的价值和意义。《圣西门》(又名《爱谁是谁——一个青年艺术家的成长史》)描写了在精神委顿、价值颠倒的时代一个青年画家以自己的生命和身体进行的艺术试验及其自我毁灭。这是当下中国少有的具有浓厚现代主义意识的作品,它使日益向写实靠拢的当下中国写作延续了正统的先锋写作血脉。

戴来的长篇小说篇幅都不大,基本都是所谓的小长篇,如《对面有人》、《鼻子挺挺》、《练习生活练习爱》、《亮了一下》、《甲乙丙丁》、《鱼说》等,大都延续了她中短篇的风格特点。

乔叶最早涉足小说创作时创作了正常篇幅的长篇小说《我是真的热爱

你》,此后她转向中短篇小说创作,随后陆续有一些小长篇如《虽然·但是》、《结婚互助组》、《底片》等问世,依然是其中短篇的特点,也都有很好的反响。

此时,一批"80后"作家开始登上文坛,南飞雁在大学期间即创作出版了《冰蓝世界》,毕业后又连续创作了《梦里不知身是客》、《幸福的过山车》等多部长篇,而《大瓷商》则显得更加成熟。陈少华也创作出版有《同窗灰姑娘》等作品。

此外,李良的《欲望之门》、《欲望之舟》,廖华歌的《玉皇岭》,冯继然的《桃花沟的女人》三部曲,安琪的《乡村物语》,董陆鸣的《中间地带》,张兴元的《女儿桥》,申剑的《守望爱情》,黄旭东的《青春励志三部曲》,李暮的《青春·断代史》,吴芜的《彼岸》,鱼禾的《情意很轻,身体很重》等,也都有不错的反响。如果开列一个名单,会有数百部之多。

如果从广泛的意义上谈论文学豫军,在省外特别是北京的河南籍作家则以一批长篇小说令全国文坛瞩目。如周大新的《第二十幕》、《21大厦》、《湖光山色》、《预警》,刘震云的《故乡面和花朵》、《一腔废话》、《我叫刘跃进》、《一句顶一万句》,阎连科的《日光流年》、《坚硬如水》、《风雅颂》,柳建伟的《北方城郭》、《突破重围》、《英雄时代》,刘庆邦的《高高的河堤》,朱秀海的《穿越死亡》、《波涛汹涌》、《音乐会》、《乔家大院》,成一的《白银谷》等,都是享誉文坛的优秀作品。在迄今为止的七届茅盾文学奖评奖中,共有姚雪垠的《李自成》、魏巍的《东方》、李凖的《黄河东流去》、宗璞的《东藏记》、柳建伟的《英雄时代》、周大新的《湖光山色》6部作品获奖,若以作家籍贯论,则无一省份可比。但是,在河南工作生活的作家却至今无一人获此殊荣,这不能不说是一大遗憾。[1]

总体上说,此一时期,河南作家的长篇小说创作,题材范围进一步拓宽,并更注重向精神层面推进;艺术上,在保持现实主义传统的同时,表现形式更为多样化,文学气度也更为宏大。从多方面讲,都具有突破性意义。

---

[1] 编者注:本书付梓前,刘震云的《一句顶一万句》、李佩甫的《生命册》分别获第八届、第九届茅盾文学奖。其中,李佩甫是河南本土作家中获得该奖项的第一人。

诗歌散文创作

文学豫军在全国文坛引起广泛关注,固然主要得益于小说创作的繁荣,但诗歌、散文等各种文体也都有不俗的表现,使得文学豫军的整体阵容不仅形成了老中青结合的完整梯队,更形成了诸文体协同发展相互促进的良好格局。

自新文学发端开始,在河南文学的总体格局中,诗歌创作的表现一直都相当活跃。远在 20 世纪 20 年代,徐玉诺就以《雪朝》、《将来之花园》等诗集引起广泛关注;冯沅君、于赓虞等也都有优秀诗作问世;苏金伞以发表于《洪水》的《拟拟贡》而成为河南最早的新诗人之一,1946 年 7 月 18 日他于闻一多先生遇刺三日后创作的《控诉太阳——哀闻一多先生》而闻名中国诗坛;李季更是以其《王贵与李香香》而家喻户晓……在新中国成立以后的"十七年"以至"文革"期间,河南诗人也都创作有不少有影响的诗作。

但河南的新诗创作真正繁荣是在改革开放以后。此一时期,河南诗人立足于丰厚、坚实的文化传统,热情关注现实生活,勇于探索先锋艺术表现方法,取得了令人振奋的成绩。改革开放 30 年河南诗歌的发展大致可分为三个时期:1978－1988 年是河南诗歌全面复苏的 10 年,中老年诗人焕发青春,青年诗人纷纷涌现;1989－1998 年是河南诗歌百花齐放的 10 年,老诗人演奏黄钟大吕,青年诗人大胆探索先锋之路,女性诗人撑起河南诗歌半边天;1999－2008 年是河南诗歌取得突破的 10 年,马新朝的《幻河》获得鲁迅文学奖,为河南诗歌赢得尊严,各地的地域特色逐渐显露,网络诗歌风起云涌。

改革开放以后,思想禁锢逐渐被破除,一批压抑已久的中老年诗人焕发出文学生涯的第二个青春,重新拿起搁置已久的笔,开始进行诗歌创作。

"文革"一结束,老诗人苏金伞拿起搁置达 13 年的笔,创作了《沙漠》,很好地传达了诗人对那个空白期的反思。之后,老诗人很快进入了创作状态,从 1977 年到 1988 年,先后创作了《寻找》、《夜黄河》、《秋猎》等一大批优秀作品,以其一贯的清新、质朴、睿哲而广受赞誉。他晚年创作的《小轿与村庄》《埋葬了的爱情》等,在意象的描绘、意蕴的开掘上更臻化境,语言老到,张弛有度。

青勃迎来了自己诗歌创作的又一个高潮。他用敏锐的眼睛去发现、去捕捉生活中可以构成诗美的事物或情绪,朴实真切的情感美和阔大的胸襟,在青勃的诗歌中占有极其重要的地位。李清联的诗歌无论是说理还是抒情,大都阳光灿烂、平和顺畅。王绶青倡导"以生命写诗,诗才有生命",他的诗继承和发展了中国传统诗歌的精髓,散发着浓郁的民族气息,在审美价值取向上凸现出深层次的文化底蕴,在形式上将民歌和古典诗词的艺术经验创造性地用于自己的新诗创作。

王怀让是一位史诗意识强烈的诗人,他的诗作因其鲜明的人民性和时代感而受到读者的广泛欢迎。他在诗歌创作中主张把中华民族优秀的文化传统和改革开放的现代意识结合起来,营构一种既植根于深厚的生活土壤,又遨游于广阔的理想天空的诗风。他的诗因其抒情主人公总是劳动者及其劳动与创造,因其劳动的节奏与劳动的韵律,并因其诗歌大气磅礴、酣畅淋漓,所以能够在读者当中不胫而走,许多篇章成为节日、集会、课堂的朗诵保留节目,如《我骄傲,我是中国人》《我们光荣的名字:河南人》《中国人:不跪的人》《诗为杨皂而作》《诗为杨皂再作》《诗为杨皂三作》《东方吏》《邓州吏》《綦江吏》等,都赢得了广大读者的喜爱。

专攻爱情诗的申爱萍继诗集《失恋的少女》之后,又出版了《恋爱的季节》《我的爱情诗》等诗集。潘万提的诗和散文诗都有较大的收获,出版了《年轻的爱潮》《咖啡厅情诗》等多部作品集。陈有才则继续吮吸着民歌的营养,和诗风豁达、厚重的陈俊峰一起并称为信阳诗坛"二陈"。

随改革开放涌动的新诗潮开始在中原大地上澎湃。郑州大学的耿占春、单占生、罗羽等,河南大学的孔令更、程光炜、易殿选、王剑冰等都比较早地接触到了朦胧诗,并开始了自己的创作。其后,各大中专院校纷纷成立诗社、文学社,编印民刊,举办诗会。由此开始,一大批青年诗人开始活跃于诗坛。

据统计,此一时期因倾心新诗潮而相继登上诗坛的还有范源、陈俊峰、陆健、马新朝、王中朝、廖华歌、艺辛、关劲潮、冯杰、邓万鹏、刘德亮、瘦谷等,他们的诗歌创作更注重"诗歌的个人性"和"心灵性",超越了纯粹现实主义的诗歌传统。

女性诗歌创作的活跃是这个时期的另一特点,自申爱萍以降,河南涌现出了一大批优秀的女诗人。蓝蓝先后出版过诗集《含笑终生》、《情歌》、《内心生活》等,她善于将社会感情与个人感情融为一体,以互文写作带来诗体形态的异样性。杜涯的诗集《风用它明亮的翅膀》在明亮、温情的乡村生活和爱情之间,试图表达一个诗人对文明的焦虑和思考。扶桑的作品主要展现女性特有的柔情与坚韧,以冷调风格的人格化意象表现抽象情思,以反复低回的旋律与饱满的诗情构成张力。康丽的诗歌清新质朴,擅长用经验的力量传达自己对万物的感恩和感受。姜华的作品透着灵光,透着深邃,善于抒情和想象,很会表达心灵世界的颤动。萍子、吴小妮等也有优秀作品引起关注。

2005年初,第三届鲁迅文学奖评奖结果公布,马新朝以其长诗《幻河》为河南诗歌赢得荣誉。《幻河》宏大而细微,既是一部民族的苦难史,更是个人的心灵史;既汲取了现代哲学及现代诗诸多的营养,又有传统的因子在其中。

20世纪90年代后,河南许多地市逐步形成了自己的诗歌群体,虽然还不能称其为流派,但因为交流的活跃,自然地推动了当地诗歌水平的提升。如洛阳、开封、信阳、新乡、平顶山、周口等地都有非常活跃的诗歌群体。新世纪以来,一大批诗人活跃于省内外各大诗歌论坛,或开设诗歌博客,更有一批诗歌网站如诗先锋、大河风、短歌行、大河诗歌、汉诗公社、诗歌园林、大河上下、中原诗歌等渐趋活跃。

散文创作方面,自新文学发端以至新中国成立的这个时期,河南作家专门从事散文写作的极少。新中国成立之后,从大散文的范畴来说,出现了一批报道农业合作化、三门峡工程、郑州纺织工业城、林县红旗渠等建设项目的文学通讯,李蕤、华山、袁漪数量不多的散文和报告文学给读者留下印象,魏巍的《谁是最可爱的人》和穆青、周原、冯健的《县委书记的榜样——焦裕禄》,在特殊的时代产生了重大的影响。

新时期以来,河南从事散文创作的作家不少。在河南,周同宾几乎是唯一一直专写散文的作家,出版有散文集《乡间的小路》、《葫芦引》、《铃铛》、《绿窗小品》、《唱给文学的恋歌》、《情歌·挽歌》、《皇天后土》、《桥的呼唤》、《古典的原野》、《豆的系念》等。《皇天后土》获首届鲁迅文学奖。他的最有影响力的作品是关于农村和农民的记述。他的大量作品从多方面、多角度审视农村、观照农民,生动地再现了农村生活的丰富多彩、斑斓多姿和当代农民的希望、奋斗、挫折、困惑,写出了半个多世纪以来中原农民的生活史和心灵史。《皇天后土》里的99篇农民自述,以质朴的极具个性的语言,叙说了形形色色农民各不相同的生存状态和心理状态,对人生和命运各不相同的思考和体验,不加雕饰地展现了社会转型期农村生活的原生态的美,具有强烈的现实感和无法言说的沧桑感。

孙荪是职业评论家,而在社会上为众人所称道者,则是其散文。他著有《鸟情》、《瞬间解读》、《生存的诗意》等散文集,《云赋》曾多次入选中学语文教材及中专、大学文科阅读教材,入选《中国新文艺大系》等数十种重要选本。面对大自然的伟力和神妙,孙荪有着与自然心领神会的交流,即用纵情的笔力展示心与物的碰撞和交融。心与自然的交会和默契在孙荪散文中时有闪现,造就了孙荪散文的恢宏气象和知性力量。

同样身为评论家的何向阳,在散文创作上也卓有成就。她出版有散文及随笔集《肩上是风》、《思远道》、《梦与马》、《自巴颜喀拉》、《镜中水未逝》等,代表散文有《大禹的寂寞》、《澡雪春秋》、《青衿无名》、《德之邻》、《木兰辞》等。何向阳的散文关注历史中的文化流变与人格成长,以历史意识和生命体悟见长,同时能很好地将细腻的艺术感受与敏锐的智性特色融为一体。其文化散文以严谨、绵密的文字,举重若轻地将现实关注,熔铸于历史、地理和文化的考察中,从宏观历史和个人体验两种脉络上,梳理出民族血脉生生不息的薪火传承,并对人类心灵的形而上层面进行了细致的探索。其散文知性与灵性交融而出的诗意与本真,在一个日益技术化的时代,呈现出一种真挚而独特的人文情怀,并显示了当下文学向深度历史延伸的另一种可能。

王剑冰在散文创作和散文理论研究及评论方面都有突出的影响。特别是其散文《绝版的周庄》更是得到广泛好评,成为近年来的经典散文作品。

河南的一批小说家,在散文创作方面也有着不俗的表现。南丁在散文写作中,一以贯之坚守自己的主张,有感而发。田中禾的散文文笔优美、思想深邃、感情丰富,显示出一种优雅不群的风格。个体关怀、人性关怀、人文关怀,是他作品的基调。中西方文化的比较视角和思维的开放性,是他作品的特色。他的随笔,常以中西文化的比较学的观点立论,内容丰富,涉猎面广,无论文化批判,还是文学、哲学、艺术杂论,共同的特点是视野广阔,历史感强,知识面宽,语言泼辣、幽默,常能在反讽、嬉笑、旁征博引中挥洒出独到的见解。二月河出版有散文集《二月河语》、《人生随想曲》及长篇散文体自传《密云不雨》等。他的散文,一部分取材自历史掌故,从史实切入,落脚点却是现实,这就使得他的散文具有厚重的生活质感和文化内涵。他的散文看似温厚,实则藏着很深的锋芒,尤其是对某些丑恶的社会现象和畸形的文化遗留,他的鞭挞是深刻而有力的,他的讽刺是尖锐而犀利的。他的另一部分散文取材自家族史和自己的经历。这些作品让人读来不能不感叹唏嘘,而又不能不深长思之。郑彦英的散文写得也非常好,散文集《在河之南》曾引起过不小的反响。荣获第五届鲁迅文学奖的《风行水上》,更是实践"无营"的理念,将小说细节描写等各种笔法引入散文,收到了很好的效果。由物象开启想象,由物到事到人层层展开,最后达到某种形而上的价值呈现。此外,阎豫昌、叶文玲、田迎春、郭云梦、卞卡、杨晓杰、胡家模、屈春山、湖涌、顾丰年等虽主业不同,但都在散文创作方面取得了一定的成就。

河南女作家在散文写作方面的成就更是不可小觑,有些在全国具有广泛的影响。廖华歌的散文努力表达现实,歌颂山川风物、热土人事,追求生活中的美并不吝心力弘扬这种美。王钢散文写作的动力来源于对精神世界的渴求和向往,远离了功利目标,始终保持了真挚、纯正、诚实、谨严的品质。她的散文语言,气韵壮阔丰沛,笔锋劲健优雅,形神兼备,文质彬彬,富有书卷气,被评论家誉为"芬芳中飘过霹雳的气味"。刘先琴将散文元素渗入新闻,于是在职业中收获了"新闻的散文化",在读者中有"读新闻犹如读散文"的评价。乔叶曾多次被读者评为"中国十佳青春美文作家",她的散文文笔细腻独特,清新隽永,富有哲理和智慧,对生命和人生的意义有着深沉的思辨和探索,多样化的题材统摄在机敏的基调中,蕴藏着准确动人的知识内省,深受广大读者的喜爱,具有广泛的社会影响。鹿子、鱼禾等在散文创作方面也都有突出的表现。

新时期以来,杂文创作重新活跃起来,王大海、刘思、赵燐、卞卡、王怀让、王五魁、黄秉忠、张帆、郭振亚、曹亚琴、杨诚勇等都有一定的影响。

在儿童文学创作方面,河南也有一些成功的作品问世。除张有德、黄同甫、申爱萍、陈丽、姜华等一批中老年作家外,孟宪明的《双筒望远镜》、肖定丽的《嘀丽和魔力兔》等、蓝蓝的《蓝蓝的童话》及周志勇等一批新人的创作都深受少年儿童的喜爱。

从乡土到多元

自中国新文学发端以来,中原作家群的创作一直以乡土文学为大端,并成为一种深厚的文学传统。

黄河中下游地区是中华民族的心腹之地。黄河挟带的大量泥沙沉积形成了中原的千里沃野,孕育了中华文明;而黄河的大量泥沙也常常塞满河道,溢出堤防,给生活在这里的人民造成难以估量的生命和财产损失。因此,生活在这片土地上的人民,需要一个强有力的统一组织来全盘处理水患问题。这使得中国早早成为一个持久统一的国家,建立了可以同等对待各方,能够整合各种资源共同整治黄河,以解除人民面对的常态威胁的中央集权政府。今天的河南及其周围地区,正处在黄河走出群山,奔向一望无际开阔平原的重要地段。因整治黄河的内在因素而促成的王朝政府当然会建立在这一带。所以正是在这片土地上,在黄河的中下游,自夏、商、周至战国混战,中国的集权政府不断成长壮大,终于有秦这个统一的封建政权的建立,并经唐的鼎盛而至宋建立起历史上最完备的文官政府。所以,这片土地理所当然地成为中华文明的发祥地,成为中华文化的诞生地,中华文化的核心正是在这里形成的,这里也长期处于中国政治、经济、文化的中心地位。但是,宋室南迁成了中原文化由强盛走向衰弱的一道分水岭。外族的入侵也许只是表面原因。此时,统一的中央集权政府及其文官制度早已建立并走向成熟,黄河的泛滥成为作为一国之都的城市发展的不利因素,层层相叠的历代开封城遗迹就很能说明问题。而宋以后汉民族与北方游牧民族的拉锯式争夺也使政治中心向北偏移,南方因较少经受战火和自然灾害而出现了经济文化的繁荣。于是,中原从文化中心退居文化边缘。在逐渐边缘化的过程中,自然灾害和连绵的战火不断蹂躏着中原大地,苦难成为中原人最基本的人生体验。这种情况在 20 世纪上半叶更为突出。于是,河南新文学创作的基本母题就是对苦难的抗争和对造成这种苦难的中原文化的反思。从徐玉诺、师陀、姚雪垠到李凖、张一弓、乔典运、田中禾、李佩甫、张宇以及周大新、刘庆邦、阎连科、刘震云等都是如此。

  辉煌历史留下的深厚文化积淀,边缘的现实和苦难的体验,形成了中原作家内敛、不事张扬的个性,也为他们提供了进行叙事文学创作的宝贵财富,他们总是默默地把自己内在丰富的东西不动声色地展示给大家。因此,当我们说到中原的乡土文学传统时,基本包含这样几个层面:一是与苦难抗争的乡土生活现实,二是乡土的变革,三是乡土文化中的人。尽管每个作家的侧重点有所不同,但基本都超不出这个范围。

  早在中国新文学发端之初,中原作家就开始了对乡土的深切关注。徐玉诺的"作品多描写农村生活,被誉为乡土作家。徐玉诺的部分诗作描写了中原人民的苦难现实,显示出深厚的批判现实主义特征,风格纯朴、明朗","小说主要揭示农民的不幸命运及精神状态,语言粗犷质朴,风格卓异"。尚钺的小说"以信阳地区的生活为背景,鞭挞了不合理的社会现象,风格朴实,感情深沉"。师陀"早期作品较多地取材于故乡农村,具有浓郁的生活气息,长于描摹世态人情,刻画社会风习,表现人物心理,时有诙谐与揶揄。叙述简约,笔锋常带感情,深沉淳朴,富有意境,被誉为'诗化小说',在现代小说史上自成一格。短篇小说集《果园城记》被誉为'炉火纯青'之作,'是古老的内地中国的一个投影,也是一篇朴素的诗'(见 1946 年 7 月 12 日上海《大公报》载唐迪文评论)"。姚雪垠自处女作《两个孤坟》开始,即关切现实,他在抗战胜利前后完成的自传性长篇小说《长夜》,主要描写故乡与童年,"把一批有血有肉的'强人'形象奉献给了新文学的人物画廊"。丰村的"小说多描写冀鲁豫一带的农村生活,风格质朴,富于地方特色"。20 世纪下半叶,中华人民共和国成立后的重大社会变革为文学繁荣提供了一个很好的契机，以李準为代表的河南作家创作了一批描写乡土变革、表现轰轰烈烈社会生活的作品。李準的《不能走那条路》《李双双》等是河南20世纪50年代表现乡土变革的代表性作品。他此后创作的鸿篇巨制《黄河东流去》，通过对黄泛区难民经历的描写，对中原百姓的日常生活、心理精神、风俗习惯进行了深入的刻画和揭示。应该说，新中国成立后的五十多年，河南文学一直深深扎根于中原大地，从乡土中获得了题材、人物、故事、语言等宝贵资源，对乡土苦难、乡土变革、乡土人物的描写以及对乡土文化的透视、乡土人物心理的解读，一直是河南文学的基本主题。[1] 20世纪70年代末开始的改革开放，使文学进入了解放繁荣的新时期，张一弓同样以表现乡土变革为主题的中短篇小说《犯人李铜钟的故事》《张铁匠的罗曼史》《春妞儿和她的小嘎斯》《黑娃照相》等在文坛异军突起。

继张一弓之后，目前仍活跃在文坛的中原作家群中坚作家成长起来，创作了一大批优秀作品，其中多数仍然延续着乡土主题。比如田中禾，其成名作短篇小说《五月》，描写的就是故乡农民；其寄寓个人情感的散文化小说《落叶溪》描写的则是故乡纯净温馨之美；他的长篇小说《匪首》，描写的则是20世纪初故乡的"草莽英雄"，展现了乡土文化的另一个侧面。李佩甫从中短篇小说《红蚂蚱 绿蚂蚱》《画匠王》《无边无际的早晨》等到《金屋》《李氏家族》《羊的门》《城的灯》等一直致力于描写在中原大地的文化背景中人的生长。张宇从《活鬼》到《晒太阳》《疼痛与抚摸》等，对农民的生存智慧或者说狡黠、对乡土政治文化及这种背景下人性的真实进行了深入的揭示。而乔典运则以富有深刻寓意的短篇小说，如《村魂》《无字碑》《满票》等揭示了在封建思想和乡土文化影响下所形成的农民性格中的劣根性。段荃法以《天棚趣话录》为总题的系列短篇小说，主要是剖析乡土政治文化的痼疾，具有相当的深度。此外，周同宾的《皇天后土》以散文的形式描写了一系列农民，孙方友以小小说的形式塑造了生活在颍河镇的形形色色的小人物形象，李明性的《故园》《圣土》等描写的则是近于原生态的农村生活景象和人物。类似的作品还有很多，开列下去会是一个长长的书目。在此，我们必须关注的还有另外一个群体，那就是一批离开河南

---

[1] 河南省文学院编著：《图说河南文学史》，中州古籍出版社2004年版。

本土的豫籍作家。之所以把他们作为中原作家群的重要组成部分,并不仅仅是从籍贯做出的简单划分,更重要的原因在于,中原的成长经历给他们留下了太深的印象,给他们提供了充足的经验,使他们的文学作品无论从题材、人物、故事、语言和文化内涵等各方面,都带有鲜明的中原印记。应该说,河南东西南北不同的区域文化,在他们的笔下都有充分的展示:刘庆邦的《高高的河堤》、《梅妞放羊》等表现的是豫东的乡土风情;周大新的《走出盆地》、《第二十幕》、《湖光山色》等描写的是豫西南地区南阳盆地人的生存状态;阎连科的《日光流年》等把耙耧山故事写的是豫西山区人与命运抗争的生活;刘震云的长篇小说《故乡天下黄花》、《故乡相处流传》、《故乡面和花朵》、《一句顶一万句》描写的都是其家乡豫北的生活景观。[1]

纵观河南新文学,特别是当代文学的发展历程,可以看到,20世纪五六十年代河南乡土题材文学作品的写作表达的是革命主题,20世纪80年代则转向了乡土文化主题。同时随着作家眼界的不断开阔,他们的作品也不断向历史的深处和社会的广处开掘。比如张一弓从改革开放之初写乡土社会历史变革进一步走向历史深处,创作了《远去的驿站》、《阅读姨父》;田中禾则完成了反思知识分子在20世纪革命大潮中命运不断变迁的长篇小说《父亲和她们》(原名《二十世纪的爱情》)及《十七岁》;李佩甫的《李氏家族》开始从描写转型期农民的生活与性格,转向深沉的历史表达,到《羊的门》、《城的灯》则把描写的重点放在了中原文化土壤中"人"的生长;张宇则从《活鬼》等作品重点表现农民生存智慧走向了《疼痛与抚摸》中对人物心理的深度开掘。而走出河南的这批豫籍作家,也不约而同地把中原乡土生活放在更深远的历史背景中来表现,周大新从《走出盆地》对生活在盆地中的女性的个人命运的书写转向更为宏大的"史诗"性的《第二十幕》,阎连科的《日光流年》则通过一个村长39年的人生历程写出了中国农村这几十年的历史,刘震云的"故乡系列"则对中原也是中国的历史与现实做了新的解读。

随着中原作家群各作家经历的丰富、视野的开阔,他们对乡土资源的开掘也不断深入。与此同时,中原作家群的人员构成更趋多元,各个作家

---

[1] 本段内容参考了孙荪的《文学豫军论》,见刘增杰、王文金主编《精神中原——20世纪河南文学》,河南大学出版社2002年版。更多相关内容可参阅该文的论述。

的生活经历、生活经验也更加丰富，于是，作品的题材范围也日益拓宽。比如周大新、刘震云、朱秀海、柳建伟的军旅题材作品，刘庆邦的煤矿生活题材作品，李佩甫的《学习微笑》、《城市白皮书》、《等等灵魂》等城市题材作品，张宇的《软弱》、《表演爱情》、《足球门》等现代法制、体育题材作品，郑彦英的《石瀑布》、《拂尘》等"新资本家"题材作品，刘学林的《天狼》等动物题材作品。自改革开放，特别是20世纪90年代以后，作家队伍构成的多元化带来了作品题材的多元化，比如杨东明、齐岸青一直坚持城市题材作品的写作，李洱多年坚持知识分子题材写作，墨白以颍河镇为背景对人的欲望与焦虑的探究，行者对从远古到当下题材一贯坚持的先锋写作，焦述不断继续着他的"市长系列"，邵丽、乔叶、傅爱毛等女作家的写作题材则是女性的情感生活、现代都市生活、官场生活以及底层小人物的生活等，南飞雁等年轻作家着重于校园、情感题材写作等。在此不能忽视的还有一个重要的题材领域，就是历史题材，中原作家群中，远有姚雪垠，近有二月河，在历史题材的写作上都取得了突出的成就，带动一大批河南作家创作历史题材文学作品，使河南成为历史题材的文学重镇。

在创作题材和作品主题不断走向多元的同时，中原作家群在艺术创新方面也不断进行着扎实的探索，使作品的表现手法更趋多元化。且不说李洱、墨白、行者等人长期坚持的先锋写作，即使对于一向以内容的扎实厚重取胜的中原作家而言，比如阎连科《日光流年》的编年史写法、周大新史诗式的体例、朱秀海《音乐会》等作品对军事题材作品的突破、刘震云不断变化的叙事方式、李佩甫《城市白皮书》对叙事方式的探索、张斌《一岁等于一生》的多视角叙事，这些都说明了中原作家群在艺术创新上有着积极主动的追求。但是，从中也可以清楚地看到，中原作家群的艺术创新与那些迷醉于形式实验的作家显然有着很大的区别。中原作家群的创作，无论是题材范围的拓展、作品主题的深化，还是表达方式的创新，基本是在保证作品内容厚度和思想深度的前提下，进行有限度的创新。即使像李洱《花腔》这样在叙事探索上走得很远的作品，也可以清楚地看到作者对意义追求和对现实关切的强烈愿望。也正因此，李洱不像当时和他差不多先后进行先锋写作的多数作家那样，在多年探索后一个转身重新回到传统讲故事、写实的老路上,而是以自己使形式不只服务内容更成为内容的探索,使先锋写作终于结出了正统的果实。

总体上说,中原作家群的创作是稳扎稳打不断进步的,这一切都是因为中原作家群坚定地立足于中原大地,从而获得了丰沛的资源和坚实的基础。孙荪在《文学豫军论》中对中原作家群的这种特点用"根"、"生长"、"天空"三个主题词来概括,是很有道理的。他说:"豫军是有根的,他们过去的作品不离故乡的乡土,是在那种特定的土壤中生长出来的。不仅具有乡土的'根'性,而且具有'生长性'。"[1]中原作家群这种踏实的特点可以说是一种沉稳的大气,但从另一个方面讲,也使作品少了一些特异和锐利。应该说,中原人这种中庸和内敛的个性同时也影响了中原作家惊世骇俗皇皇巨著的诞生。处于中部地区,生存环境不似西北那般严酷,又不如江南那般滋润。所以,河南人没有西北人那样的坚忍执着,也没有江南水乡人那样的灵动机敏。反映在文学创作中,河南作家厚重执着不如陕山作家,灵动飘逸不如江浙作家。时至今日,大多数河南作家基本上仍是基于个人经验进行写作,内容的充实厚重是其作品产生影响的主要因素,而在艺术个性、形式创新等方面则存在欠缺。

目前,河南又有一批作者逐渐崭露头角,其中如蔚然、宫林、安庆、赵文辉、柳岸、八月天等都在继承河南乡土文学的传统,继续农村题材的写作。但他们主要是基于个人经验进行写作,而这种经验有其过于封闭的一面,创新意识、文本意识仍有所欠缺,视野也不够宏大,认识也不够深邃,这构成他们作品取得突破的重要障碍。其实在这一方面,李洱已经取得了很好的经验,可以为他们的创作提供借鉴。李洱在进行了多年的知识分子题材写作之后,将目光转向农村,创作了《石榴树上结樱桃》,在乡土叙事方面取得了重要突破。首届"华语图书传媒大奖·文学类图书奖"给《石榴树上结樱桃》的授奖辞是这样说的:"这是一部通过密集的细节挑战人们对乡土小说的阅读和认识的书。李洱自觉地质疑了现代文学以来的乡土叙事传统,掉转方向,使乡土由想象和言说的对象变为想象和言说的主体,恢复了乡

---

[1] 孙荪:《文学豫军论》,见刘增杰、王文金主编《精神中原——20世纪河南文学》,河南大学出版社2002年版。

土中国的喧哗、混杂,恢复了它难以界定的、包孕无穷可能性的真实境遇……《石榴树上结樱桃》在中国现代乡土叙事的整体脉络中,具有一种低调的原创价值,它幽暗的笑声祛除了'传奇'和'苦难'对中国乡土的简化和遮蔽,缓解了思想的傲慢和感受的僵硬。"而李洱的成功也并非孤例,同样从河南走出去的青年学者梁鸿,以非虚构的方式完成的《中国在梁庄》,通过对一个村庄变迁史的书写,直面了当下农村让人刺痛的现实,也引起了很大反响。梁鸿的成功同样对乡土题材作品的创作具有重要的启示意义。

今天,很多年青一代作者对乡土书写,不自觉地在沿着一条惯性的轨道前行,他们所书写的乡土生活经验更多的不是来自于自身的真实体验,而是来自于一种遥远的记忆或在阅读前辈作家作品基础上生发出的想象。以这样的经验来完成写作,想取得突破几无可能。梁鸿以自身的实践证明,直面生活本真的现实,对于文学写作来说仍然非常重要。

其实,在全球化的背景下,当我们重新审视我们的乡土经验时,应该意识到,当下的乡土经验其实是全球化背景下的乡土经验,与过往的经验有着很大的差异。在处理这种乡土经验时,应该以全球的视野进行观照审视;在书写这种乡土经验时,应该意识到,我们熟悉的乡土经验、本土经验的表达面临新的挑战,应该寻找到能适应全球化背景、使这种经验能被大家认识接受、有益于作品走向全球的新的表达方式。在网络化背景下,文学传播方式的变化必然导致写作和欣赏习惯的变化,文学创作必须寻找新的突破方向,力争以适应时代的崭新表达形式、表现手段,使文学的思想探索和精神追求达到新的高度。在坚守传统方面,中原作家群一直做得很不错,而且深厚的传统也为其创作奠定了坚实的基础。而坚守应该是为了突破,中原作家群已经到了再出发,努力实现新突破的时候了。

(《小说评论》2012年第1期以副标题为题发表,有删节;《光明日报》2012年3月20日13版以《贴近乡土 沉稳大气——中原作家群创作风格综述》为题发过一个5000字左右的简版;其他或长或短的不同版本曾在多处发表。本文的写作参考了孙苏的《文学豫军论》及我们二人合作的多篇论文,诗歌、散文部分参考了吴元成、王剑冰提供的相关资料,特此致谢!)

新世纪中国文学地理版图中的中原作家群

进入 21 世纪,对中国文学来说,不只是历法意义上的年代更替,而是的的确确产生了完成自身革命的内在要求,超越"新时期",接受全球化、网络化的挑战,是中国当代文学在新世纪面临的重大课题和肩负的重要使命。按理说,全球化所带来的经验的同质化,网络化对地理局限的消除,会使文学的地域差异渐趋消弭。但事实是,在学术层面对文学地理的深入研究,在政治社会层面对区域作家群的宣传关注,却在新世纪呈方兴未艾之势,在进入 21 世纪第一个十年之后,《光明日报》、《人民日报》先后开辟专栏刊发探讨区域作家群的系列文章,使区域作家群超出文学界成为一个在更广泛的范围内被关注的话题。

任何地域的文学总是与其自然环境、文化传统、民风民俗有着密不可分的关系,这些因素潜在地影响着作家的创作,促使地域作家群总体风格的形成。同时,地域的自然文化又影响着人们对该地域文学的总体想象,强化了某些突出的风格特征。汪政、晓华在谈到江苏作家群时即表达了这样的观点:"人们对江苏文学有着大体一致的想象,这种想象是江苏文化自然的延伸,它与烟雨江南,与曲径通幽的私家园林,与'好一朵茉莉花'或'拔根芦柴花',与昆曲、苏绣、二泉映月,处于相同的维度,精致、唯美,充满灵性。"很自然地,他们对江苏文学做出了与大家的想象基本一致的描述,"历史、感伤、怀旧","女性、女人、凄艳、温婉","智慧、理性、沉潜与生活的哲学","精致、丽辞、唯美与书卷气","厚重、批判、异质、复调"是几组他们用以概括江苏文学的关键词。[1] 而与江苏有着相似自然环境的上海,作为一个现代化的大都市,在文化上就有着自己的特点,文学也表现出了自身的特征:"上海文学的优势在于能及时而敏锐地呼应中国文学的整体推进。几乎每次新的文学浪潮起来,都能看到上海作家的身影。"上海文学固

---

[1] 汪政、晓华:《文学江苏:六朝风骨 百般红紫》,《人民日报》2013 年 4 月 9 日第 23 版。

然以其国际都市化的背景、小资情调等呈现出鲜明的"海派文学"特征,但郜元宝所说的这些显然更多缘于其作为中国文化中心的地位。事实上,"可能因为上海都市生活流动性太大,不利于情感认识的积淀,上海文学也有不足:流动有余而不够沉稳,尖新有余而不够宽厚(也不敢或不能走向真正的尖利深刻),爆发力有余而持久性不足,开放性有余而内敛性欠缺,滑稽感有余却还够不上幽默,分寸感和功利意识有余但难见不计利害、挥洒通透的赤子之心。另外,如何协调上海文学一直沉溺其中的"怀旧风"与一直不够泼辣爽快地对当下都市生活的直面和介入,如何处理上海地域/方言文化与现代汉语共同书面语、民族性与世界性的关系,这在全国化与地区化、全球化与本地化业已取得某种均势的新世纪,在都市生活渐趋稳定似乎已不再新奇的当下,越来越成为摆在上海作家面前,值得认真思考的问题。"[1]与上海类似,北京在其"京味"的本色之外,也具有如下特征:"地理,显然不只是一方水土或天文气象,也不只是旧墙遗址或人文景观,对于当代北京来说尤其如此;它的地理意义在于它不仅是政治文化汇集之处,也是当代中国社会剧烈变动的原创地。因此,作为社会变革的最为敏锐直接的反映,北京文学的文化地理特征由此显现无遗。新中国成立后中国社会政治文化的变革,都在文学中表现出来。而当文学具备了自主行为能力时,北京这个地界上的文学以它独有的招式预示着社会的动向、情感的期盼、思想的志趣、言语的更新——这或许是新北京文学的特质。"[2]同样作为经济发达的省份,广东文学则表现出不同的特点,"那就是以日常性为标志的软性文化的兴盛。在当代中国,这种市民文化、软性文化,正日益显示出它的魅力,并渐渐成为文化世界中越来越重要的一元。比如,广州就是一个初具规模的市民社会,这是它区别于北京、上海等城市的重要标志之一。广州不像北京,以政治文化、主流文化为主导,也无法像北京那样获得政治领导权和文化领导权;广州也不像上海,有那么辉煌的中西交融的文化传统和貌似高雅的生活习气,无法将自己的文化传统有效地延续到日常生活中,并使之成为国人模仿的样板。广州最为显著的特点就是市民生

---

[1] 郜元宝:《近二十年上海文学:七路沪军成一股》,《人民日报》2013年4月23日第23版。
[2] 陈晓明、丛治辰:《文学新北京:三十年无法归拢的"新京派"》,《人民日报》2013年6月21日第24版。

活、务实精神,以及对人性的尊重。这是一个柔软的城市,是一个自由、松弛,能让你的身体彻底放松的城市,一个适合生活但未必适合思考的城市。这样的城市,出现在作家笔下,他们描绘的重点就日益集中在以下几个方面:一是书写物质生活的全面崛起;二是表现边缘人群的生存状态;三是呈现具有现代特征的变化中的岭南精神。"[1]

与河南相邻的几个省份,如陕西、山西、河北、山东等,作为中华文化最重要的发源地,有着悠久的文化传统,同时也都是农业大省,在这里,对乡土的持续书写已成为其共同的文学传统。邢小利把陕西文学的特征概括为"农村生活,现实主义,史诗意识,厚重大气。"[2]傅书华则认为山西文学的独特性在于"立足于民间性的个体的日常生存;坚定地站在上述立足点上,审视历史风云、时代变幻,审视社会思潮、文化形态,审视冲突的发生,追问意义的形成,或歌颂或批判,或缅怀或抛弃,等等。"但在相似的文学传统中,我们仍然可以读出它们相互之间明显的不同:"读陕西文学,你会感受到一种'皇家气象',《创业史》、《白鹿原》为天地作史的雄心令人感佩;读山东文学,你会感受到传统文化气象,那种对传统文化的坚守与对其即将失去的悲凉,只有山东文学写得最酣畅淋漓;读河南文学,你能感受到中原文化那特有的动荡、离乱以及其中顽强的生存意志;读江苏文学,你又能感受到感官、欲望层面的细腻诱惑。"[3]

相对于目前处于文化中心地位的省市和历史上处于中心地位的几个文学大省,东北、西北、西南一些相对偏远的省份,这些年来也不断有非常突出的作家和作品涌现。孟繁华对东北文学的这段描述其实也适用于其他很多地区:"文学的大东北逐渐形成了多样的风格和文体完备的'北国风光'。更重要的是,东北作家作为中国文学积极、健康的力量,在全国产生了越来越深远和广泛的影响。作为一个现代工业发达的地区,东北不仅有丰厚的历史文化资源,同时也拥有中原文化、工业文化、红色文化等多种文化资源。但是,独特的现实环境和复杂多样的社会生活,也对东北作家的创作提出了新的挑战。我们应该承认,东北文学的特征还在构建与形成过

---

[1] 谢有顺:《文学广东:谁在建构真正健全的岭南》,《人民日报》2013年6月14日第24版。
[2] 邢小利:《文学陕西:也曾灿烂 也有迷茫》,《人民日报》2013年5月3日第24版。
[3] 傅书华:《文学山西:瞩望提振"山药蛋派"》,《人民日报》2013年5月17日第24版。

程中,它与北京、上海、陕西、山西、河南、江苏、浙江、山东等有悠久历史文化传统和文学传统的地区大不相同。这些地区的地缘文化或文学特征及其承传是有谱系的,它们的历史文化资源可以如数家珍并特色鲜明。这一文化优势东北没有或者非常稀缺。但是,东北的文学家们也在以他们的方式实现建设中的大东北文学的宏伟梦想。东北地方性或边缘性的文学经验,也一定会为中国文学实践提供新的经验和认知可能。"[1]孟繁华的这个说法非常中肯,应该说,尽管现在各地都在纷纷宣传自己的作家群,但很多地域作家群并不具有文学上的意义,刘川鄂称:"所谓当代湖北作家群这个概念其行政区域意义大于文学风格含义。"[2]我以为这个说法同样适用于很多省份。

当我们对当前整个中国文学地理版图有了大概的了解之后,再来看中原作家群,就会有一个更为清晰的认识。

提起中原作家群,每一个对中国当代文学有一定了解的人都会数出一大堆作家来,如张一弓、田中禾、二月河、李佩甫、郑彦英、张宇、邵丽、乔叶以及在北京发展的周大新、刘震云、刘庆邦、朱秀海、阎连科、柳建伟、李洱等,他们大都在中国文坛有着相当的影响。应该说,在中国新文学发展史上,中原作家群的兴起与壮大是一个重要的文学现象,中原作家群作为目前活跃在中国文坛上的一个重要创作群体,其成就、实力、影响之巨大,鲜有地域性创作群体能与之匹敌。

说到河南文学的特点,其实很难用一个词做出准确的概括,正如河南的饮食、文化甚至自然、地理一样,它似乎包含着各种元素,很难归结出一个突出的特点,以至于有人说,无特点就是它最大的特点。无特点大概缘于它的中庸、内敛及由此形成的厚重、大气,这可以说就是河南文学的特点。

作为华夏文明的重要发祥地,中华文化的核心正是在中原形成的。当我说到东夷、东北、北方、西北、西南、岭南这些概念的时候,实际上已经肯定了中原的中心地位,这不仅是地理上的,也是对其政治、经济、文化中心

---

[1] 孟繁华:《文学大东北:地缘的建构与想象》,《人民日报》2013年6月18日第14版。
[2] 刘川鄂:《屈原的"楚殇"盛 李白的"楚狂"衰——新世纪湖北作家群创作概观》,《光明日报》2012年4月19日第10版。

地位的认可。但是,宋以后汉民族与北方游牧民族的拉锯式争夺使政治中心向北偏移,南方则因较少经受战火和自然灾害而出现了经济文化的繁荣。于是,中原从文化中心退居文化边缘。在逐渐边缘化的过程中,自然灾害和连绵的战火不断蹂躏着中原大地,苦难成为中原人最基本的人生体验。这种情况在 20 世纪上半叶更为突出。这样一种历史传统决定了河南文学的基调必然是关注现实、尊重历史、追求意义的。于是,河南新文学创作的基本母题,成为对苦难的抗争和对造成这种苦难的中原文化的反思。从徐玉诺、师陀、姚雪垠到李準、张一弓、乔典运、田中禾、李佩甫、张宇以及周大新、刘庆邦、阎连科、刘震云等都是如此。

因此,当我们说到中原的乡土文学传统时,基本包含以下内涵:与苦难抗争的乡土生活现实,乡土的变革,乡土文化中的人。纵观河南新文学特别是当代文学的发展历程,可以看到,20 世纪五六十年代河南乡土题材文学作品的写作表达的是革命主题,20 世纪 80 年代则转向了乡土文化主题。同时随着作家眼界的不断开阔,他们的作品也不断向历史的深处和社会的广处开掘。比如,张一弓从改革开放之初写乡土社会历史变革进一步走向历史深处,创作了《远去的驿站》、《阅读姨父》;田中禾则完成了反思知识分子在 20 世纪革命大潮中命运不断变迁的长篇小说《父亲和她们》及《十七岁》;李佩甫的《李氏家族》开始从描写转型期农民的生活与性格转向深沉的历史表达,到《羊的门》、《城的灯》以及最近的《生命册》,则把描写的重点放在了中原文化土壤中"人"的生长;张宇则从《活鬼》等作品重点表现农民的生存智慧走向了《疼痛与抚摸》、《软弱》中对人物心理的深度开掘。而走出河南的豫籍作家,也不约而同地把中原乡土生活放在更深远的历史背景中来表现,周大新从《走出盆地》对生活在盆地中的女性的个人命运的书写转向更为宏大的"史诗"性的《第二十幕》,阎连科的《日光流年》则通过一个村长 39 年的人生历程写出了中国农村这几十年的历史,刘震云的"故乡系列"对中原也是中国的历史与现实做了新的解读,《一句顶一万句》、《我不是潘金莲》则是深入中国乡村社会人物心理的全新表达。随着经历的丰富、视野的开阔,中原作家群各作家在深入开掘乡土资源的同时,题材范围也日益拓宽,同时中原作家群的人员构成的多元化也带来了作品题材的多元化。而河南厚重的历史文化传统则为历史题材创作奠定了坚实的基础,中原作家群中,远有姚雪垠,近有二月河,都在此领域取得了突出的成就,带动一大批河南作家创作历史题材文学作品,使河南成为历史题材的文学重镇。

　　以关注现实为基础扎实进行艺术创新是中原作家的一个优秀传统。在创作题材和作品主题不断走向多元的同时,中原作家群在艺术创新方面也不断进行着扎实的探索,使作品的表现手法更趋多元化。对于一向以内容扎实厚重取胜的中原作家而言,对文学的形式探索也从未停滞,比如阎连科《日光流年》的编年史写法,周大新史诗式的体例,朱秀海《音乐会》等作品对军事题材作品的突破,刘震云不断变化的叙事方式,李佩甫不动声色对叙事方式的探索,张斌《一岁等于一生》的多视角叙事,这些都说明了中原作家群在艺术创新上有着积极主动的追求。但是,从中也可以清楚地看到,中原作家群的艺术创新与那些迷醉于形式实验的作家显然有着很大的区别。中原作家群的创作,无论是题材范围的拓展、作品主题的深化,还是表达方式的创新,基本是在保证作品内容厚度和思想深度的前提下,进行有限度的创新。即使像李洱《花腔》这样在叙事探索上走得很远的作品,也可以清楚地看到作者对意义追求和对现实关切的强烈愿望。同样处理乡土题材,李洱的《石榴树上结樱桃》就有重要突破,首届"华语图书传媒大奖"给《石榴树上结樱桃》的授奖辞说:"李洱自觉地质疑了现代文学以来的乡土叙事传统,掉转方向,使乡土由想象和言说的对象变为想象和言说的主体,恢复了乡土中国的喧哗、混杂,恢复了它难以界定的、包孕无穷可能性的真实境遇。"梁鸿也关注当下中国农村的现实,她以非虚构的方式完成了《中国在梁庄》,通过对一个村庄变迁史的书写,直面了当下农村让人刺痛的现实;《出梁庄记》则表达了遍布全国的打工者的生存现实,引起了很大反响。乔叶的《拆楼记》、邵丽的"挂职"系列小说,也都在关注当下农村的现实,但都呈现出了与前辈作家不同的表现手法和风格特点。但是,中原作家群这种踏实的特点容易使作品缺少一些特异和锐利。正如自然环境,中原处于中国之中,生存环境不似西北那般严酷,又不如江南那般滋润,所以,河南人没有西北人那样的坚忍执着,也没有江南水乡人那样的灵动机敏。反映在文学创作中,河南作家厚重执着不如陕山作家,灵动飘逸不如江浙作家,但中原作家群稳扎稳打不断进步的创作,使中原作家群能够坚定地立足于中原大地,从而获得丰沛的资源和坚实的基础,并因此形成包容、丰富、沉稳、大气的品格。

在全球化、网络化的背景下,中原作家群的创作也更趋丰富多样。所谓风格特点,也是就整体而言的,其实不同地区、不同个体的创作也都分别具有各自的特色,如南阳形成了以注重艺术探索为特色的小说创作群体,周口形成了以关注乡土和农村变迁为特色的小说创作群体,新乡形成了具有南太行特色的创作群体,信阳、平顶山形成了以诗歌写作为主的创作群体,等等。这进一步表明,中原作家群在坚持传统的基础上,体裁、题材、风格、语言等都更趋多元化,一个更加开放、包容、丰富、多彩的创作群体正在以自己的创作实绩书写中国文学的新辉煌。

当然,问题同样摆在我们面前:在全球化背景下,我们熟悉的乡土经验不仅与过往的经验存在很大差异,同时表达也面临新的挑战;在网络化背景下,文学传播方式的变化必然导致写作和欣赏习惯的变化,文学创作必须寻找新的突破方向。因此,如何以人类的视野、用普适的价值观来观照我们的历史经验?如何对当下的经验进行准确的书写并给予有见地的解释?这是当代作家应该重视的问题。这些问题处理不好,作品就会缺乏精神气势和思想力量。

对于当下中国的文学来说,我们还面临着一些特殊的困难。百年来,我们放弃了延续数千年的传统文化体系,接受了无神的观念,而西方以宗教为背景的价值观念又不可能被我们从根本上认同,在此背景下,如何建立我们的核心价值体系,确实是一个难题,但解决这个难题对我们而言又是迫切而必要的。这是中国目前根本的文化处境,它对文学的发展影响很大。这种文化处境导致作者和读者缺乏可以共同依凭的精神资源,共同信仰的缺乏使人物的行为失去了依据。目前,中国的文学作品中相当大一部分前半部分写得很好,后半部分则很差;现实写得很好,写到人物、社会发展的方向时,就不能让人信服了。原因就在于叙事的走向和历史的走向无法达成一致,社会没有为人物未来理想的发展提供一个明确的走向,作家凭空想象的人物走向无法得到读者的认可,觉得作品内容不可信,没有办法读下去。也就是说,目前缺乏一种共同的精神信念,使作家相信、读者也相信这个信念可以支撑人物沿着这样一条道路走下去。当前文学面临的困难,从表面上看是作家叙事的难题,其实是文化的难题,是社会的难题。尽管如此,作家有责任通过自身的努力,建立起这样一种精神信念,这种精神信念也就是我们的核心价值观。

文学的每一次重大变革都是由媒体的变化推动的,网络的兴起必然带来文学新的变革。网络文学毫无疑问代表着文学发展的新方向,网络写作肯定会带来全新的文学样式。虽然目前网络小说、网络写作还处于初级阶段,但是网络文学的发展一定会像词、曲,经历一个过程之后,最终成为时代主流的文学样式。对中国当代文学来说,适应传播方式带来的写作方式、阅读方式以至审美习惯的改变,积极介入网络文学,使之具有现实关怀,能对人生产生积极的意义,已成为摆在我们面前的一项迫切任务。中原作家群的作家应该从现在开始就具有这样的自觉,这对保持中原作家群持续的繁荣具有重要的现实意义和深远的历史意义。

(《中原文化研究》2013年第6期)

贴近乡土　沉稳大气
—— 中原作家群创作风格综述

在中国新文学发展史上,中原作家群的兴起与壮大是个重要的文学现象。其实,把目光投向历史的深处就会发现,中原作家群是一个绵延数千年的庞大创作群体,其成就、实力、影响之巨大,鲜有地域性创作群体能与之匹敌。自先秦开始,生活在中原地区的文人先贤为中国文学奠基并带领中国文学走向自觉,开创了唐宋群峰耸峙的繁荣局面。南宋以降,中原文学失去了以往那种群星璀璨、大师辈出的景象,这一情形延续到"五四"新文学的诞生。自新文学发端到新时期,中原作家群渐趋走强,影响一直持续至今。进入 20 世纪 90 年代,"文学豫军"的称谓开始出现。2010 年 11 月,以"坚守与突破"为名称的中原作家群论坛在河南举行,"中原作家群"首度作为学术概念被正式提出。

实力突出　阵容整齐

就河南新文学的整体发展来看,中原作家群是在改革开放三十多年间真正崛起的,其主要标志是小说家不断涌现和小说创作全面繁荣。

河南新时期以来的小说创作,从表现形式、风格特点、代表人物等方面大致可分为三个阶段:

20 世纪 70 年代末到整个 80 年代,随着改革开放大潮掀起的思想解放,唤醒了文学艺术的春天。老作家重新焕发青春,青年作家不断涌现,河南以乡土变革为主要表现内容的中短篇小说创作出现了发展繁荣的大好局面;

20 世纪 90 年代,经过中短篇小说创作锻炼的一批作家,拥有了充分的生活和知识积累,开始进行长篇小说创作,并逐步拓宽作品的题材范围,乡土和历史题材长篇小说取得了令人瞩目的成就,"文学豫军"开始引起文坛的广泛关注；

进入21世纪，活跃于20世纪八九十年代的一批作家成为河南文坛的中坚力量，同时一批青年作家开始崭露头角，创作风格和题材更趋多样化，中原作家群不仅活跃在河南本土，在北京和全国各地都有豫籍作家的身影。至此，中原作家群以其健全的梯队、宏阔的活动空间和广泛的影响，为全国文坛关注和认可。

新时期以来河南小说另一个非常耀眼的亮点，即以《百花园》和《小小说选刊》为根据地，河南郑州成为全国小小说创作的中心。此外，在诗歌创作上，河南涌现出一批优秀的诗人，如苏金伞、王怀让、马新朝等。河南散文在全国也有着不可忽视的地位，新时期以来，孙荪、周同宾、王大海、卞卡、廖华歌、刘先琴等人屡有散文佳作在全国引起反响。近年来，郑彦英、王剑冰、乔叶、鱼禾等人的散文也颇受好评。同时，长期以来"批评缺席"的局面得以改变，刘思谦、孙荪、鲁枢元、陈继会、王鸿生、耿占春、何向阳、何弘、孙先科等人的研究与批评，在国内理论界和批评界占有一席之地。

作为创作实力的一种证明，在我国具有最高荣誉的文学评奖中，中原作家群每届都有丰厚的收获。比如在鲁迅文学奖及其前身全国优秀中短篇小说奖的评选中，张一弓、李準、叶文玲、张有德、乔典运、田中禾、周同宾、阎连科、邢军纪、何向阳、刘庆邦、马新朝、邵丽、乔叶、郑彦英等都成功问鼎。在历届茅盾文学奖评选中，中原作家群贡献了包括姚雪垠的《李自成》、魏巍的《东方》、李準的《黄河东流去》、柳建伟的《英雄时代》、宗璞的《东藏记》、周大新《湖光山色》、刘震云的《一句顶一万句》等七部获奖佳作。[1] 以作家籍贯而言，这在全国首屈一指。在其他如骏马奖、庄重文学奖以及电视剧飞天奖等众多奖项中，河南作家也屡屡榜上有名。这表明中原作家群确实是中国文坛一支实力突出、阵容整齐的创作队伍。

抗争苦难　反思历史

中原作家群具有关注现实的优秀传统，注重对作品意义的追求，同时

---

[1] 编者注：2015年8月，李佩甫凭借长篇小说《生命册》荣获第九届茅盾文学奖，成为河南本土作家中获得该奖项的第一人。

逐步形成了自觉的创新意识和文体意识。尤其是一批中青年作家，能够在全球化的视野下重新审视现实和历史，大胆拓宽作品的题材范围，丰富表现手段，在艺术创新上屡有突破。而且中原作家的求新坚持在追求思想深度、厚度的基础上实现，这种稳扎稳打的做法，成就了以往的成绩，也为以后大作品的问世奠定了坚实的基础。经过多年的发展，中原作家群基本成为一个以强烈的现实感和浓厚的历史感为基调、以现实主义为主要创作方法的具有中原文化特色的创作群体。

近代以来，自然灾害和连绵的战火不断蹂躏着中原大地，苦难成为中原人最基本的人生体验。这种情况在20世纪上半叶更为突出。于是，河南新文学创作的基本母题就是对苦难的抗争和对造成这种苦难的中原文化的反思。从徐玉诺、师陀、姚雪垠到李凖、张一弓、乔典运、田中禾、李佩甫、张宇以及周大新、刘庆邦、阎连科、刘震云等是杰出代表。

论及中原的乡土文学传统，基本包含以下内涵：与苦难抗争的乡土生活现实，乡土的变革，乡土文化中的人。

纵观河南新文学特别是当代文学的发展历程，可以看到，20世纪五六十年代河南乡土题材文学作品的写作表达的是革命主题，20世纪80年代则转向了乡土文化主题。同时随着作家眼界的不断开阔，他们的作品也不断向历史的深处和社会的广处开掘。比如，张一弓从改革开放之初写乡土社会历史变革进一步走向历史深处，创作了《远去的驿站》、《阅读姨父》；田中禾则完成了反思知识分子在20世纪革命大潮中命运不断变迁的长篇小说《父亲和她们》及《十七岁》；李佩甫的《李氏家族》开始从描写转型期农民的生活与性格转向深沉的历史表达，到《羊的门》、《城的灯》以及最近的《生命册》，则把描写的重点放在了中原文化土壤中"人"的生长；张宇则从《活鬼》等作品重点表现农民生存智慧走向了《疼痛与抚摸》中对人物心理的深度开掘。而走出河南的豫籍作家，也不约而同地把中原乡土生活放在更深远的历史背景中来表现，周大新从《走出盆地》对生活在盆地中的女性的个人命运的书写转向更为宏大的"史诗"性的《第二十幕》，阎连科的《日光流年》则通过一个村长39年的人生历程写出了中国农村这几十年的历史，刘震云的"故乡系列"则对中原也是中国的历史与现实做了新的解读。

随着经历的丰富、视野的开阔,中原作家群各作家在深入开掘乡土资源的同时,题材范围也日益拓宽。比如周大新、刘震云、朱秀海、柳建伟的军旅题材作品,刘庆邦的煤矿生活题材作品,李佩甫的《学习微笑》、《城市白皮书》、《等等灵魂》等城市题材作品,张宇的《软弱》、《表演爱情》、《足球门》等现代法制和体育题材作品,郑彦英的《石瀑布》、《拂尘》等"新资本家"题材作品,刘学林的《天狼》等动物题材作品。

　　自改革开放,特别是20世纪90年代以后,中原作家群的人员构成的多元化也带来了作品题材的多元化。比如杨东明、齐岸青一直坚持城市题材作品的写作,李洱多年坚持知识分子题材写作,墨白以颍河镇为背景对人的欲望与焦虑进行探究,行者对从远古到当下题材一贯坚持先锋写作,焦述不断继续着他的"市长系列",邵丽、乔叶、傅爱毛等女作家的写作题材则是女性的情感生活、现代都市生活、官场生活以及底层小人物的生活等,南飞雁等年轻作家聚焦的是校园、情感题材……

　　还有一个重要的题材领域不能忽视,即历史题材。中原作家群中,远有姚雪垠,近有二月河,在历史题材的写作上都取得了突出的成就,带动一大批河南作家创作历史题材文学作品,使河南成为历史题材的文学重镇。

　　在创作题材和作品主题不断走向多元的同时,中原作家群在艺术创新方面也不断进行着扎实的探索,使作品的表现手法更趋多元化。且不说李洱、墨白、行者等人长期坚持的先锋写作,即使对于一向以内容扎实厚重取胜的中原作家而言,比如阎连科《日光流年》的编年史写法,周大新史诗式的体例,朱秀海《音乐会》等作品对军事题材作品的突破,刘震云不断变化的叙事方式,李佩甫《城市白皮书》对叙事方式的探索,张斌《一岁等于一生》的多视角叙事,这些都说明了中原作家群在艺术创新上有着积极主动的追求。

　　但是,从中也可以清楚地看到,中原作家群的艺术创新与那些迷醉于形式实验的作家显然有着很大的区别。中原作家群的创作,无论是题材范围的拓展、作品主题的深化,还是表达方式的创新,基本是在保证作品内容厚度和思想深度的前提下,进行有限度的创新。即使像李洱《花腔》这样在叙事探索上走得很远的作品,也可以清楚地看到作者对意义追求和对现实关切的强烈愿望。也正因此,李洱不像当时和他差不多先后进行先锋写作的多数作家那样,在多年探索后一个转身重新回到传统讲故事、写实的老路上,而是探索着让形式本身也成为内容,使先锋写作终于结出了正统的果实。

总体上说,中原作家群的创作是稳扎稳打不断进步的,这一切都是因为中原作家群坚定地立足于中原大地,从而获得了丰沛的资源和坚实的基础。中原作家群这种踏实的特点可以说是一种沉稳的大气。

短板犹存　前路漫长

目前,河南又有一批作者逐渐崭露头角,其中如蔚然、宫林、安庆、赵文辉、柳岸、八月天等都在继承河南乡土文学的传统,继续农村题材的写作。但很多年轻作者仍然是基于个人经验进行写作,而且这种经验有其过于封闭的一面,创新意识、文本意识仍有所欠缺,视野也不够宏大,认识也不够深邃。这成为他们作品取得突破的重要障碍。

就这个层面而言,李洱的经验可以提供很好的借鉴。首届"华语图书传媒大奖"给《石榴树上结樱桃》的授奖辞说:"李洱自觉地质疑了现代文学以来的乡土叙事传统,掉转方向,使乡土由想象和言说的对象变为想象和言说的主体,恢复了乡土中国的喧哗、混杂,恢复了它难以界定的、包孕无穷可能性的真实境遇。"

而李洱的成功并非孤例。同样从河南走出去的青年学者梁鸿,以非虚构的方式完成的《中国在梁庄》,通过对一个村庄变迁史的书写,直面了当下农村让人刺痛的现实,也引起了很大反响。梁鸿的成功同样对乡土题材作品的创作具有重要的启示意义。

在全球化背景下,熟悉的乡土经验不仅与过往的经验存在很大差异,同时表达也面临新的挑战;在网络化背景下,文学传播方式的变化必然导致写作和欣赏习惯的变化,文学创作必须寻找新的突破方向。因此,如何以人类的视野、用普适的价值观来观照历史经验?如何对当下的经验进行准确的书写并给予有见地的解释?这是当代作家应该重视的问题。这些问题处理不好,作品就会缺乏精神气势和思想力量。

期望中原作家群能够在叙事上有更独特的探索,能够对当下经验有更好的书写,能够以更为开阔的视野表达更为深刻的思想,使创作达到新的高度。在坚守传统上,中原作家群一直做得很好,而且深厚的传统也为创作奠定了坚实的基础。坚守是为了突破,中原作家群再出发、努力实现新突破,正当其时。

(《光明日报》2012 年 3 月 20 日第 13 版)

中原作家群:关注现实,厚重大气

提起中原作家群,每一个对中国当代文学有一定了解的人都会数出一大堆作家来,就说当前仍然活跃的作家,张一弓、田中禾、二月河、李佩甫、郑彦英、张宇、邵丽、乔叶以及在北京发展的周大新、刘震云、刘庆邦、朱秀海、阎连科、柳建伟、李洱等,都在全国文坛有着相当的影响。应该说,在中国新文学发展史上,中原作家群的兴起与壮大是一个重要的文学现象,中原作家群作为目前活跃在中国文坛上的一个重要创作群体,其成就、实力、影响之巨大,鲜有地域性创作群体能与之匹敌。但是,说到河南文学的特点,恐怕很难用一个词做出准确的概括,正如河南的饮食、文化甚至自然、地理一样,它似乎包含着各种元素,很难归结出一个突出的特点,以至于有人说,无特点就是它最大的特点。无特点大概缘于它的中庸、内敛及由此形成的厚重、大气,这可以说就是河南文学的特点。

河南文学曾有过光辉灿烂的历史,中原作家群可以说是一个绵延数千年的庞大群体。从作为口头文学的神话传说到文字的形成,从《诗》的采集到历史散文、诸子散文的辉煌,中原这片热土为中国文学奠定了坚实的基础。在魏晋南北朝时期,正是在这里,中国文学走向自觉,并开启了唐宋文学无比的辉煌。可以说,宋以前的河南文学史,基本上就是大半部中国文学史。谈到河南文学我总会想到嵩山。嵩山居五岳之中,历史上也曾声名显赫,但现在为世人所知的,主要是作为武林圣地的少林寺,鲜有人为一览中岳胜景而登临嵩山。其实,嵩山之美需要深入才能发现,其雄险奇绝、层峦叠翠之景色,颇有可观处,列居五岳绝非浪得虚名。但单就某一方面论,则雄浑不及泰山,险峻当让华山,秀丽稍逊衡山,奇绝略输恒山。所谓"泰山如坐"、"华山如立"、"恒山如行"、"衡山如飞"、"嵩山如卧"。这个"卧"字其实已说明了嵩山的特征:内敛,绝不张扬。在嵩山的怀抱中,少林寺是禅宗祖庭,中岳庙是五岳中最大的道观,嵩阳书院是宋四大书院之一,儒、释、道在此得以和谐相处,甚至多有融合。所以,嵩山很有包容性,意蕴丰富。

一言以蔽之,中庸、内敛、包容、丰富,这是嵩山的特征,也正是河南文学的特征。

黄河冲积形成了中原的千里沃野,孕育了中华文明,也带来了无穷的水患。生活在这片土地上的人民,需要一个强有力的统一组织来全盘处理水患问题。今天的河南及其周围地区,正处在黄河走出群山,奔向一望无际开阔平原的重要地段。因整治黄河的内在因素而促成的王朝政府当然会建立在这一带。正是在这片土地上,自夏、商、周至战国混战,中国的集权政府不断成长壮大,经唐的鼎盛而至宋建立起历史上最完备的文官政府。所以,这片土地理所当然地成为中华文明的发祥地,中华文化的核心正是在这里形成的,这里也长期处于中国政治、经济、文化的中心地位。但宋室南迁成了中原文化由强盛走向衰弱的一道分水岭。外族的入侵也许只是表面原因。此时,统一的中央集权政府及其文官制度早已建立并走向成熟,黄河的泛滥成为作为一国之都的城市发展的不利因素。而宋以后汉民族与北方游牧民族的拉锯式争夺也使政治中心向北偏移,南方则因较少经受战火和自然灾害而出现了经济文化的繁荣。于是,中原从文化中心退居文化边缘。在逐渐边缘化的过程中,自然灾害和连绵的战火不断蹂躏着中原大地,苦难成为中原人最基本的人生体验。这种情况在20世纪上半叶更为突出。这样一种历史传统决定了河南文学的基调必然是关注现实、尊重历史、追求意义。于是,河南新文学创作的基本母题就是对苦难的抗争和对造成这种苦难的中原文化的反思。从徐玉诺、师陀、姚雪垠到李準、张一弓、乔典运、田中禾、李佩甫、张宇以及周大新、刘庆邦、阎连科、刘震云等都是如此。

具有深厚的乡土文学传统是河南文学的一个重要特征。中原的乡土文学传统,基本包含以下内涵:与苦难抗争的乡土生活现实,乡土的变革,乡土文化中的人。纵观河南新文学特别是当代文学的发展历程,可以看到,20世纪五六十年代河南乡土题材文学作品的写作表达的是革命主题,20世纪80年代则转向了乡土文化主题。同时随着作家眼界的不断开阔,他们的作品也不断向历史的深处和社会的广处开掘。比如张一弓从改革开放之初写乡土社会历史变革进一步走向历史深处,创作了《远去的驿站》《阅读姨父》;田中禾则完成了反思知识分子在20世纪革命大潮中命运不断变迁的长篇小说《父亲和她们》及《十七岁》;李佩甫的《李氏家族》开始从描写转型期农民的生活与性格转向深沉的历史表达,到《羊的门》《城的灯》以及最近的《生命册》,则把描写的重点放在了中原文化土壤中"人"的生长;张宇从《活鬼》等作品重点表现农民生存智慧走向了《疼痛与抚摸》《软弱》中对人物心理的深度开掘。而走出河南的豫籍作家,也不约而同地把中原乡土生活放在更深远的历史背景中来表现,周大新从《走出盆地》对生活在盆地中的女性的个人命运的书写转向更为宏大的"史诗"性的《第二十幕》,阎连科的《日光流年》则通过一个村长39年的人生历程写出了中国农村这几十年的历史,刘震云的"故乡系列"对中原也是中国的历史与现实做了新的解读,《一句顶一万句》《我不是潘金莲》则是深入中国乡村社会人物心理的全新表达。随着经历的丰富、视野的开阔,中原作家群各作家在深入开掘乡土资源的同时,题材范围也日益拓宽,同时中原作家群的人员构成的多元化也带来了作品题材的多元化。河南的历史文化传统为历史题材创作奠定了坚实的基础,中原作家群中,远有姚雪垠,近有二月河,都在此领域取得了突出的成就,带动一大批河南作家创作历史题材文学作品,使河南成为历史题材的文学重镇。

以关注现实为基础扎实进行艺术创新是中原作家的一个优秀传统。在创作题材和作品主题不断走向多元的同时,中原作家群在艺术创新方面也不断进行着扎实的探索,使作品的表现手法更趋多元化。对于一向以内容扎实厚重取胜的中原作家而言,对文学的形式探索也从未停滞,比如阎连科《日光流年》的编年史写法,周大新史诗式的体例,朱秀海《音乐会》等作品对军事题材作品的突破,刘震云不断变化的叙事方式,李佩甫不动声色对叙事方式的探索,张斌《一岁等于一生》的多视角叙事,这些都说明了中原作家群在艺术创新上有着积极主动的追求。但是,从中也可以清楚地看到,中原作家群的艺术创新与那些迷醉于形式实验的作家显然有着很大的区别。中原作家群的创作,无论是题材范围的拓展、作品主题的深化,还是表达方式的创新,基本是在保证作品内容厚度和思想深度的前提下,进行有限度的创新。即使像李洱《花腔》这样在叙事探索上走得很远的作品,也可以清楚地看到作者对意义追求和对现实关切的强烈愿望。同样处理乡土题材,李洱的《石榴树上结樱桃》就有重要突破。首届"华语图书传媒大奖"给《石榴树上结樱桃》的授奖辞说:"李洱自觉地质疑了现代文学以来的乡土叙事传统,掉转方向,使乡土由想象和言说的对象变为想象和言说的主体,恢复了乡土中国的喧哗、混杂,恢复了它难以界定的、包孕无穷可能性的真实境遇。"梁鸿也关注当下中国农村的现实,她以非虚构的方式完成了《中国在梁庄》,通过对一个村庄变迁史的书写,直面了当下农村让人刺痛的现实;《出梁庄记》则表达了遍布全国的打工者的生存现实,引起了很大反响。乔叶的《拆楼记》、邵丽的"挂职"系列小说,也都在关注当下农村的现实,但都呈现出了与前辈作家不同的表现手法和风格特点。总体上说,中原作家群的创作是稳扎稳打不断进步的,这一切都是因为中原作家群坚定地立足于中原大地,从而获得了丰沛的资源和坚实的基础。中原作家群这种稳扎稳打逐步推进的做法可以说是一种沉稳的大气。

孙荪在《文学豫军论》中对中原作家群的这种特点用"根"、"生长"、"天空"三个主题词来概括,是很有道理的。他说:"豫军是有根的,他们过去的作品不离故乡的乡土,是在那种特定的土壤中生长出来的。不仅具有乡土的'根'性,而且具有'生长性'。"但中原作家群这种踏实的特点容易使作品缺少一些特异和锐利。正如自然环境,中原处于中国之中,生存环境不似西北那般严酷,又不如江南那般滋润,所以,河南人没有西北人那样的坚忍执着,也没有江南水乡人那样的灵动机敏。反映在文学创作中,河南作家厚重执着不如陕山作家,灵动飘逸不如江浙作家,但因此形成了包容、丰富、沉稳、大气的品格。

中原作家群作为自先秦绵延至今的庞大创作群体,深厚的传统为今天的创作奠定了坚实的基础。在全球化、网络化的背景下,中原作家群的创作更趋丰富多样。所谓风格特点,也是就整体而言的,其实不同地区、不同个体的创作也都分别具有各自的特色,如南阳形成了以注重艺术探索为特色的小说创作群体,周口形成了以关注乡土和农村变迁为特色的小说创作群体,新乡形成了具有南太行特色的创作群体,信阳、平顶山形成了以诗歌写作为主的创作群体,等等。这进一步表明,中原作家群在坚持传统的基础上,体裁、题材、风格、语言等都更趋多元化,一个更加开放、包容、丰富、多彩的创作群体正在以自己的创作实绩书写中国文学的新辉煌。

(《人民日报》2013年4月26日第24版,发表时略有改动)

乡土：超越还是重复

——《莽原》2009年河南青年作家小说专栏作品扫描

进入21世纪，河南的中短篇小说悄然出现了一次新的繁荣。邵丽、乔叶、傅爱毛、尉然等以其创作实绩迅速在全国产生广泛影响，宫林、安庆、赵文辉、柳岸、八月天、陈明远等也纷纷显示了各自的创作才华，不断有作品在全国各大文学期刊发表并被转载，河南的中短篇小说创作重新表现出强劲的势头。从某种程度上说，这种情况与20世纪80年代初的情况相仿。

今年，《莽原》面向河南作家特别是青年作家开辟了一个专栏，每期刊发一位河南作者的两篇小说，多为一个中篇、一个短篇，少数是两个短篇。该栏目的推出，不仅很好地展示了河南作家的创作实力，同时对这些青年作家的成长也发挥了重要的推动作用，对于河南文学的发展是一件极有意义的事。

自第二期开始，该专栏先后刊发了尉然、八月天、宫林、柳岸、陈铁军等五位作者的小说。五位作者中，除陈铁军自20世纪八九十年代即开始创作并产生了一定影响外，其他几位以前虽也有零星作品问世，但从总体上说都是在新世纪才崭露头角的。分析他们的创作，大致可以看出当前河南青年作家的创作情况、特点和态势。

尉然的小说已基本形成了自己的风格特点。他的小说主要描写农村生活，作品涉及的人物不多，关系也相对简单，故事往往围绕一个或有因果关系的一系列带有某种滑稽或荒诞色彩的小事件展开，人物性格略显夸张因而带有漫画色彩。尉然的小说，不管采用第三人称还是第一人称叙事，读者总会清楚地感知叙述者的在场，而且叙述者总会不时跳出来直接面对读者。这种讲故事的方式具有很好的间离效果，加上其叙事语言的诙谐，使读者对作品人物形象的漫画化和故事情节的夸张荒诞不至于因其"假"而抵触，相反会造成很好的喜剧效果。尉然对叙事的掌控能力相当好，他能把一个很小的事件讲得饶有趣味，叙述从容舒展且不会有冗长拖沓之感,使人读来兴味盎然。《丢了一只羊》写的是精明的刘留偷吃了马四眼的羊,而马四眼在丢了羊的郁闷中摸了刘留媳妇王腊月的奶子,最后刘留设法让马四眼接受以摸奶子抵羊的结局。《炫耀》写的是"大跃进"之后的三年自然灾害期间,脸上长着大片胎记的炊事员拿一个馒头换来个年轻漂亮媳妇的故事。这两篇小说一写当下、一写历史,仍然保持了其一贯的风格,对农村人物形象的刻画生动有趣,从而较好地表现了农村的生活现实。特别是《炫耀》,以喜剧的方式表现当时农村生活的苦难,用个老套的说法,堪称"含泪的笑"了。对尉然来说,他的写作已相对成熟,也许他需要注意的,一是他的这种夸张和荒诞应避免失之于过,要把握好适当的度;二是应尽可能避免作品表现手段的单调,努力使作品写得更厚重些、深刻些。

八月天的两篇作品同样是农村题材,而且同尉然一样,一写历史、一写现实。《父亲的王国》以童年的视角写父辈在"文革"那段荒唐岁月中的生存状况和心态,作品描写了父亲"注定成王"的宿命荒诞实现过程,揭示了在当时的社会背景下处于压抑状态中的人的扭曲心理及其不甘、无奈、逃避和自我安慰、自寻寄托的心态。《低腰裤》写的是一个被强奸的少女和一个强奸犯无奈结合的故事。作品反映的是当下的社会现实,是农村青年进城后城市生活方式对其产生的影响,及由此引发的命运的变迁。在这个故事中,作者重新审视了欲望、道德、伦理的纠结,思考了欲望驱使下人性的本质。《低腰裤》把强奸处理成因外在诱惑引起欲望冲动且刹车失控引起的事故,这是从人性的本质出发对人的理解,是一种大的悲悯和宽容。八月天对小说写作有着自觉的思考,对作品的结构、人物的塑造、故事的讲述以及节奏的把握、切入点的选择等都特别用心。当然他的写作也因此显得有些过于用力,使许许多多自己想表达的东西无法得到充分表达,总使人生出欠点什么的感觉。对八月天来说,也许像尉然那样,把作品处理得再简单些、特点再突出些,可能会更好。

宫林的两篇小说,《钢婶的基督》写钢婶和她的子女及邻里家长里短的故事,表现了当下农村的生活现实和人际关系;《脉》主要描写的是风水先生韩叔,他为两位想给父亲迁坟的兄弟乡长看好了一块风水宝地,在了解到两位乡长鱼肉乡里的劣迹后,却拒绝为其"点穴"。同为周口作家,宫林的小说创作前期从语言到叙事似乎都受到墨白的很大影响,以至于很长时间找不到适合自己的路子。近几年,他的小说似乎更多带有孙方友小说的特点,人物性格特点突出、生动鲜活,而表达方面则以叙述为主,细腻的描写较少,或者说就像是在讲故事。应该说,自此宫林的小说开始变得更为可读,叙事也显得更加扎实。宫林对当下农村生活的表现是全面、真实且具有一定深度的。问题在于,对于中短篇小说写作而言,如果只通过简明的故事来塑造人物,或者通过最后抖开包袱来增强可读性,显然远远不够。叙述过多,同时常常被事件牵着走,使叙述过于急切,缺乏节奏,作品因此少了些从容和韵味,这也许是宫林今后创作应该注意的问题。

柳岸的《黄昏与乡村老人》写的是当下农村出现的养老问题。作品特意设置了郭太爷、郭世宇祖孙二人,一个是传统文化的符号,一个是西方文明的代表,作者意图通过中国伦理传统和西方现代文明的交融来寻找到一种新的乡村养老模式。《斗气儿》描写的是生活在小城市的一对原本关系尚好的夫妇因相互误解和斗气而导致婚姻破裂的故事,试图揭示当下人们的情感和婚姻现实。这两篇小说所关注的都是当前重要的社会问题,可见柳岸在此方面有着特别的敏感。同为周口作家,柳岸对当下农村的描写应该说不及尉然那么生动,不及宫林那么真实,但尉然、宫林欠缺的却正是柳岸对农村重要社会问题的敏感以及对作品现实意义的明确追求。对柳岸来说,她的叙事多少显得有些老套、平淡。对小说写作来说,仅仅有对主题的敏感还很不够,寻找到更好的表达方式似乎更为重要。

五位作家中,陈铁军其实是不大好和前四位放在一起谈论的,他出道和成名都比前几位要早得多,写作也比较成熟。陈铁军小说的最大特点是人物富于传奇色彩、可读性强、写得好玩儿,同时具有强烈的批判精神。陈铁军以前的作品写市井小人物为多,但这两篇小说却把目光投向了农村。《弦歌》写的是哥哥满囤典妻弃家寻找被土匪绑票的弟弟满圈的故事;《不敢瞎喷儿》写的是爱吹牛的"大喷壶"老汤胡吹乱喷并最终送了命的故事。这两篇小说基本保持了陈铁军小说的特点,叙事口语化,多调侃,其中大量河南方言的使用,使之具有明显的地方特色。但两相比较,我觉得《弦歌》写得更好一些。这些年,莫言、贾平凹等都在借鉴中国民间文化以丰富小说的表现形式方面进行过不少探索,陈铁军也不声不响地做出了自己的努力。这篇小说在叙事上带有话本小说的某些特点,弦书等民间文艺形式的引入,很好地表现了昔日豫西地区的民俗和人情风貌;整个故事也讲得非常好,把弟弟对哥哥的思念、哥哥对弟弟执着苦寻讲得荡气回肠、凄婉动人。

自中国新文学发端以至新时期,河南渐成中国乡土文学的重镇。20世纪80年代,田中禾、李佩甫、张宇、郑彦英等正是以其描写农村生活的中短篇小说引起全国文坛的关注,逐渐开创了文学豫军的辉煌。现在,我们看到,新世纪开始引起关注的这批河南作家,不只是这五期的专栏作家,包括安庆、赵文辉等,写作同样以农村题材为主。这对于延续河南乡土文学重镇的地位当然十分有益。然而,大量阅读这些作品,我们也会产生一丝隐隐的忧虑。在20世纪,前有李佩甫的《画匠王》、《无边无际的早晨》、《豌豆偷树》等,后有李洱的《石榴树上结樱桃》等,这些作品在主题的开掘和形式的探索上,都有自己的独到之处,受到全国文坛的广泛称赞。时至今日,我们看到的这些中短篇小说,与20世纪的作品相比,同样是农村题材,却似乎并非螺旋式上升、超越后的回归,而更像是重新回到了原点,一切从头开始。

在当前的这批作家中,除乔叶、傅爱毛等在个人经验的表达和当下新的生活元素的使用上做得较好外,其他多数作家在这些方面都有所欠缺。自20世纪80年代起,河南作家就以慢半拍著称。这个特点的另一个方面是创作态度的踏实,并因此在20世纪90年代成为特点、优长,取得了显著的成绩。但现在这批作家的写作,却让我们看到了它不足的一面。学养的欠缺、艺术独创性和自觉精神的不足曾经是制约河南作家取得更大成就的重要因素。今天,我们看到这样的问题其实仍然存在。甚至与20世纪90年代的青年作者相比,我们缺乏像李洱、行者、墨白这样有自觉创新意识、文体意识、求新求变的作家。再一点,关注现实、富有责任意识曾经是河南作家的突出特点,但这些今天也似乎有所减弱。写作、叙事应该有信仰的支撑,只有这样作品才会有真正的博大、雄浑、深沉,才会是真正的大作。

因此,对于当前正在崛起的这批青年作家来说,虽然他们正创造着一个新的繁荣,但要推动河南文学迈上一个新的台阶,前面的路仍然很长,需要他们把创作的脚步走得更扎实些,需要他们具有更强的自觉意识、创新意识和责任意识,需要他们做出更大的努力。

(《莽原》2010 年第 1 期)

新力量的崛起
—— 中原作家群青年作家综述

在中国新文学发展史中,"中原作家群"的兴起与壮大是一个重要的文学现象。自新文学发端到新时期,中原作家群渐趋走强,影响一直持续至今,其成就、实力、影响之巨大,鲜有地域性创作群体能与之匹敌。就河南新文学的整体发展来看,中原作家群是在改革开放的三十多年间真正崛起的,其主要标志是小说家不断涌现、小说创作全面繁荣。中原作家群作家之所以能在全国保持持续的影响力,在于它有一支涵盖了老中青三代作家的梯队健全的队伍。目前仍活跃在文坛的作家,有张一弓、南丁、田中禾、二月河、张斌、侯钰鑫、焦述、王怀让、王绶青、周同宾、孙荪这样在新时期卓有影响的老作家;有李佩甫、郑彦英、张宇、杨东明、墨白、行者、孟宪明、马新朝、王剑冰、王钢、刘先琴、廖华歌等目前活跃的中坚力量;有邵丽、乔叶、傅爱毛、安琪、蓝蓝、冯杰、赵大河等目前活跃的年轻作家的优秀代表;更年轻的则有如南飞雁这样的"80后"作家。2012年,河南省文学院与32位作家正式签约,这是对河南年轻创作队伍的一次检阅和整合,使河南一批文学创作的新生力量被纳入了有序管理的轨道,对河南文学事业的发展具有重要的意义。

这次签约的32位作家,少数生于20世纪60年代,大多数生于七八十年代,甚至还有生于90年代的,应该说基本代表了中原作家群的新生力量。这些作家的创作,在体裁、题材上都有广泛的分布,其中如程韬光、黄旭东、张克鹏、孟红梅、欧阳华等主要从事长篇小说创作;大多数作家包括陈铁军、李良、南飞雁、尉然、柳岸、宫林、孙瑜、八月天、张中民、容三惠、蒙蒙、段舒航、郭昕、忻尚龙等则长中短篇都有涉猎;计文君、安庆、赵文辉、李建森、张运涛、陈宏伟、丁晨、尚攀、甘桂芬则把精力集中在中短篇创作上;孔会侠、孙青瑜主要从事文学评论,兼及创作;琳子主要写诗;秦海霞(秦湄毳)主创散文。此外还有一些未签约的作家,如扶桑、杜涯的诗歌创作,刘峰晖的网络文学创作,沈靖的长篇小说创作等,也都有相当的影响。

继承乡土传统

相对于其他地区,中原作家群具有一个突出的特点,就是有关注现实的优秀传统,注重对作品意义的追求,同时逐步形成了自觉的创新意识和文体意识。这批中青年作家很好地继承了这一传统,并能够在全球化的视野下重新审视现实和历史,大胆拓宽作品的题材范围,丰富表现手段,在艺术创新上有很大突破。

安庆、赵文辉是一同从新乡辉县农村走出来的作家,对底层的关切是他们共同的特点。安庆的《加油站》、《棉花棉花》等重在写底层生活艰难中的温情和人物的内心世界,不把奇异的人和事作为表现的重点,而是在对人物生存状态的还原中,表现出诗意和真情。赵文辉重在描写太行山村生活的原生态,《刨树》、《酒风》、《张木匠》等在对艰辛中洋溢着芬芳的日常生活的描写中,表现了太行山区农民坚韧不屈而又善良仁义的性格特征。同样从辉县走出来的张克鹏则用《吐玉滩》等一系列长篇小说,反映了几十年来中国农村的社会变迁。

尉然、柳岸、宫林是三位周口作家,乡土生活自然成为他们表现的重点。尉然的《李大筐的脚和李小筐的爱情》、《菜园俱乐部》等都是写农村生活的优秀作品。他善于用诙谐的语言描写农村生动鲜活的生活场面和人物,并形成了喜中含悲的黑色幽默风格。柳岸的《我干娘柳司令》、《燃烧的木头人》、《黄昏与乡村老人》等描摹豫东农村的生活图景,表现了豫东平原特有的民风和乡情。对农村当下的社会问题有充分的敏感、贴着生活写作是柳岸小说创作的一个重要特征。宫林《点晕》、《马年马月》、《钢姊的基督》等重点写当下农村的生活现实,揭示了当下农民生存的艰辛和坚忍。从周口走出来的郭昕,则把关注的目光放在了从农村进入城市的打拼者的身上,创作了《一路攀升》、《欢乐城》、《城市课》等一系列作品,以图解读现代人的生命状态,反映在社会转型过程中个体的命运走向。

乡土生活的长期浸染,为李建森提供了丰富的创作素材。《最后一笔提留款》、《游戏》、《一棵装模作样的树》、《欢乐的麦场》等描写了农村的众生相,表现出他们的拼搏、扭曲、无助、迷茫。

八月天、容三惠的写作具有某种共同的特点,他们都有一部分表现农村生活的作品,但更多的笔墨还是切合当下现实,重在表现农民进入城市后的生活。八月天创作有长篇小说《中原狐》、《城市的月光》,中篇小说《遥远的麦子》、《父亲的王国》、《扶贫羊》,短篇小说《低腰裤》、《一个乡村的冬夜》等,其特点是具有较高的文学自觉,善于找到独特的切入点来表现看似平淡的生活或事件。容三惠创作有《城市天堂》、《刀子嘴与金凤凰》等,特点是人物塑造生动鲜活,朴素中带着风趣。

关注个人生活

城市化的不断加快是一个不可逆转的历史进程,乡土文化如渐去的夕阳,留给人更多的是留恋和回味。这种社会现实在文学作品中的表现就是,纯粹表现农村生活的作品日益稀少,表现农民进入城市的作品不断增多。同时,随着这种社会变迁,作家已不可能只把目光盯在农村生活上,其生活经历的改变,促使其把目光放在了城市底层和商界、政界各个阶层的人物身上,并由此创作出大量作品。

陈铁军的小说创作,题材从老郑州拓展到更为广阔的豫西。《老杂碎》、《舌人》、《红泥》、《吉家沟的地雷战》、《人境》、《上等兵》等,均以历史的郑州和豫西为背景,娓娓讲述了一个个郑州市民和豫西农民的痛苦欢乐的故事。这些小说更大的特色在于:作品蕴含深刻,文风诙谐,生活化的场景描写,浓郁的地方特色对白,精心、巧妙的情节设置,以及对人物心理细致深入地刻画,使得小说既有思想深度,又极具可读性。底层是陈铁军关注的重点,他这方面的作品包括《我姓王,叫八蛋》、《我们是害虫》、《一条道走到黑》、《回头无岸》、《泣不成声》、《麻雀歌》等。

自2001年以来,丁晨的大量创作如《包围》、《棋人》、《断线珍珠》、《白庙》、《手》等,始终聚焦于城市底层的平民生活,并把边缘人物的非常态生存作为表现重点。甘桂芬则立足地域文化,以平民视角表现开封独具特色的历史人文和生活方式，如《清明谷雨》、《橐驼儿》等取材于开封历史，而《呼吸》、《真的不是因为韭菜》、《冬眠》、《锋利的笑声》、《覆盖》则以鼓楼夜市为故事发生地。

张中民的写作虽也涉及农村、农民，但很难让人感受到乡土气息，像《比南方更远》、《赚他一千万》等作品，表现的重点都在于进入城市的打拼者的生活。张运涛对进入城市的打工者的关心更为深入和内在，他的《温暖的棉花》不仅写出了农民进入城市打工生活的艰辛，更让人看到了一代农民内心的蜕变，具有重要的认识价值。而孙瑜的《直立行走》、《和衣而卧》、《隐隐作痛》、《别碰我的床》、《女人制造》、《空心床》等作品关涉的则完全是在城市生活的人物，准确地说是城市女性。金钱和两性的关系是孙瑜介入生活的入口，她要做的是以人物内在的隐痛揭示时代的病症。

南飞雁生于1980年，却有着一般"80后"作家难以企及的成熟。他在以少年才情完成对于中学、大学和大学毕业生的一系列书写后，开始把目光放在了官场中人身上，创作了《红酒》、《暧昧》、《灯泡》、《空位》等一系列中短篇小说，从对作品内容到叙事的掌握，都显露出非同一般的成熟甚至老辣。他的这些小说，与其说是写官场，不如说是写官场中人的现实处境和内心生活。南飞雁小说的精妙之处在于他能够用冷静而准确的笔触，写出生活的丰富性和经验的复杂性，能够对世道人心做出细致入微的精准体察。在这一方面，南飞雁的同龄作家很少有人可以和他相提并论。

李良是一位写军事题材作品成名的作家。转业之后，他把目光转向商界，创作了《欲望之门》、《欲望之舟》、《入局》等一系列长篇小说，把当下政治生活和经济生活作为表现的重点。李良小说的特点是矛盾冲突激烈，故事精彩，并由此抵达对人性拷问的深度。柳岸在乡土小说之外，创作的另一个侧重点是对基层官员命运沉浮的描写，如《黄了绿了》、《幻灭》、《春寒》、《把我丢了》、《斗气儿》、《归真》、《聊吧随录》、《发呆免费》、《润玉》、《无枕黄粱》等。柳岸这类作品的特点是写出了官场中人浮沉的无奈，并对一些社会问题有深入的揭示。黄旭东的代表作是长篇小说《玄驹》、《前程》和《公选》，他称之为"青春励志三部曲"。作品描写了青年知识分子进入社会并完成内心成长的历程，具有鲜明的时代性和积极昂扬的力量。

坚守历史题材

河南是历史小说创作的重镇。自姚雪垠、二月河以降，从事历史题材小说创作者代不乏人。但历史小说写作看似容易，其实是一个极吃工夫的活计，不做大量的案头工作和实地考察，想还原一个时代的历史生活场景几乎是一件不可能的事。因此，历史小说虽然写作者众，但真正写得好、写得有特色的其实并不多。

程韬光历时十年潜心创作了长篇历史小说大唐诗人三部曲《太白醉剑》、《诗圣杜甫》、《长安居易》，表现了李白、杜甫、白居易的生活经历和诗歌创作过程，特点是以独特的"浅近文言"结合诗学研究展开叙事，不悖历史真实，力追艺术真实，努力反映时代变迁中人物的命运和文学在内心的生长，具有十分突出的特点。孟红梅对历史的书写始于散文，她的第一部长篇历史小说《雄鸡一声天下白》同样保持着散文化的特征，作品以优美的语言让读者触摸到了李贺凄丽的人生，感受到了诗人充盈的心灵。在历史小说被帝王将相长期霸占的情况下，程韬光、孟红梅不约而同地把目光放在了唐代几位伟大的诗人身上，显示出了难得的文化情怀，在当前的社会现实中具有十分重要的意义。

两位"80后"作家南飞雁和忻尚龙，一个占着"80头"，一个守着"80尾"。历史小说写作在南飞雁这里也许只是偶一为之，但《大瓷商》应被提及。这个描写豫商的作品本质上说显示的是对中原地域文化的关注和弘扬，同样彰显了作家的文化情怀，显示了一种很好的文化导向。同时，这部作品也是南飞雁创作转型的开始，某种意义上说为其此后的创作完成自我超越奠定了坚实的基础。同样是书写历史，忻尚龙走的则是完全不同的道路。他的《北魏的那一段惊弦》写作的兴奋点在于用凶悍的语言去撕裂现实，颠覆传统。

欧阳华创作有《华夏第一商》等历史题材的作品，除描写当下农村现实的《故道情》等作品外，她创作的重点在于人物传记，如《彭雪枫将军》、《上将张震》等。这种纪实性的写作与历史小说写作有着很大的不同，对丰富河南的历史题材创作大有助益。

此外，刘峰晖（庚新）等一批网络写手，创作了诸如《篡唐》、《宋时行》等网络历史小说。这些网络小说动辄数百上千万字，从写作模式到审美趣味与传统小说相比都有着巨大的差异，需要引起进一步重视。

坚持艺术探索

评论界过去一直存在中原作家群作品缺乏艺术创新的看法，我以为这实际是在当年形式探索中迷失方向后的一种误判。中原作家群的艺术探索，实际上一直与他们关注现实的维度紧密结合在一起，从而形成了厚重扎实的创作风格。今天的年轻一代中原作家也很好地继承了这一传统。

多数作家的写作通常都会在一个相对集中的题材领域内开掘，但计文君的写作则基本不受题材的局限，从《烟城危澜》、《飞在空中的红鲫鱼》到《水流向下》、《想给你的那座花园》、《天河》、《此岸芦苇》、《你我》、《开片》、《剔红》、《帅旦》等，可以看到她的作品涉及了各种各样的人物。同时，她的写作也不是把注意力完全放在形式探索上，而是把对意义的追求放在主要位置，暗流涌动中生命与命运的博弈是她关注的重点。也正因此，她的作品虽不靠故事驱动，但依然有着感人的力量，同时保持着思想和认识的深度。其实在这一点上，我以为中原作家群的这批年轻作家，确实是很好地继承了先辈的传统。比如尉然，在保持浓郁乡土风情的同时，明显带有魔幻现实主义色彩，《李大筐的脚和李小筐的爱情》、《菜园俱乐部》、《枪毙》、《屋顶上的风景》等都具有这样的特质。

南阳的两位青年作家舒航和蒙蒙，显然都受到了行者的影响，对形式探索一直保持着浓厚的兴趣，但同时也绝不脱离现实的背景。舒航创作有《一个少年与一条河》、《红鲤》、《远去的红气球》、《午夜间的一次奔逃》、《怀念传说中的一条黄鳝》、《朋友老金的最后一个夏天》、《新四军时期的爱情》、《村傻》等十余部中短篇小说。他的小说在细致入微的现实基础上展开，却颠覆了传统小说的写作方式。舒航小说的语言空灵飞扬，对现实的描写细腻真切，同时又有着天马行空的想象和超现实的叙说，并由此对人性有着深刻的揭示。蒙蒙的小说如《赁客》、《失控》、《跟他们搞》、《现场》等,描写的都是琐碎的生活小事,但在他细致入微的描写和连缀中,琐屑的日常生活显出了别样的新意。在冷峻的生活化表达中,让生命和存在的本质显露出来,从而显示出强烈的现代意识,是蒙蒙小说的主要特征。

陈宏伟的小说描写的主要是他熟悉的申城生活,他从对世态人情的通透走向对人性的深入理解,作品也因此更见从容、更有深度,《如影随形》、《突围》、《爱吃薄荷糖的女孩》、《看日出》等都是很好的作品。另一位信阳作家沈靖,则植根于现实,以传统的表达手段反映底层人物的生活。

尚攀可归入"90 后"作家的行列,创作有《并肩而行》、《好友买卖》、《假如爱有天意》、《韧韧的烦恼生活》、《供体》、《黑色曼陀罗》、《我与 L 大师的关系》等长中短篇小说,虽然数量不多,但已经可以明显看出作者自觉的文体意识和驾驭文字的能力。作为年轻的作家,尚攀仍然保持了中原作家关注现实的传统,其作品既有对现实细致的真实叙写,也有特殊视角的独特观察,还有荒诞变形的表现,但总体上反映了当下青年人的生存现实和精神现实。

这批签约作家中,孔会侠、孙青瑜是以从事评论的身份签约的。孔会侠注重在整体性背景下探讨文学实际,积极介入社会实际和文本实际,关注文坛热点,关注作家创作,带着独省的问题意识,辨析着作家和文学发展态势的可能,与一般的感性批评类的文章不同,她的文学批评是在经过了一段时间沉淀后的理性思考的结果。她重视文本细读,在文本解读的微观层面和学术研究的宏观把握两方面相互结合的前提下,她的文学批评细致敏锐地触及当下一线作家们创作的灵魂深处,获得一种文学"现场感",而且总能从当下文坛所存在的问题出发,在对个体作家作品的批评中发表对当代文学的深层问题富有启示的分析。孙青瑜注重用多重视角进行文本分析,其探索空间超出了文论范畴,为其以后发展提供了多种可能同时留下了更多的未知因素。在从事评论工作的同时,二人也都对小说创作表现出浓厚的兴趣,并有一些作品发表。

琳子是这批签约的诗人,她的作品表现出了对生命的深度关切,具有强烈的生命意识。扶桑、杜涯也是在全国有着相当影响的诗人。

秦湄毳主要从事散文创作，作品轻松明快、风趣幽默。

总体来说，作为中原作家群的新生力量，这批作家已显示出了各自的创作实力，使中原作家群的梯队保持着完整状态，为中原文学的持续繁荣奠定了坚实的基础。但相对而言，出类拔萃且个性鲜明的作家还相对较少，需要进一步加大培养扶持力度，使更多的作家脱颖而出，才能保证中原作家群的实力和影响得以进一步提升。

(《莽原》2014 年第 1 期)

中原作家群新论

中原作家群是一个以中原文化为背景的庞大创作群体,大致包括两类作家,一类是坚守在河南本土的作家,一类是生活、工作在外地的河南籍作家。就目前仍然活跃的作家来说,坚守在河南的有田中禾、二月河、李佩甫、郑彦英、张宇、邵丽、乔叶等,而北京等地发展的则有周大新、刘震云、刘庆邦、朱秀海、阎连科、柳建伟、李洱、梁鸿等,都在全国文坛有着相当的影响。在中国新文学发端后的三十多年时间里,即中国现代文学史上,浙江省曾涌现出鲁迅、茅盾、徐志摩、郁达夫、周作人等一大批文学巨匠,可以说浙江撑起了中国现代文学的半壁江山。而中国当代文学史,特别是新时期以来的中国文学,中原作家群的兴起与壮大差不多是一个可以和浙江作家群在现代文学史上崛起相提并论的重要文学现象,论活跃作家的数量、创作成就以及实力和影响,鲜有地域性创作群体能与之匹敌。

对于中原作家群的兴起,在直观的理解中,通常认为源于中原文化的博大深厚。的确,中原是华夏文明的重要发祥地,中华文化的核心在此形成并逐渐向外辐射。直到今天,当我们说到东北、北方、南方、西北、西南、岭南、塞外这些概念的时候,隐含的前提即对中原中心地位的肯定,其中不仅有地理意义上的认知,也有对中原政治、经济、文化中心地位的认同。然而,如果文化的源远流长就可以保证文学的繁荣的话,何以中原文学在南宋以后漫长的历史时期一直处于低潮呢?从政治历史的角度看,宋以后中央政权面临的主要矛盾转化为以农耕为主的汉民族与北方游牧民族的矛盾冲突,谁能解决好这对矛盾,就能够实现对中国的统治,于是政治中心向北偏移到农耕文明与游牧文明交界处的北京一带;而随着中原文化的传播,南方文明程度不断提高,并因较少经受战火和自然灾害而出现了经济文化的繁荣。于是,中原虽处于地理上的中心,在政治、经济、文化方面反倒从中心退居边缘。加之理学的兴起对文学的压制,中原渐成理学重镇而文学渐趋萧条。就文学自身的发展而言,这个时期俗文学兴起,戏剧、小说繁荣,而原本处于重要地位的诗文写作则在今天书写文学史时不再被重视。这些因素交织在一起,使我们今天去看待宋以后的中国文学史时,感觉中原文学处于低谷之中。

与宋以后政治、经济、文化中心的失去相伴随的,是自然灾害的频繁发生和战火的不断蹂躏。从宋金对峙开始,拉锯式展开的汉民族与游牧民族的政权争夺,中原每次都是主要战场,加上黄河的屡次泛滥改道,使苦难成为中原人最基本的人生体验。这种状况一直持续到20世纪上半叶。中原自古以来都是人口非常密集的地区,儒家文化特别是更深传统的长期浸润,使人们相互之间形成了一套微妙而复杂的伦理关系、人际关系;而战争的频繁发生,自然灾害导致的一次次逃难等,又使这里发生的一切有着丰富的故事性。像边关大漠这样的地区,人际关系相对简单,给人的感受通常相对直观而强烈,这就很容易让人产生诗情,比较适合以诗歌的形式进行表达。而中原这样文化传统深厚、人际关系复杂、故事丰富的地区,则为小说发育提供了肥沃的优质土壤。李敬泽2017年2月25号在接受河南日报"中原风会客厅"采访时谈到,河南作家在说起自己和身边人故事的时候,你会发现他们经常模糊了现实和虚构的界限,一次平常的聊天,他们都会讲得极富故事性、趣味性,他们是天生的小说家。李敬泽的话虽然带有些调侃的意味,但某种意义上确实揭示了河南小说繁荣的内在成因。

长期的苦难体验,长期的不屈抗争,使河南人形成了直面苦难、坚忍不拔的生存态度,同时又不可避免地形成了机智以及狡黠投机的性格。这使得河南人面对苦难时既有勇于正视、顽强不屈的一面,又有善于变通以求生生不息的一面。于是我们就看到了河南人特有的幽默和坚韧,他们敢于自嘲,甚至敢于自黑。据说很多讽刺河南人的段子实际上都出自河南人的创造。而这样一种能够直面苦难、笑对苦难、敢于自嘲的河南人,往往在土气的外表和略带自卑的心态下,有着一种内在的大气和厚重。

河南人的这种性格表现在作家的创作中,就是形成了关注现实、尊重历史、注重对价值和意义追求的基调,在题材上以对苦难的抗争和对造成这种苦难的中原文化的反思为基本内容,在表现上则以厚重而风格多样为基本特点。这样的创作特征从中国新文学发端一直延续到现在,像徐玉诺的《一只破鞋》、师陀的《果园城记》、姚雪垠的《长夜》到李凖的《黄河东流去》，张一弓的《远去的驿站》，乔典运的《无字》《满票》，田中禾的《匪首》，李佩甫的"平原三部曲"，张宇的《疼痛与抚摸》以及周大新的《湖光山色》、《第二十幕》，刘庆邦的《遍地月光》、《黄泥地》，阎连科的《日光流年》，刘震云的《一句顶一万句》等都是如此。这样的创作特点也延续到了更年轻一辈作家的身上，比如李洱，虽然以先锋写作的姿态步入文坛，在叙事探索上走得很远，但他的《花腔》、《石榴树上结樱桃》依然保持着对现实的关切和对价值与意义的追求。邵丽的"挂职"系列小说，乔叶的《拆楼记》、《认罪书》等同样表达的是对社会现实的关注。梁鸿则通过《中国在梁庄》、《出梁庄记》、《神圣家族》等反映了当下农村普遍的现实。

新时期以来，中原作家群一直保持着良好的创作态势，但创作并非不存在问题。特别是前些年，一些年轻作家在前辈作家巨大身影的笼罩下，失去了自我，以为重复李佩甫等作家的创作道路就可以取得成功。于是我们看到一批年轻作家的创作，仍然以农村现实为基本描写对象，但其写作无非是在重复前辈作家的经验，与当下全球化背景下的社会现实已有了很大的隔膜。这成为一些作家难以很快得到广泛认同的重要原因。但近几年来，这种局面有了很大的改善，一批年轻的作家在继承中原作家群优秀传统的同时，表现出了新的特点，逐渐开始引起社会的广泛关注。

2016年，河南省文学院根据当下一批中青年作家的创作状况，选取安庆、尉然、宫林、张运涛、赵文辉、李清源、陈宏伟、南飞雁（以出生年月为序）等八位小说家，对其作品进行集中研讨，并将其名为"中原八金刚"。参加会议的评论家陈福民、张燕玲、李国平等对其创作给予了较高的评价。当然，河南活跃的年轻作家不只这八位，比如专业作家赵大河、赵瑜等未包括在内，女作家未包括在内。

八位作家中，南飞雁是"80后"，但表现却相对成熟。他的写作主要以机关普通公务员为描写对象，表达他们面对复杂人际关系时微妙的内心体验和生存现实。虽然是"80后"作家，但南飞雁的创作与他同时代的作家有着很大区别，他的写作表现出了一种与其年龄不对应的成熟。南飞雁写作起步很早，他大学时代即以长篇写作步入文坛，并连续创作了多部作品。

但此后他及时调整节奏,放慢了脚步,开始扎扎实实进行中短篇小说的写作,量虽然不大,作品质量却有了极大的飞跃,开始真正被文坛认可。

相对于南飞雁的"少年老成",安庆要算"大器晚成"了。他早先以小小说写作起步,但引起广泛关注却是转入中短篇写作以后的事。他前几年的《加油站》,近年来的《扎民出门》等都是值得关注的作品。安庆是年轻一辈作家中少有的注重语言美感的作家,而且对社会现实的表现细腻独到,对人物内心的揭示深刻敏锐。

陈宏伟和李清源是近年来异军突起的两位年轻作家。仿佛是忽然之间,他们即以各自颇具才情的写作得到了广泛的认可。陈宏伟的写作主要表现的是豫南小城的普通人物,他以其对人情世故和人性的深刻体察,使看似普普通通的生活显示出不同寻常的意味。比如他获得第二届杜甫文学奖的《一次相聚》[1],即通过同学聚会这个司空见惯的题材,以对人物内心复杂性的生动描写,对人物外部言行与内心真实相扭曲的精准表达,呈现了当代人内心的焦灼、匮乏及隐秘的渴望,对人性的挖掘深入独特,结构布局精妙,人物感情真实饱满,显示了深厚的叙事潜力和超拔的文学才华。李清源的写作则更多的是对命运的探究和精神的探索。其获得第二届杜甫文学奖的作品《苏让的救赎》,在小人物物质、精神、情感,甚至命运的不可解脱的尴尬中,深味体察、倔强叩问生存逼仄的诸般源由,又以天真慈爱、温暖宽谅之心观照世人,寻求让人栖居身心之处所,表现出作者异乎寻常的冷静态度和敏锐直接切入社会人心深度地带的能力。

同样来自周口的尉然和宫林,都以写农村生活见长,但作品风格却大异其趣。尉然的作品带有一种反讽的意味,他在对生活夸张以至荒诞的表现中,对农村生活的现实和底层人的命运做出了有力的表达和深刻的揭示。而宫林的写作则更为质朴,他更多的是以正面强攻的姿态来真实表现农村生活的现实和生活在其中的形形色色人物的性格与心理。相对而言,宫林的写作更多带有河南前辈作家的表现特征。

张运涛的写作相对而言不那么拘泥于题材的限制。他的写作在两个方面表现得相对突出,一个是对当下现实的认识和表达相对真实而准确,

---

[1] 本文对几篇获第二届杜甫文学奖作品的评价使用了由本文作者最终定稿的该奖授奖词的一些说法。

一个是善于讲故事。这两个特点使张运涛的写作相对来说较为顺畅。也正因此,张运涛的写作不是那么着意于社会宽阔度的把握,更多的是对个体的深入把握。

赵文辉是一位浸淫小小说多年后来转入中短篇小说写作的作家。对农村现实的洞悉与表达是其小说写作的基调。第二届杜甫文学奖评选中,赵文辉以小小说集《苦水玫瑰》而获奖。虽说是小小说集,但其中短篇小说写作的内容与表现特点也大体如此。他的创作更多是基于对底层生活的洞悉而做出扎实的表达。赵文辉的写作非常朴实,但朴实其实也是一种力量,它常常能让一个个平凡的故事变得动人心扉,具有强烈的感染力和深刻的启示意义。

"中原八金刚"之外,赵大河这些年在从事电视剧、话剧等剧本创作的同时,写出了一批相当优秀的中短篇小说。就个人意识和表达能力来说,赵大河是相当突出的,从某种意义上说,20世纪80年代注重叙事的先锋文学精神在赵大河这里仍然有着鲜明的体现。第二届杜甫文学奖上,赵大河以短篇小说《浮生一日》获奖。《浮生一日》在想象性叙事中穿插对人物的现场寻访,在虚构与现实的交错中,通过冷峻利索的叙事展现了动荡时代中个体命运不可预测的悲剧性,揭示了个体生命和大时代之间看不见的关联,表现出对历史与个体命运间关系的智性理解,以及对叙事艺术的高度追求。

赵瑜的写作相对来说则显得更为轻巧。其表现特点是常常从日常生活细小的切口入手去表现当下人物的生存和心理状态。获得第二届杜甫文学奖的《我们的精神生活》就是这样一篇作品。作品值得称道的地方在于他对时代精神状况的揭示。

而女作家孙瑜更多以女性的视角关注生活,作品的表达相对轻盈。其获第二届杜甫文学奖的小说《危险时请敲碎玻璃》,通过丰盛而敏锐的直觉逼近生活中的人心本相,表现了当前高校知识分子紧张而难以言喻的种种压抑和无奈。视角独特、构思巧妙,是孙瑜写作的特点。

此外,更年轻的作家如张艳庭、尚攀、智啊威、墨柳等也都开始显露出各自在小说创作方面的才华。

长篇小说这些年在河南各地都不断有新作问世。专业作家的创作之外,历史小说依然在河南长篇小说创作中占有较大比重。其中程韬光以其对李白、杜甫、白居易、刘禹锡等著名诗人的持续书写而引起关注。现实题材的长篇小说也有很多,但总体而言,能在全国产生广泛影响的年轻作家还为数不多。

河南是小小说创作的重镇,拥有一支庞大的小小说创作队伍。近年来,张晓林以其笔记小说创作引起关注。其描写宋代书法家群体的《书法菩提》荣获第二届杜甫文学奖,作品通过对宋代书法家群体的全面描写,生动、鲜活地塑造了一系列立体、成长的人物形象,在还原宋代历史场景的同时,揭示了至今不变而又复杂微妙的人性,表现出历史的厚度和文化的韵味。作品继承中国笔记小说的精神气质,使笔记小说在现代背景下重新表现出巨大的活力。《书法菩提》之后,张晓林又创作了《夷门民国书法人物》系列。

河南的散文写作这些年也相当活跃。除王剑冰等专业散文作家之外,不少小说家、诗人、评论家也不断有散文佳作问世。更可喜的是,近年来,河南有一批年轻的散文写作者崭露头角。第二届杜甫文学奖,散文类获奖的就是三位以前很少被大家关注到的写作者。阿慧的《羊来羊去》通过对乡村种种不同场景及其中人和事的扎实描写,表现了乡村文化朴实而有温度的真实,人与物之间不分彼此共同生活着的欢乐与痛楚,在字里行间中流溢出作者的心境身影,使作品氤氲出一种沁人心脾的气韵和感人的力量。韩晓民的《民间记忆》以真正民间记忆的方式记录了正在延续也正在消亡着的中国农耕文明背景下的乡俗生活,表现了中原农村民间文化的原始面貌和普通生灵的淳朴状态,显示出作者扎实的写作功底和厚实的生活积累。叶灵的《秦淮水骨》通过对一些历史文化片段带有生命感受和当下印迹的描写,散发着女性特有的人性温度,是历史文化个案面前个体的心灵回声,显示出一种宏阔悠远之美和与历史文化对话的乐趣。而纪实类获奖作品,如陈峻峰的《闽南纪行》、青青的《落红记》等其实也可以归入大散文的范畴。《闽南纪行》以当今中原文人的视野来考察祖辈南迁的历史及其对于闽南文化生态形成带来的影响,并关注了在大地上繁衍生息的仍然在迁徙之中的人群，表现了作者阔大的胸怀、气度以及重新面对历史和传统时的智慧与勇气。《落红记》基于个人视角审视萧红这位富于传奇色彩的知识女性，对其一生的考察蕴含着对于近百年来女性命运的思索。作品生动、细腻，将传统和现代融合起来，成为民族文化现代进程中的一面镜子，闪现着映照未来的精神之光。此外，值得关注的还有胡亚才的《水的血脉》，作品通过对家乡风土人情的书写，表现出一种浸润于血脉中的精神追求。而河南众多散文作家中，最值得关注的是冯杰，这位诗书画俱佳的写作者，对一花一草一食一物的信手书写，使作品充盈着盎然的诗意和别样的意味，很可欣赏把玩。

河南的诗歌创作形成了郑州、信阳、平顶山、周口、开封等多个群体。在河南的众多诗人中，蓝蓝之后，扶桑表现得非常突出，她更多通过日常的生活意象书写个人的内心生活，作品具有相当高的艺术成就。而第二届杜甫文学奖获奖的三部诗集，高金光的《人间呼吸》以本色而深切的笔触，写南水北调中线移民在被拔根的过程中那种撕心裂肺的感受，通过对临终母亲在故土和新土之间催人泪下的两难表达，表现了作者移民之子的诚挚情感，最终完成了对于时代生活深处个体命运无愧于故土和历史的表达。温青的《天堂云》从宏大的时空观中看待灾难，在极端情境中表达对世界万物的温煦理解，是对于灾难的肃穆和神性表达，具有明亮、温暖、向上的品格和神性、诗性的灵光，是一部厚重的心灵之作。吴元成的《花木状》以诗人的敏感、植物学家的认真，对北方常见的各种花木完成了带着诗人独特的生命记忆与体温的诗性表达，使常见的花木在诗人灵动、闪回、机智的笔端，呈现出新的姿容和意味，表现出诗人对自然、人文和时代生活深入而独到的思考。

儿童文学方面，孟宪明以其《念书的孩子》、《青石臼》、《花儿与歌声》持续书写着农村儿童，引起了广泛关注。肖定丽也屡有佳作问世，同时，周志勇、潘红亮、韩宏蓓、原草等也开始引起关注。

特别需要提起的是网络文学。网络文学这里主要是指网络类型小说写作，目前我省的庚新、度寒、高阳、苏迷凉、九哼、豫西山人等都相当活跃。但相对而言，与浙江、江苏、上海等地相比，我省网络作家中的大神级写作者还相当少。

　　还有一个可喜的现象是，文学评论在多年相对沉寂之后，近年来重新开始活跃起来。河南省文学院与信阳师范学院、郑州师范学院合作，开展了一系列主要针对中原作家群的文学批评和研究活动，成效显著，河南大学、郑州大学等一批高校年轻老师的加入，使河南的文学评论出现了新的气象。

　　作为一个有着辉煌历史的创作群体，中原作家群在不同的时代贡献出了不同的优秀作品。在今天这么一个以文化的繁荣促进中华民族伟大复兴的时代，中原作家群理应创作出更多优秀的作品，使中原作家群保持其持久的辉煌和荣耀。以这个标准衡量，中原作家群依然任重而道远。

　　　　　　　　　　　　　　　（《殷都学刊》2017年第1期）

坚忍的探索者和深刻的思想者

李佩甫的创作是与中国新时期文学一同起步并延续至今的,在三十多年的时间里,每个时期他都有重要的作品问世并产生一定的影响。但是,由于各种各样的原因,李佩甫一次次与中国的顶级文学大奖失之交臂,也一直没有得到与其文学成就相当的重视与评价。全面考察李佩甫的创作历程,认真解读李佩甫的文学作品,会使我们对李佩甫的创作有更深入的认识和更正确的评价。我相信,随着时间的推移,李佩甫作品的价值终会得到正确认识,并在文学史上占据其应有的地位。

李佩甫不是天才型的作家。那些才华横溢的天才型作家随便拿个故事都能讲得津津有味,而且常常是形式感极强,使人惊艳。李佩甫的成功是通过一天天、一年年的坚持,在不断思考和探索中苦修得来的。面对不断变化的社会生活,李佩甫没有像很多天才型作家那样,回避社会生活的复杂性和疑难点,着意通过新颖的表现形式、出人意料的视角或惊心动魄的故事情节吸引读者,他一直坚持以正面强攻的姿态面对社会生活并努力做出有深度的艺术表达。李佩甫有散步的习惯,每天晚饭后,他都会一个人在大街或小巷中长时间地散步,这差不多是他在写作之余唯一的锻炼方式,而这段时间也是他集中思考的时间。在回答《中华读书报》记者舒晋瑜的提问时,李佩甫曾这样描述他的散步习惯:"很多个晚上,我穿越大街小巷,像狼一样在各个街头徘徊,想写好作品,想找好素材,想找好方向,这种状态持续了很多年。"[1]一年年日积月累,他对中国社会的变迁、对人性、对命运等问题都有了自己独特的认识,对小说这种文体的表现特征也有了自己独特的认识。我想,也正是这样一种对文学的执着、对艺术的坚守、对社会的思索,才成就了李佩甫,才使他的作品有了难得的厚重与深刻。

---

[1] 舒晋瑜:《李佩甫:上网写字不能叫创作》,《中华读书报》2012年4月25日第18版。

全面记录时代经验

小说是时代经验的记录。当然,所谓时代经验需要通过处于时代变迁中的个人经验进行表达。在很多评论家的笔下,李佩甫通常被归入乡土作家的行列。实际上,在三十余年的写作历程中,李佩甫作品所涉及的范围涵盖了从20世纪50年代到当下、从农村到城市、从田间地头到工厂兵营、从底层小民到政界高层、从一般工人到商界精英、从贫困穷人到资本大鳄等各种人物、各个方面,可以说相当全面地记录了中华人民共和国成立以来各个时期的经验。

李佩甫的创作始于20世纪70年代中后期,目前所知他最早的作品发表于1978年第1期的《奔流》,这一年,他共发表了《青年建设者》、《谢谢老师们》、《在大干的岁月里》等3篇短篇小说。他也因此从工厂调入市文化局开始从事专业创作。但李佩甫真正显示出文学创作上的才华是在他1986年发表中篇小说《红蚂蚱 绿蚂蚱》之后。在紧接着的1987年,他在《小说家》发表了长篇小说《李氏家族第十七代玄孙》[1]。1990年发表中篇小说《无边无际的早晨》、《画匠王》,1992年发表中篇小说《豌豆偷树》。此后,他尽管也创作了不少曾引起一定反响的中短篇小说,如1996年发表于《青年文学》并被《新华文摘》转载的《学习微笑》以及当时以中篇发表后来被补充进《李氏家族》的《败节草》等,但他主要的创作精力开始转向长篇,先后创作了《金屋》、《城市白皮书》、《底色》[2]、《羊的门》、《申凤梅》、《城的灯》、《等等灵魂》、《生命册》等长篇小说及《颍河故事》、《难忘岁月——红旗渠故事》、《红旗渠的儿女们》等电视连续剧本。

1978年,李佩甫发表《青年建设者》等作品时,还是一名普通的工厂工人。此时尚是改革开放的前夜,尽管批判"文革"各种错误的思想开始积聚发酵,但文学创作基本沿袭着"十七年"以至"文革"期间形成的模式向前滑

---

[1]《李氏家族第十七代玄孙》单行本于1999年由百花文艺出版社出版,改名为《李氏家族》;长江文艺出版社2001年6月也出版了同名版本,把其中篇小说《败节草》的内容作为一条线加进了其中。

[2]《底色》是根据其描写工人生活的电视剧《平平常常的故事》改写而成的长篇小说,1997年由河南文艺出版社出版。

行。李佩甫此时的创作关注的是他身边的普通工人、老师，作品回荡的自然是对这些普通劳动者歌颂的旋律。其实，此一时期和李佩甫一样开始创作的作家还有不少，他们的创作无论在思想上还是在艺术上也都处于大致相当的水平。后来，不少人转而从事了其他行当，而李佩甫则执着地坚持下来，并在不断的探索中取得了越来越大的成就。

20世纪70年代后期的创作，对李佩甫来说最重要的意义在于，凭借这几篇小说，他得以离开工厂，先是在许昌文化局，后来又调到河南省文联，从事专业的文学工作和创作。在1985年发表《车上没有座位》前，李佩甫创作并发表了《小小老百姓》、《有这样一个厂长》、《夜长长》、《憨哥儿》、《二怪的画》、《多犁了一沟田》、《我们锻工班》、《十辈陈轶事》、《小城书束》、《青春螺旋线》、《蛐蛐》、《森林》等作品。从这个作品名单可以看出，他此阶段的创作除表现工人生活的作品外，也有一些描写农村生活的作品，但比例很小。应该说，此一时期他基本处于摸索阶段。在20世纪80年代思想解放和西方文艺思潮的影响下，李佩甫的创作渐渐走向自觉，开始形成自己的风格。在经过一个时期的摸索，到1985年以后，李佩甫开始把目光聚焦在了"平原"。"1985年是他极其困惑的一年，他感到随'流'写作的没底，后来他找到了他的大平原，他说：'找到了那平原，我就不害怕了。'"[1]于是，李佩甫迎来了他的第一个创作高峰。

1985年，李佩甫发表了《小小吉兆村》，这是他有意识书写平原的开始。1986年1月，中篇小说《红蚂蚱 绿蚂蚱》于《莽原》发表，这篇以表现乡村中人性真善美为主要内容的作品，写得清新质朴，是一曲对平原大地的悠扬颂歌，成为李佩甫早期创作的代表作。

1986年，李佩甫的第一部长篇小说《李氏家族第十七代玄孙》在《小说家》第5期发表。受当时寻根文学思潮的影响，这部作品把笔触伸向了平原乡村遥远的过去，着力通过一个家族的变迁，描写几代人不同的命运，特别是在商业大潮的冲击下，金钱和权力对数百年乡村伦理、文化的改变。

1988年，他的第二部长篇小说《金屋》在《当代作家》第6期发表。在

---

[1] 刘海燕：《来自平原的声音——李佩甫论》，见《莽原》2005年第5期，收入《理智之年的叙事》，作家出版社2007年版。

这部作品中,扁担杨村外出打工的杨如意回村后,在村头建起了一座现代化的小洋楼,"它像怪物一样竖在人们眼前,躲是躲不过的,只要有阳光的地方就能看到它,它简直把一个村子的光线都收去了"[1]。这座"金屋"作为一个象征,成为平原大地的异数,代表着商业社会对农业社会的冲击。

1989年,李佩甫的《送你一朵苦楝花》在《莽原》第3期发表;1990年第1期《北京文学》发表了他的《无边无际的早晨》,同年他还有《黑蜻蜓》、《画匠王》、《村魂》3个中篇发表;1991年,《小说家》第2期发表了他的《田园》;1992年,《长城》第4期发表了他的《豌豆偷树》。此外,他创作的同类作品还有《乡村蒙太奇》、《满城荷花》、《红炕席》、《带锯痕的树桩》、《天眼》等,至此,他关于平原农村的中短篇小说创作基本告一段落,除了1998年应《十月》之邀创作并于第5期发表的《败节草》。这些作品描写的基本都是变革时期中国农村社会的现实,以感恩的姿态表达对于土地的热爱,是李佩甫此一时期作品的基调,也正因此,作品时时显露出对于冲击乡村文化与传统的金钱与权力的批判锋芒,并有了厚重的底气和深沉的意蕴。而此一时期李佩甫着墨最多的正是处于城市与乡村、现代与传统挤压中的人物,作者带着深刻的理解与深沉的爱描写他们在变革时期的生存状况与奋斗历程,揭示在时代变迁中人们的挣扎与无奈,这些人物也因此被塑造得立体、圆满、鲜活、生动。

可能正是因为李佩甫对土地的这份情感、对农村生活的细致表现,很多人都把他看成一个出身农民并主要写农村题材作品的作家。实际上,李佩甫出生在一个工人家庭,在经历了几年短暂的知青生活后就进厂当了工人。写农村题材的作品也并非他着意的选择。他说:"许多年来,在我的创作意识里是没有题材概念的,我只是在回忆中写作,在写作中回忆。这是一个缓慢的认知过程,不是要翻题材的'山',而是在掘生活的'井'。平原,我是指记忆中的'平原',一直是我创作中需要一次次重新认知的'大地',是我创作的源泉。"[2]所以,李佩甫着意选择的并不是农村,而是"平原",是"平原"上生长的一切,包括传统的农业形态,也包括它的现代化、城市化

---

[1] 李佩甫:《金屋》,《当代作家》1988年第6期;单行本由长江文艺出版社2000年出版。
[2] 舒晋瑜:《李佩甫:上网写字不能叫创作》,《中华读书报》2012年4月25日第18版。

进程,当然从根本上说是这片土地上形形色色的人的生存与生长,包括其中不少人各种各样的逃离和回归。正因如此,李佩甫作品的表现范围得以大大拓宽。

1995年由人民文学出版社出版的《城市白皮书》在李佩甫的整个创作中是显得相对突兀的一部作品。在创作了大量表现农村生活的作品并以此获得广泛关注之后,李佩甫把目光转向了城市。这部几乎完全描写城市生活的作品,选取家庭这个社会细胞,主要写出了李佩甫对城市的内在感受,着重表现了在现代化进程中城市面临的各种问题及对人们内心的影响。这是李佩甫全面关注并处理城市经验的第一部重要作品。

在此之后,李佩甫重新回到他的"平原"。《中国作家》1999年第4期以"特别推荐"方式全文刊出随后由华夏出版社出版的《羊的门》,这是他对这片土地及土地上生长的植物和像植物一样生长的人的最深刻、最具价值的书写。根据李佩甫在《羊的门》扉页上用《新约全书·约翰福音》的一段话给这部作品做的题记[1],我们可以这样理解:"羊"就是作品所描写的广大民众,或者说"人民",也就是芸芸众生;而"羊的门"就是"耶稣",在《羊的门》中,"羊的门"可以说就是呼天成,或者说呼天成自认为自己就是"羊的门"。正因此,我们从呼家堡这个小小的村子中看到了整个中国和它的历史。呼天成仅仅是一个村子的首脑,而我们从他的身上看到的却是带着农民意识和中国传统君权思想的一些领导人的影子。这部作品也因此显得更具穿透力和包容性。对于这部塑造了一个"国中之国"呼家堡和一个"东方教父"呼天成的作品,李洁非称其"是一部改变了五十年来中国乡土文学面貌的作品,一部前所未有地演绎和再现了'封建集权主义'的特质的作品,一部对于当代中国史有着百科全书式的意义的作品。"[2]

2003年,《城的灯》由长江文艺出版社出版。此时,李佩甫已经确定了创作"平原三部曲"的想法,《羊的门》、《城的灯》是其前两部。与《羊的门》相比,《城的灯》表现的生活面显然更为开阔,它在一个更为宏大的视野里

---

[1] 《羊的门》引自《新约全书》的题记是:"……耶稣对他们说,我实实在在地告诉你们,我就是羊的门。我就是门。凡从我进来的,必然得救,并且出入得草吃。盗贼来,无非要偷盗、杀害、毁坏。我来了,是要叫羊得生命,并且得的更丰盛。"

[2] 语见李佩甫《羊的门》封四,华夏出版社1999年版。

描写了农民由农村走向城市的精神史,很好地把握了大的社会趋势。同时在这部作品中,李佩甫用很大篇幅写了他此前作品从未涉及的部队生活,而且写得真实而生动,使其作品表现范围进一步拓宽。在与周百义的对话中,李佩甫谈到了《城的灯》相对《羊的门》的拓展,他说:"就《城的灯》这部小说来说,它的不同,首先在于'城'的出现,'城'的诱惑。写的是'逃离'和'建设'。如果将《城的灯》与《羊的门》相比较的话,前一部是客观,而后一部更多的是主观;前一部诉说土地的沉重,后一部则是'植物'(人)的精神成长史。"[1]

在大家都以为李佩甫会一鼓作气完成"平原三部曲"第三部作品的时候,李佩甫转身将目光对准城市,创作了《等等灵魂》,于 2007 年 1 月由花城出版社出版。这部小说将整体背景转移到了现代都市,整个故事基本围绕商战来写。小说在现代背景下,围绕商业竞争这个金钱、权力角逐的主战场,深入描写了人性的挣扎、畸变和追求,并发出了召唤灵魂回归的深情呼声。单从作品的表现范围而言,这无疑是李佩甫作品题材范围的又一次拓展。

到 2012 年,李佩甫终于完成了他"平原三部曲"的收官之作《生命册》,作品在《人民文学》发表并由作家出版社出版。《生命册》是快速转型的中国当下经济文化社会的真实写照,作品的表现范围更是有了极大的拓展。小说以一半篇幅描写了以普通的中原村庄无梁村为代表的中国农村自五十年代大集体、三年自然灾害、"文革"以及改革开放至今城市化进程日益加快的发展变迁,全面描述了乡土中国几十年来的变化。作品的另一半篇幅以作品主人公吴志鹏在城市的生活、工作经历,对改革开放以来中国城市的发展变化进行了全方位的展现。作品通过吴志鹏这个从农村走出来的知识分子的经历,对知识分子、文化人在商品经济大潮中的沉浮做了准确的描写;通过吴志鹏与骆驼的合作,对国企转制、实体经济的发展、资本经济的运作以及官、商、媒体、金融等各个方面的相互关系等有着很好的表现;通过与吴志鹏各种各样的关联,描写了如传销、官二代、艺术家、上访户等各种各样的社会现象和人物形态。作品把两位主人公的活动背景放在

---

[1] 周百义:《李佩甫:我一直在研究"土壤"》,《中国文化报》2003 年 3 月 20 日第 3 版。

这几个当下中国最为现代化的城市,更好地表现了与乡土中国相对的另一面。当然,作品也有对二三线城市以至县城的描写。如此一来,当今中国社会的各个层面在作品中就有了非常全面的表现。不唯如此,《生命册》不仅对中国传统农业经济的社会形态、文化形态、大众心理有着全面的反映,对自改革开放以来中国的现代化进程及现代经济运转的社会形态、文化形态、大众心理同样有着深刻的反映,同时对大众心理以至人性有着深刻的揭示。这部作品对整个平原各种风土人情、地理环境及各色人等的生动描写,对都市芸芸众生相的精彩描摹,使之成为一部描绘当代社会生活的百科全书式文学作品。因此,称《生命册》为当代中国社会的全息画卷可以说毫不夸张,堪称迄今为止全面、准确、深入反映当代中国社会变迁的最好的作品,就反映当代中国社会生活的广阔度而言,少有作品可与之比肩。

由此我们可以看到,李佩甫作品的表现范围几乎涉及新中国成立以来社会生活的各个方面,对中国半个多世纪的时代变迁做了真实的记录和精彩的表达。实际上,李佩甫还有不少优秀作品未被纳入他的创作谱系进行研究,比如描写下岗工人的中篇小说《学习微笑》、描写国企改革的电影剧本《挺立潮头》、描写由旧艺人成长为戏曲表演艺术家的长篇小说《申凤梅》等,把这些作品纳入研究范围,就会看到,李佩甫作品表现范围之广在当代作家中应该说是很少有人可以企及的。

深入思考时代变迁

小说作为个人经验、时代经验的记录,当然不仅仅是讲好某种时代背景下一个或一系列故事那么简单。好的小说应该是在故事的讲述中,通过构成这个故事的一系列事件,表达出个人经验、时代经验的复杂性;同时,要通过这一系列事件内在的因果关系,使读者对这种经验有所体悟,亦即为这种经验赋予解释,这种解释就是作品内在的思想性,就是作者的历史观、价值观。

通读李佩甫三十多年来创作的一系列作品,可以清楚地看到,他确实是一个不倦思考并使自己对社会的认识不断深化、思想一步步深刻的作家。应该说,李佩甫对中国社会变迁和人物命运的思考已经达到了相当的高度。他因对国民性格、国民精神的深入剖析,某种意义上堪称继承鲁迅精神最好的作家。

李佩甫早期的创作,包括多部中篇和几部长篇,侧重于描写变革中的乡村现实,此时,作品的基调是对土地的挚爱。也正因此,此时的作品描写了农民的纯真、善良与美好,表达了对于改变乡土传统的商业与金钱的拒绝与批判。他的第二部长篇小说《金屋》集中表现了他在此时期的思想观念,对金钱对人性的伤害、对物质主义的泛滥进行了有力的批判。这种批判精神在此后的创作中也一直得到延续,以至于后来的很多文章都把李佩甫称为"批判现实主义"作家。

1995年,李佩甫把目光转向城市,创作了《城市白皮书》。这部写城市的作品,通过揭示家庭这个细胞的病变,透视了几十年来社会变化的历史,其中依然隐藏着李佩甫对土地深深的眷顾,因而他把城市看作一个病态的社会,始终秉持着坚决的拒绝和批判态度。从某种意义上说,《城市白皮书》还带有某种站在农业文明的立场上批判城市文明的意味。但在坚决批判城市病态的同时,作品并没有表现出末世的悲观或绝望,作品最后给孩子施洗这个情节,清楚地显示出李佩甫用精神追求、灵魂来拯救社会的意图。在以后的创作中,这一点得到不断发挥,堕落与救赎成为他中期创作的一个基本主题。

《城市白皮书》之后,李佩甫重新把目光转回"平原",创作了使其获得广泛声誉的代表作《羊的门》。与之前的作品不同,《羊的门》对于土地及生活在这片土地上的人民,不再一味地唱赞歌,而是进行了深刻的反思。《羊的门》写出了一个"国中之国",塑造了一个"东方教父"的形象。但《羊的门》虽然主要写的是作为"教父"或救世主的"门",更关注的却是其治下百姓的"羊",向读者充分展示的是"羊"赖以生存的土地。不只是在李佩甫这里,在中国新文学的整个作品谱系中,"人民"总是勤劳、善良而伟大的,而那些凌驾于"人民"之上的特殊人物以种种恶劣的方式对"人民"进行奴役、剥削和压迫,因此对这些特权人物必须予以批判。《羊的门》让我们看到,问题的出现其实与"羊"自身的问题直接相关,有必要对"羊"本身、对"羊"

生存的土地——问题产生的历史根源和现实基础进行深刻的反思。正是在这个意义上,这部小说才显得更为厚重。因此,《羊的门》具有一种前所未有的穿透力和巨大的包容性。这部作品在展现"门"、"羊"及其生长的"土地"的过程中,穿透、超越了对具体事件的描绘,直接深入绵延数千年的中国传统文化的根源和现实的政治基础中,具有很强的思想性。

作为"平原三部曲"的第二部作品,《城的灯》没有获得像第一部《羊的门》那样的广泛赞誉,但这部作品在中国新文学史上是具有突破意义的。在中国新文学特别是革命文学的发展史上,贫穷一直作为光荣的象征被赋予正面的意义,而《城的灯》则审视了贫穷的负面、阴暗面,对贫穷的毒与恶进行了深入拷问,表达了"贫穷产生罪恶"这样一种社会思考。以前,我们总是把乡土、田园视作理想的生存环境,甚至是精神家园。但长期以来农村的社会现实告诉我们事实并非如此。李佩甫的作品,特别是《羊的门》和《城的灯》有一个共同的主题,就是深入剖析土地与人的关系,他把这比喻为土壤与植物的关系。《城的灯》中老梅关于"树",特别是盆景的一段论述,讲的其实就是环境对人性的扭曲。通过作品我们看到,所谓"田园牧歌"只不过是文人的幻想。长期以来,农村自然的、政治的、经济的、文化的种种因素及其所造成的持续的贫穷,对人性是一种极大的戕害,使人性被扭曲,自私、冷漠甚至残忍成为一种普遍现象。当今农村的现实环境,特别是贫穷对人性的摧残,很容易使人性中恶的一面表现出来。所以,目前绝大多数农民其实都有一种逃离的心态,甚至不惜为此付出巨大的代价。对于冯家昌逃离过程中表现出的无情、自私、放弃人格等,甚至不能称之为恶,而只能说是一种现实的生存技巧和手段。《城的灯》用大量的篇幅讲述的就是冯家昌及其周围许多人逃离的故事,它触及了当今中国社会城乡二元对立的现实,并对此做了很好的表达。更可贵的是,在《城市白皮书》中那个已经出现的拯救主题在此清晰地被呈现了出来,成为这部作品的一个重要特点。因此,《城的灯》在"逃离"之外其实有一个更重要的主题:"回归"。冯家昌等人拼命逃离的结果是进入了城市,但现实的城市并非人间净土,与农村相比它一样充满了罪恶。那么人世间是否存在一方净土,或者说精神家园在哪里呢?《城的灯》通过刘汉香这个人物向我们讲述的是一个寻找并回归精神家园的故事。而且相对来说,"回归"是《城的灯》的根本主题。《城的灯》的内在结构可以和《圣经》相比,它们都是关于逃离与回归的故事,都是关于受难、拯救与复活的故事。在上梁村,刘汉香可以说出身高贵,她的受难完全是自觉的。而刘汉香得知被冯家昌抛弃,进城而后返回的经历,其实是一次精神上的死而复生。然后,刘汉香自觉承担起了拯救者的责任,并成为一名殉道者。所以,刘汉香就是基督的现代化身,就是"城的灯",照亮了人们回归精神之城的道路。这样具有宗教情怀的作品,在当今中国的社会现实中,很有现实意义。

　　《城的灯》之后,李佩甫暂停了"平原三部曲"的写作,完成了描写商战的作品《等等灵魂》。应该说,在此之前,李佩甫的作品在人性的描写上已经非常深入了,他总是努力把人物的性格往极致上推,他对生活在中原文化背景下的人的精神和性格的揭示已经达到了无人能出其右的境界。《等等灵魂》写的是一个商业帝国的建立和坍塌,但延续的依然是"堕落"和"救赎"的主题。李佩甫多次表述过这样的看法,当人们从物质的匮乏中走出之后,精神问题就显得更加突出,社会上会有越来越多的人患精神疾病。所以,他的小说要关注人精神上的失落,要写人的精神成长史,他提供给读者的就是这样一部"精神病相报告"。李佩甫此前的两部主要作品——《羊的门》和《城的灯》——名字就来自于基督教的《圣经》[1],这表明他这一时期的创作明显有一种宗教情怀作为支撑。所谓宗教情怀并非对于某种特定宗教的笃信,它只是表明,作家在有意识地追问人的存在的终极问题,关注的是人的精神问题,对人的终极关切成为他关心的重点。在《等等灵魂》中,我们看到,不只是任秋风、苗青青、江雪、邹志刚、老刀、胡梅花、胡跃进,以及郭老大、老千、薛行长等,都在贪婪地追求着权、钱、色,都处在"从本质向生存转化"的"堕落"过程中。从这个角度说,尽管李佩甫一次次写到与权力相关的故事,但真正让他感兴趣的并非权力本身,而是人何以会如此追逐权力,人性中何以因此生长出恶的东西。李佩甫也没有就此止步,他在努力寻找一条救赎之路。作品中,上官和小陶就提供了对抗"堕落"的道

---

[1]《城的灯》的名字来自《新约全书》的一段话:"那城内不用日月光照,因有神的荣耀光照,又有羔羊为城的灯……"

路，那就是"信"。从这个意义上讲，《等等灵魂》是李佩甫思想上更趋成熟的一部作品。在《城市白皮书》中，他更多还是站在农业文明的立场上以审视和批判的眼光看待城市，因而看到的都是负面的东西，所以才有"城市病了"这样先验的结论。在《羊的门》中，他通过一个村子，向我们展示了"羊"——芸芸大众和"门"——统治者及其生长的土地，促使我们对问题产生的历史根源和现实基础进行深刻的反思。这两部作品更多体现的是作者的社会批判意识。与《羊的门》相比，《城的灯》有一个突破，就是作者开始努力寻找出路，让刘汉香以自身的牺牲化身为"城的灯"，照亮人们回归精神之城的道路。但《城的灯》的下半部，可能主要是在这样的宗教情怀的支配下完成的，在现实生活中，作者其实并没有找到一条解决问题的出路，所以显得不够扎实，现实感不足，多少显得有些飘。而《等等灵魂》在这一方面就做得非常成功，它在看透了人性的弱点、人类生存处境的无奈之后，仍然以美好善良的情怀包容世界，并力求以自身的绵薄之力努力改变世界、消除人性中丑恶的东西。不像刘汉香那样具有宗教殉道的意味，小陶和上官尽管也像刘汉香一样"信"，但她们选择的是从实实在在的小事做起，开个花店，把美好的东西带给人间，开个书店或到山区支教，以文化民，遏制人性中恶的充分发育。应该说，如何对抗人性的弱点，如何消除人性的丑恶，如何使世界更为和谐美好，《等等灵魂》提供的是一条更为现实的出路，它使我们在无神的年代，依然能"信"，能从身边具体的事物中发现生存的意义，能够在内心有种坚定的力量去对抗堕落、留住灵魂。回顾李佩甫的创作，可以看到，自《城的灯》以后，其作品越来越让人感到温暖，让我们在人性的黑暗中看到了光明的生长，在对人类存在处境无奈的绝望中看到了希望的孕育，显示出了一种博大、宽容的情怀以及善良、美好的愿望。

在此之后，李佩甫终于推出了"平原三部曲"的压卷之作《生命册》。其中，吴志鹏这个"背着土地"在都市行走的知识分子，不仅是自 20 世纪 50 年代以来五十多年社会生活的亲历者、观察者，同时也是一个深入的反省者、追问者。也正因此，《生命册》不仅是五十多年中国广阔社会现实的真实写照，更是由乡村进入城市的一代知识分子的心灵史，是国民精神的透视图谱。吴志鹏吃百家奶、百家饭在农村长大然后通过读书走进城市成为一个现代知识分子和成功商人的成长经历,正是当今中国迅速城市化的社会现实的一种隐喻,李佩甫对平原的持续书写因此显示出了重要的意义。"平原三部曲"的基本主题是土壤和植物,即在一定文化土壤和社会环境中人的生存状态及生长可能。《羊的门》描写的是一个"东方教父"的成长,重要的是,这部作品重在探究封建集权形成的土壤,对"人民"进行了深入的反思,因而又被称为"人民批判书"。《城的灯》则重在探究生长的方向,作者以浓重的理想主义色彩塑造了一个"圣母"式的人物刘汉香,以图帮助我们找到回归精神之城的道路。这部作品改变了过住"金钱是万恶之源"的庸常思维,对贫穷,特别是精神贫穷,进行了深刻反思,揭示了贫穷对人性成长的巨大伤害,可以说是一部"贫穷批判书"。《生命册》则更为宽阔、更为本真、更为质朴,它更贴近我们的生活经验和现实的生存环境,它对如何过上理想化的生活的思索与追问与每个人的内在精神追求高度吻合。

堕落与救赎或受难与拯救一直是李佩甫小说创作的重要主题,也是基本的内在结构方式。到《城的灯》,作者将这个主题与这种结构方式推向了极致。但这样的方式无论在现实中还是写作中都遇到了极大的困难,以至于刘汉香只能走向死亡成为一个"殉道者",而刘汉香这个理想人物形象也多多少少显得有些虚幻。《生命册》则重新回到坚实的土地上,走进了真正属于中国人的内心世界当中,努力从中国现实的土壤中,从中国人现实的生活经验中,探究人类追求理想生活过程中的建设与破坏,寻找"让筷子竖起来"的方法。《生命册》较之前两部书名的改变,其实表明李佩甫放弃了过去的思维方式和结构方式,转而以中国化的方式来理解时代和人生、探究人的可能性和命运的奥秘。因此,《生命册》可以说是李佩甫为中国最近五十多年来时代与人生撰写的新《易传》,传达了作者对时代变迁中众生命运、人生秘局的参悟心得。

描写在某种文化土壤中人的生长,一直是李佩甫创作的一个重要着力点。《羊的门》关注的是权力文化,描写了集权人物在特定环境中的生长;《城的灯》关注的是人性,揭示的是贫穷对人性的伤害;《生命册》关注的是"土壤",揭示的是人性的丰富性、复杂性与可能性。总体来说,李佩甫的这些作品,剖析了自20世纪50年代以来在广袤的中原土地上、在政治斗争的漩涡中、在喧哗与骚动的都市中奔走的各色人等的灵魂状态。《生命册》在以浓墨描绘时代变革中知识分子的生存现实与灵魂状况的同时,把笔触伸向普通群众,不仅通过共同养育孤儿等细节写出了他们的纯朴与善良,更通过他们对待梁五方、虫嫂等人的行为写出了普通人的恶,揭示了人性中幽暗的一面。这种普通人的恶、平庸的恶的存在,使新的极端恶行随时可能出现。《生命册》从文化根部来思考这些曾在历史上出现并可能还会在未来出现的极端行为,无疑具有重要的意义。同时,《生命册》中,包括吴志鹏在内的很多人,在进入城市的过程中,渐渐成为"漂泊者"和无根之"树"。这种描写表达了在迅速转型过程中,对文化遭受破坏、精神家园丧失、建设与破坏相伴的现代化进程的忧思。

自 20 世纪 90 年代中期以来,简单写实的倾向大行其道。这种写作在叙事上降低难度,在精神上取消向度,似乎把故事讲好,讲得离奇刺激,就是写作的全部。李佩甫的创作,坚持以理想光芒照耀下的批判精神来透析社会、透析人性,对时代变迁进行深入思考和表达,体现出了一个专业写作者应有的责任感和担当精神。

持续坚持艺术探索

在谈到中原作家群的时候,以前评论界常用的一个词是"慢半拍"。因为在形式探索盛行的 20 世纪 80 年代,河南作家很少能领风气之先,显示出这方面的才华。这其中应该也包括李佩甫。但是,如果仔细考察李佩甫的创作,就会发现,李佩甫其实是一个文体意识极强的作家,只是,他很少为形式而形式,为创新而创新,他总是把形式的创新与内容的厚重结合在一起,稳扎稳打地将作品的艺术性、思想性一起向前推进,表现出一种难得的大气。

在三十多年的创作历程中,许许多多的评论家在谈到"先锋写作"、"现代派"、"后现代"等与文体相关的问题时,从不会想到李佩甫,似乎他从来就是一个只会老老实实靠经验写作、用故事讲话的作家。实际上,从写小说开始,李佩甫就具有强烈的文体意识,并在不断的阅读、思考、实践中寻找适合自己的表达方式。

在早期的写作中,李佩甫表现出了对于细节特有的敏感。善于在对人物、事件细致入微的精确刻画中表达自己对人性、人生与社会的理解,是其小说写作的一个突出特点。到 1985 年前后,李佩甫对小场景、小细节的把握、处理能力已经到了非常娴熟的地步。此时,他开始把目光放远,着手建立大的叙事格局。1986 年,李佩甫第一部长篇小说《李氏家族第十七代玄孙》发表,这部作品带有鲜明的"80 年代"特色,可以明显看出"寻根文学"、"先锋小说"、"魔幻现实主义"、"新写实小说"等多种思潮的影响,以至于多年后李佩甫在重新谈到这部作品时认为它写得"太碎了"。这部作品中如李二狗坐牢时自言自语的章节,明显带有意识流小说的特点;而作品对于李氏家族遥远历史的追溯,又明显具有"寻根文学"的特点,以马尔克斯为代表的拉美魔幻现实主义的影响也于此清晰地表现出来。尽管可以清楚地看到不同流派写作手法对李佩甫的影响,但李佩甫并没有在盲目模仿中迷失自己,他总体上依然坚持了写实的路子,并开始向更宏阔更有历史感的叙事转变,为其以后的创作确定了一个非常好的基调。

李佩甫对文体的思考和探索从来就没有停止过。几年之后,李佩甫将《败节草》作为一条线加进《李氏家族第十七代玄孙》,并改名为《李氏家族》重新出版。从此时开始,复调的表现手法已经深深地潜伏在了李佩甫的意识深处。《城市白皮书》有小女孩和魏征两条叙事线索、《羊的门》有呼天成和呼国庆两条线索、《城的灯》有冯家昌和刘汉香两条线索、《生命册》有农村与城市两条线索,他的每一部重要作品几乎都采用了复调的叙事方法。

而最能体现李佩甫文体探索精神的则非《城市白皮书》莫属。这部作品采用日记体的形式,通过一个不会说话孩子超能的视角和魏征的现实视角展开叙事,描述了一系列感觉意象,赋予声音以颜色等,将物人化,使小说于荒诞中显出真实,于巧妙中显出深刻,于灵动中显出浑厚。这部作品舍弃对城市现实的具体描写,把它作为一种心理状态予以表现,显示出李佩甫从整体上把握时代与社会的艺术表现倾向。实际上,远在此之前,李佩甫发表于 1989 年的中篇小说《送你一朵苦楝花》就已经带有明显的理性思辨色彩和自我剖析特征,这些在《城市白皮书》中被再次体现出来,并成为他以后创作的基本特征之一。《城市白皮书》尽管不能说是一部成熟的作品，但李佩甫由此摸索的一些艺术表现手法为其以后的创作找到了很好的表现形式，为其代表作的创作奠定了基础。比如其散点透视的手法，在《生命册》中就被更好地加以利用，极大地增强了作品的表现力。

经过《城市白皮书》的探索之后，李佩甫终于开始了其代表作"平原三部曲"的创作，推出了在各方面都趋于成熟的《羊的门》。《羊的门》在表达上突出的地方在于其语言的张力和充沛的激情。在叙事上，这部作品以历史和现实两条线索交织进行，扩大了作品的包容性，同时也避免了作品的平直和单调。作品正是在这两条线索的交织中，完成了对新中国成立后几十年历史的描画。与描写新中国成立前的那段历史的《白鹿原》相比，《羊的门》的叙事显得更为智慧，它花费笔墨不多，以隐喻性或寓言式的方式描绘了20世纪五六十年代至今40年的历史。接下来的《城的灯》，同样采取了两条线索交织的叙事方法，分别描写冯家昌和刘汉香的现实与精神历程，依然取得了很好的效果。至此，李佩甫基本找到了自己的小说叙事方法和表现风格。

而作为"平原三部曲"收官之作的《生命册》，在延续其以复调叙事提高作品表达效率的特征的同时，又有了进一步拓展。这部作品浓缩了作者五十多年的成长历程，凝聚着作者的所见、所闻、所思、所想，塑造了一大批遍及城乡各个行当的人物形象，其表达效率之高、表现力之强，当下长篇小说鲜有能与之匹敌者。《生命册》采用的是第一人称的叙事方法，其中涉及的一系列人物和事件，许多并无直接关联，全靠我的讲述才被串在一起。因此，整个作品的结构，从横向看，呈放射状展开，分写了一个个鲜活的人物及其命运变迁。也许正因如此，李佩甫称这部作品是"树状结构"，即由"我"这个枝干向不同的方向伸展出一个个枝杈。虚拟讲故事现场，"花开两朵，各表一枝"，这种中国传统小说的叙事技巧，在李佩甫这里得到了很好的继承和发扬。《生命册》正是通过"我"的讲述，从乡村到繁华都市，从底层小民到上层高官，从传统农民到现代富豪，从五十多年前的生活到当下的现实，把形形色色的人物很好地分别描绘了出来，使作品的生活宽度和厚度得到了极大的拓展。而这种第一人称叙事，在吸收中国传统小说表现优长的同时,并未放弃现代小说的叙事优长,使二者很好地融合在一起。从传统小说"说书"的角度看,作品向横的方向伸出了一个个枝杈,故李佩甫称之为"树状结构";如果按其内在的时间走向和空间转移看,作品总体的叙事脉络非常清晰,即以无梁村为代表来描写中国自20世纪50年代以来农村的变革,以"我"在城市的生活来描写改革开放以来城市的变革。全书共十二章,基本上奇数章节写的是现代经济背景下城市生活的故事,偶数章节写的是传统经济背景下农村生活的故事,到最后一章,两条线才合并起来,这样的结构其实是典型的"复调"叙事。《生命册》的这种叙事方式使作者可以以最经济的笔墨从容表现不同时代乡村和城市、农耕文化和都市文化、农业经济与现代经济不同环境中人们的生存现实;第一人称自我言说的方式又可以很好地表达作者的思考和感受,比如他对中国传统命理与时代变迁中人的生命可能性之间关系的思考等,使作品具有深刻的思想内涵。《生命册》的写作,体现了作者举重若轻的叙事功力,其表达方式使作品在表达经验的丰富性和思想的深刻性上都有极好的效果,是真正高效的艺术表达,对中国长篇小说的叙事艺术有创造性的贡献,代表着中国当代长篇小说创作一流的艺术水平。

李佩甫是一个特别讲究语言的作家,语言考究、富有诗意是其创作的一贯特点。在谈到小说创作时,他常说的一句话是:"语言就是思维,过程不可超越。"可见他对语言的重视程度。在过往的写作中,李佩甫湿润、诗意而又蕴含意味、透着力量的语言,多少会给人一丝雕琢的感觉。在《生命册》中,李佩甫保持了他一贯讲究语言的特点,而且表达得更加自然、从容。因为采用第一人称叙事,而且是以重新叙述的方式展开故事,作品的语言因而带有明显的口语化倾向。这使读者阅读《生命册》时可能会觉得语言不如《羊的门》等作品那样富有诗意,那样有冲击力,但这部作品语言的自然从容及由此透出的人物内心的淡定,却是过往作品所没有的。尽管语言较为口语化,但《生命册》的语言仍然极具韵味、极耐琢磨,会让人觉得每一个词的意蕴都是那么的丰富,每一个词似乎都关联着广阔的世界,让人产生无限的联想,作品的意涵也因此显得空前的充沛。

大的方面,在现实主义的框架下,通过总体象征、隐喻这些具有表现主义特征的手法来传达对于时代和人物的总体理解和把握；小的地方，通过贴近现实、精细描摹日常生活中震撼人心的细节等方法来提高作品的表现力，是李佩甫作品基本的艺术特征。李佩甫的小说特别重视细节，在他的几乎每一部作品中，都可以找到许许多多让人过目难忘的细节。比如在《城的灯》中，点心匣子、脚上的蒺藜、地上的枪眼、分鱼、打耳等细节，哪一个不令人赞叹？李佩甫对细节的重视，使他在电视剧创作上也有突出的表现。从《颍河故事》开始，李佩甫相继创作了《平平常常的故事》《难忘岁月——红旗渠的故事》《申凤梅》《红旗渠的儿女们》《等等灵魂》《河洛康家》等多部电视连续剧本及电影剧本《挺立潮头》等，从而以一个优秀编剧的身份蜚声影视界。我们见到过许多作家因电视剧本的写作而使小说创作的表现力大打折扣，但李佩甫在电视剧的创作中，发挥了电视剧细节密度高、桥段精彩、情节紧凑的优长，并把它用在小说创作中，从而能够以不长的篇幅、精妙的细节，展现众多人物的命运，如《生命册》描写了春才、梁五方、虫嫂、杜秋月等一个个人物的命运变迁，使作品的可读性大为增强。

对于李佩甫的创作，一些论者对其人物形象以至细节的重复使用多有诟病。李佩甫常说："过程不可超越。"这种重复实际上是他不断探索和深入思考这样一个过程的见证。如果以时间顺序阅读李佩甫的作品，就会发现，这些重复出现的主题、人物、细节、事件，其实处于一个不断丰富深化的过程中，这种重复实际上如滚雪球般在不断放大，从而使人物形象更加丰满，使作品内涵更加丰富，使主题思想更加深刻。

作为一个富有责任感与担当精神的作家，在三十多年的探索与思考中，李佩甫扎扎实实地稳步推进，以其一系列作品，全面、深刻地反映了新中国数十年的时代变迁，在社会价值、思想价值和艺术价值方面，都有新的突破，代表了中国当代长篇小说创作的最高水平。这样的成就单靠文学方面的一点才华和聪明是做不来，靠的是在历史责任感驱使上不回避艰难、持之以恒地坚持。在和我谈到一些作家的创作时，李佩甫由衷地说："顿悟的最终比不过苦修的。"我以为，这正是他对自己创作历程最深刻的体认，也是值得每个年轻作家记住的名言。

"我还会写,不过会有一个充电期。创作不能太功利,首先要把它变成精神的事情,变成产生快乐的事情,虽然创作在某一个阶段是苦的。"[1]对李佩甫,我们有理由保持充分的信心和期待,相信他会有更好的作品带给读者更多的惊喜。

(《小说评论》2013年第2期,发表时有删节)

---

[1] 舒晋瑜:《李佩甫:上网写字不能叫创作》,《中华读书报》2012年4月25日第18版。

现代化进程中的众生命相

——评《生命册》兼议当代长篇小说创作

《生命册》[1]在第九届茅盾文学奖评选中荣获大奖,可以说是众望所归。这部作品在2012年一经发表、出版,即受到广泛关注。自创作中短篇小说《红蚂蚱 绿蚂蚱》、《无边无际的早晨》、《学习微笑》开始,特别是创作长篇小说《羊的门》之后,李佩甫每有作品发表,总能引起文学界以至社会上的广泛关注。那么,李佩甫的创作引起广大读者和评论界持久关注的原因究竟何在?与其同样描写"平原"的《羊的门》、《城的灯》相比,《生命册》又有哪些新的突破?在当下长篇小说数量激增却又佳作有限的背景下,这部作品能给我们带来怎样有益的启示呢?本文将在对《生命册》的评论中,对这些问题进行初步的探讨。

生活有宽度:全方位展现当代中国

自新中国成立后的20世纪50年代至今,中国的政治形态、经济形态、社会形态、文化形态发生了巨大的变化,对全世界产生了广泛而深刻的影响。在这个重要的历史时期,这里究竟发生了什么?这一切又是如何发生的?这对各个社会学科来说都是重要的课题。对中国当代文学而言,有必要思考应该如何全面而准确地表现这个时代,揭示时代变化内在的规律和成因。我常常在想,如果生活在30年、50年、100年之后,有人让我推荐一部能使读者全面而准确地把握中国自20世纪中叶至21世纪初社会发展变迁的长篇小说,我应该选择哪一部?坦率地讲,从这个方面去要求,此前的作品鲜有能令人满意者。原因何在?

十九、二十世纪,机械印刷的普及带来了长篇小说的繁荣。在这一二

---

[1] 李佩甫:《生命册》,《人民文学》2012年第一、二期连载;作家出版社2012年版。

百年的时间里,阅读长篇小说是很多人认识、把握社会的重要方式。在这个时期,作家被看作无所不能的先知,被称为"人类灵魂的工程师"。随着电子技术的发展和普及,电影、电视、网络技术的发展逐渐改变了人们认识世界的方式,阅读不再像以往那样是人们了解外部世界难以被替代的方式。与此同时,近年来,在中国以至世界,社会各个层面的变化可谓天翻地覆,而且这种变化之迅猛完全可以用日新月异、目不暇接来形容。尤其是随着社会分工专业化程度的提高,社会生活的复杂性和细腻性都大大增加,这为全面准确把握社会现实带来了极大的困难。甚至可以说,自此之后,作家再想以一己之力,如十九、二十世纪的伟大作家那样,成为社会生活全面而准确的描述者、解释者、预言者和人们精神生活的引领者、塑造者,已几乎失去可能。也许正因如此,当下的小说写作,更多从生活的某个细微切口进入,对生活的某个方面进行深入开掘,或极力探索人类幽深的精神世界。应该说,当前小说创作的主要成就也集中在这些方面。尽管全面反映社会变迁,仍然是很多作家持续的追求,但这方面的佳作确实不多。就中国当代长篇小说创作而言,全面反映社会变迁的佳作,主要集中在表现改革开放之前特别是中华人民共和国成立之前的现代历史方面,如《白鹿原》这样的优秀之作。其实即如《白鹿原》这样的作品,表现的也主要是乡土中国的情形。即使对于新中国成立以来的当代中国,小说表现得较为充分的也仍然以乡土为主。这当然与中国社会的基本形态密切相关,如王安忆的《长恨歌》这样表现城市生活的优秀之作,似乎很难作为全面表现中国社会变迁的代表作。当然对当代中国某个阶段、某些侧面,还是有不少优秀之作的,如路遥的《平凡的世界》等。但是,对于当代中国从农业经济到工业经济再到现代经济迅速发展以及多种经济形态共存的社会变迁和社会现实,能够做出全面、准确反映的作品,实在如凤毛麟角。更加令人感到遗憾的是,许许多多的作家当此之时,因认识、把握上的困难而自觉选择了放弃,他们不再思考,不再能领先于大众对生活有新的发现和认识,有意识地回避时代最迫切的问题,热衷于对庸常生活鸡零狗碎的描摹和家长里短的絮叨,对读者全面、准确而深刻地认识时代不再能提供有益的启示。我想,这也许是当下文学作品不能令社会满意的一个重要原因。

这个时候，读《生命册》，让人眼前为之一亮。

《生命册》描写的是"我"——从乡村走入省城的大学老师吴志鹏，原本希望用知识改变命运，摆脱农村成为一个完整的"城里人"，但乡村背景像一个巨大的包袱沉重得令他难以承担。于是，在经济大潮涌动的时候，吴志鹏和大学同学骆驼辞去工作成为北漂，先是猫在地下室里当枪手，然后又投身商业战场和资本市场，利用各种关系、动用各种手段，终于使企业上市，获得了巨大的成功。但个人亦如社会，发展的步伐无法停息，在畸形的环境中，不动用各种不合法的手段难以成功，动用的结果却是走向毁灭。

李佩甫称《生命册》中的"我"是一个"背着土地行走的人"。这句话作为一种隐喻或象征，正是快速转型的中国当下经济文化社会的真实写照。近三十年来，中国社会进入了快速转型期，出现了多种经济文化形态并存的局面。一方面，农业经济形态还有着很大的势力，另一方面，以制造业为代表的实体工业迅猛发展，同时，以国企改制、证券期货等为代表的资本经济迅速兴起。多种经济形态的迅速转换和共存，使每种经济形态都显得有些畸形。《生命册》中，大约有一半篇幅描写的是以普通的中原村庄无梁村为代表的中国农村自五十年代大集体、三年自然灾害、"文革"以及改革开放至今城市化进程日益加快的发展变迁，全面描述了乡土中国几十年来的变化。作品的另一半篇幅，描写的是"我"——吴志鹏在城市的生活、工作经历，对改革开放以来中国城市的发展变化进行了全方位的展现。作品通过吴志鹏这个从农村走出来的知识分子的经历，对知识分子、文化人在商品经济大潮中的沉浮做了准确的描写；通过吴志鹏与骆驼的合作，对国企转制、实体经济的发展、资本经济的运作以及官、商、媒体、金融等各个方面的相互关系等有着很好的表现；通过与吴志鹏各种各样的关联，描写了如传销、官二代、艺术家、上访户等各种各样的社会现象和人物形态。需要注意的是，吴志鹏和骆驼研究生毕业后都是进入省会城市工作，然后在北京、上海、深圳开拓他们的事业。作者把两位主人公的活动背景放在这几个当下中国最为现代化的城市，就是要更好地表现与乡土中国相对的另一面。当然，作品也有对二三线城市以至县城的描写。如此一来，当今中国社会的各个层面在作品中就有了非常全面的表现。不唯如此，《生命册》不仅对中国传统农业经济的社会形态、文化形态、大众心理有着全面的反映,对自改革开放以来中国的现代化进程及现代经济运转的社会形态、文化形态、大众心理同样有着深刻的反映,同时对大众心理以至人性有着深刻的揭示。这部作品对整个平原各种风土人情、地理环境及各色人等的生动描写,对都市芸芸众生相的精彩描摹,使之成为一部描绘当代社会生活的百科全书式文学作品。因此,称《生命册》为当代中国社会的全息画卷可以说毫不夸张,我以为它是迄今为止全面、准确、深入反映当代中国社会变迁最好的作品,就反映当代中国社会生活的广阔度而言,少有作品可与之比肩。

思想有深度:多角度透视国人灵魂

仅有社会生活的宽度对文学作品来说,肯定远远不够。实际上,有很多作家,甚至很多业余作者,都怀着史诗的梦想,进行着自己的宏大叙事,期望留下自己的当代中国史诗。然而,在当今这个电视、网络异常发达的时代,每个人接触的生活面都非常宽阔,世界上发生的各种重大或不那么重大的事件,都会即时被广泛传播开来,甚至是被推送到大众面前。此时,仅仅有宽度的文学作品肯定是空洞而苍白的。作为目前最主要文学形式的长篇小说,就是要通过对一系列事件的描写,来揭示这些事件内在的因果、规律,为纷繁的社会生活和复杂的人生经验提供一种解释,来帮助读者认识时代和人生。遗憾的是,在这些方面,我们的文学作品表现得还不够好,还不能令广大读者满意。其实原因非常简单:如果作品提供的人生经验超不出读者的经验范围,作品的思想深度超不过读者的思想深度,这样的作品读者还读它干嘛?因而,如果我们的文学不只是想用一些香艳的、暴力的或煽情的、离奇的等各种故事来作为读者无聊时的消遣,如果我们的文学不只是想用一些小温暖、小清新、小忧伤来作为读者空泛的安慰或小资情调的点缀,那么文学创作就有必要保持对作品思想深度的追求。

小说,特别是现代小说,之所以不再仅仅是故事,一个重要的原因即在于它是要通过故事传递作家对生活的认识和发现。河南有位作家多次谈到:我的父亲是一位农民,论对农村生活的熟悉,我肯定不如他,但为什么是我而不是他成了作家？因为我比他对生活更有认识。[1]自鲁迅开始，中国新文学就具有了关注现实、剖析国民精神这样的优秀传统。李佩甫是一个认真、严肃、富有担当精神的作家。多位评论家在谈到李佩甫的创作时都说，李佩甫始终值得期待。[2]之所以值得期待，是因为李佩甫总是在认真地深入生活、观察生活，总是在不断地对生活进行沉淀、发酵、思考，总是在不断地探索对生活新的认识并寻找最好的表达方式，他的创作一向因具有强烈的批判精神并带有浓郁的理想色彩，总能带给读者对于社会生活新的认识而备受关注。某种意义上甚至可以说，李佩甫是鲁迅精神最好的继承者之一。

《生命册》中，吴志鹏这个"背着土地"在都市行走的知识分子，不仅是自20世纪50年代以来五十多年社会生活的亲历者、观察者，同时也是一个深入的反省者、追问者。也正因此，《生命册》不仅是五十多年中国广阔社会现实的真实写照，更是由乡村进入城市的一代知识分子的心灵史，是国民精神的透视图谱。

吴志鹏是吃百家奶、百家饭在农村长大的，通过读书而走进城市，成为一个现代知识分子和成功商人。吃百家饭的细节李佩甫曾多次写过，这样一个由农村、农民哺育成长的细节，事实上正是当代中国社会发展的象征。我们的城市是由农村、农业哺育的，即使是城市化快速推进的今天，农村仍然是中国发展的基本背景。可以说，当下的中国其实和吴志鹏一样，是在"背着土地行走"。中国的现代化能否顺利进行，很大程度上取决于农业、农民、农村问题能否得到很好的解决。由此，李佩甫对平原的持续书写就显示出了重要的意义。

李佩甫"平原三部曲"的基本主题是土壤和植物，即在一定文化土壤和社会环境中人的生存状态及生长可能。《羊的门》描写的是一个"东方教父"的成长，如李洁非所言："这是一部改变了五十年来中国乡土文学面貌的作品，一部前所未有地演绎和再现了'封建集权主义'的特质的作品，一

---

[1] 郑彦英曾在多种不同场合说过这样的话，还有位河南作家也有类似表述。
[2] 李敬泽在谈及《等等灵魂》时曾说："对于李佩甫，我始终抱有很高的期待，他总是能够在具体的社会历史语境中，对我们所面临的困境、我们的灵魂状况，进行非常有洞察力的追问。"朱晓剑在《心灵的召唤》一文中也说："李佩甫到底是值得期待的。"

部对于当代中国史有着百科全书式的意义的作品。"[1]重要的是,这部作品重在探究封建集权形成的土壤,对"人民"进行了深入的反思,因而又被称为"人民批判书"。而《城的灯》重在探究生长的方向,作者以浓重的理想主义色彩塑造了一个"圣母"式的人物刘汉香,以图帮助我们找到回归精神之城的道路。这部作品改变了过往"金钱是万恶之源"的庸常思维,对贫穷,特别是精神贫穷,进行了深刻反思,揭示了贫穷对人性成长的巨大伤害,可以说是一部"贫穷批判书"。《生命册》则更为宽阔、更为本真、更为质朴,它更贴近我们的生活经验,更贴近现实的生存环境,它对如何过上理想化的生活的思索与追问与每个人的内在精神追求高度吻合。

作为"平原三部曲"的压卷之作,《生命册》并没有如前两部《羊的门》、《城的灯》那样从《圣经》中取一个中间是"的"字的三字偏正词组来命名。命名方式的不同,反映的其实是作者思维方式、思考方向的转变。堕落与救赎或受难与拯救一直是李佩甫小说创作的重要主题,也是基本的内在结构方式。到《城的灯》,作者将这个主题与这种结构方式推向了极致。但这样的方式无论在现实中还是写作中都遇到了极大的困难,以至于刘汉香只能走向死亡成为一个"殉道者",而刘汉香这个理想人物形象也多多少少显得有些虚幻。《生命册》则重新回到坚实的土地上,走进了真正属于中国人的内心世界当中,努力从中国现实的土壤中,从中国人现实的生活经验中,探究人类追求理想生活过程中的建设与破坏,寻找"让筷子竖起来"的方法。《生命册》的书名很容易让我们联想到"金陵十二钗正册、副册"这样的天书或阎王那里的生死簿,记录或隐藏着不同人物命运的最后秘密。作家出版社出版的《生命册》相比《人民文学》2012年第一、二期连载的版本,多出了一部分,就是关于命相思考的内容。[2]作者保留这一部分,其实是保留了对《生命册》命名的注解,表明作者要放弃过去的思维方式和结构方式,转而以中国化的方式来理解时代和人生、探究人的可能性和命运的奥秘。因此,《生命册》可以说是李佩甫为中国最近五十多年来时代与人生撰写的新《易传》,传达了作者对时代变迁中众生命运、人生秘局的参悟心得。

---

[1] 见《羊的门》封四,华夏出版社1999年版。
[2] 多出的这部分内容见作家出版社版《生命册》第七章后半段。

描写在某种文化土壤中人的生长,一直是李佩甫创作的一个重要着力点。《羊的门》关注的是权力文化,描写了集权人物在特定环境中的生长;《城的灯》关注的是人性,揭示的是贫穷对人性的伤害;《生命册》关注的是"土壤",揭示的是人性的丰富性、复杂性与可能性。总体上说,李佩甫的这些作品,剖析了20世纪50年代以来在广袤的中原土地上、在政治斗争的漩涡中、在喧哗与骚动的都市中奔走的各色人等的灵魂状态。《生命册》在以浓墨描绘时代变革中知识分子的生存现实与灵魂状况的同时,把笔触伸向普通群众,不仅通过共同养育孤儿等细节写出了他们的纯朴与善良,更通过他们对待梁五方、虫嫂等人的行为写出了普通人的恶,揭示了人性中幽暗的一面。

《生命册》中有句话:"在这块土地上,没有一片树叶是干净的——这是风的缘故。"在一种坏的社会环境中,每个人都不可能与恶绝缘。今天的社会还部分存在着丧失信仰、金钱至上、贪腐成风的问题,在很大程度上是因为这已经成为一种文化,一种集体无意识,每个人都会不自觉地陷身其中,而且会以社会原本如此来为自己开脱。

第二次世界大战之后,西方社会开始追问:是谁做出了奥斯维辛的暴行?克里斯·布朗用《普通人》记录了制造暴行的德国警察从普通人转变成杀人不眨眼的恶魔的过程,给出了答案:普通人。20世纪60年代,阿伦特提出了"平庸的恶"这个富有启示意义的概念。她通过在《纽约客》上发表的系列文章《艾克曼在耶路撒冷:一篇关于平庸的恶魔的报告》提出,艾克曼这类组织实施大屠杀的纳粹军官所做的是"平庸的恶"。他们因自己是体制的一个链条、自己所做的只是在执行上级的命令而为自己开脱。阿伦特认为,"平庸的恶"在现代生活中广泛存在,在一种不健全的或恶的体制中,个人完全被同化于体制当中,从不思考,盲目执行或放大因体制而带来的不道德甚至反道德的行为。这种恶是平庸的,每个常人都会堕入其中。

《生命册》中,无梁村的百姓用自己的乳汁、口粮,养育了"丢"这个孤儿,显示了他们的纯朴与善良。然而在运动到来的时候,在工作队的指示下,他们开始给梁五方"过箩",悄悄地掐、拧,往他嘴里塞驴粪。类似的恶行当然还包括对待虫嫂等人的行为。如果这些人能够稍稍思考,他们就会明白，梁五方完全是以个人的能力和劳动换取财富并享用财富，这是做人最基本的权利，理应得到尊重。如果这种基本权利都得不到尊重，那每个人都不再愿意通过劳动致富，最后自己必然也会受到伤害。但是，在一种不健康的政治制度下，梁五方的行为反倒成为一种错误和罪恶，而大量普通群众借助这种制度，将内心仇富的阴暗心理通过对梁五方的伤害表达了出来。可以说，制度的罪恶通过普通人平庸的恶得以实施并被不断放大。进一步思考，就会发现，对梁五方的伤害其实是对做人基本权利的伤害，它从根本上说已不是对某个人的伤害，而是对全体人的伤害。阿伦特认为，对于这种平庸的恶，任何局部名义的审判、还受害者公道之类的行为都只能沦为政治报复，因为这种恶是在对人类犯罪。如果使这些恶行成为可能的外在环境如坏的制度不能消除等，新的极端恶行随时可能出现。因此，在强调个人道德责任的同时，应努力加强制度建设、文化建设，尽力改善外部环境，使平庸的恶失去发挥的空间。《生命册》从文化根部来思考这些曾在历史上出现并可能还会在未来出现的极端行为，无疑具有重要的意义。

对虫嫂的伤害与对梁五方的伤害形式上并不相同。虫嫂是一个身体畸形的女性，为养活孩子，她会顺手偷集体的庄稼，但从不偷私人的东西。偷集体的东西是因为生存的无奈，而且它属于"人民"，而自己就是"人民"的一分子；不偷私人的东西，表明虫嫂并不想直接侵害别人的利益，仍有自己的道德坚持。然而，许许多多的人利用他们手中的一点点权力，甚至只是一点自认为存在的道德优势，迫使虫嫂与自己发生性关系。先是邻村，然后是无梁村，各色男性抱着不睡白不睡的心态，奸淫虫嫂，而这些男人的女人则把内心的不满发泄到虫嫂身上，对其大加伤害。事实上，对虫嫂的伤害是对梁五方伤害的变种和继续。当梁五方因勤劳能干致富而遭受伤害时，虫嫂和每一个人通过勤劳摆脱饥饿穷困的道路已被堵死，为了生存，虫嫂只能顺手拿一些原本有自己一份的集体的东西去维持自己和孩子的生存。而无梁村的普通人就利用体制寻找各种可能的机会伤害别人，并在此过程中感到兴奋和满足，这已成为一种广泛存在的阴暗心理，这同样是一种"平庸的恶"，显示了人性阴暗的一面。

从另一个方面讲，虫嫂忍辱负重，苟且偷生，最后把三个孩子全都供成了大学生,这样的生存状况正是中原大地苦难和与苦难抗争、顽强生存、生生不息的现实写照。而虫嫂几个孩子对待虫嫂的做法,则是在现代化进程中,特别是近二三十年来,农民期望逃离农村、逃离苦难却斩不断与农村联系以致精神家园沦丧的现实写照。其实,包括吴志鹏在内的很多人,在进入城市的过程中,渐渐成为"漂泊者"和无根之"树",《生命册》以这样的方式,表达了在迅速转型过程中,对文化遭受破坏、精神家园丧失、建设与破坏相伴的现代化进程的忧思。

《生命册》不像一般线性推进的小说,笔墨主要集中在少数几个人物的身上。《生命册》的故事呈放射状展开,叙事也在多个维度上进行。作品描写的性格鲜明的人物有很多,其中每一个人物都可以拿来进行深入解读。除了生动鲜活的农村人物,《生命册》还塑造了骆驼、范家福、卫丽丽、小乔、夏小羽、梅村等众多城市人物形象。正是通过这一个个生动的人物,一幅五彩斑斓的人物灵魂图谱展现在了我们面前。对于作品中写到的每一个人物,作者的思考同样是多元、多维的。李佩甫说:"没有纯粹意义上的坏人,只有活在'环境'中的人。"作者正是把人物放在具体的环境中描写,从而能从不同的角度做出判断,对其行为给予充分的理解,这体现了一种大悲悯的情怀,作品也因此对时代现实的复杂性有了充分的表现。

艺术有高度:高效率表达精彩内容

宽阔的社会生活面、丰富的生活经验积累以及对生活深刻的认识和发现,对文学作品来说必要但不充分,只有为此寻找到良好的表达方式,并诉诸好的语言,才能成就一部好的文学作品。当下长篇小说创作存在的一个重要问题就是作家既不愿意下功夫观察、思考这个时代,又不愿意在语言、叙事上多下功夫,以最有效的手段完成文本表达。因而,当前小说创作存在的主要问题,表现在内容上就是简单写实成为主导倾向,思想深度大为降低;表现在形式上就是作品越写越长,表达的有效性大打折扣。多年来,在长篇小说创作中,力图全面表现中国数十年以至上百年变革的作家有很多,其中不少作家都采用全知视角叙事,按时间进程线性推进,他们以为这样才能写出史诗性的作品。结果是，这样的写法使作品写得越来越长，却仍然让人觉得言不尽意，缺乏足够的表现力。任何一种艺术，都不应该是生活的简单复制，而应该小中见大，使咫尺有万里之势。如果400万字表达的经验和认识用40万字就能完成，那么这样的作品一定存在问题。对当前的长篇小说创作来说，提高表达的效率，以尽可能短的篇幅来表达更多新鲜、丰富的经验，传递对生活更为深刻的认识，才是正确的方向。

《生命册》浓缩了作者五十多年的成长历程，凝聚着作者的所见、所闻、所思、所想，塑造了一大批遍及城乡各个行当的人物形象，其表达效率之高、表现力之强，当下长篇小说鲜有能与之匹敌者。

《生命册》采用的是第一人称的叙事方法，其中涉及的一系列人物和事件，许多并无直接关联，全靠"我"的讲述才被串在一起。因此，整个作品的结构，从横向看，呈放射状展开，分写了一个个鲜活的人物及其命运变迁。也许正因如此，李佩甫称这部作品是"树状结构"，即由"我"这个枝干向不同的方向伸展出一个个枝杈。这种虚拟讲故事现场的叙事方法，脱胎于话本小说，是中国传统小说常用的叙事方法。这种叙事方法有一个很大的好处，即当面临多个人物、多种事件时，可以从容调度。比如《水浒传》，以不同的板块分别描写108位好汉被逼上梁山的故事，在完成一个部分的叙述时，只用"这个暂且不表，且说"这样的句式，就很轻易地转到了另一组人物和故事，直到一百单八将齐聚梁山。有一个讲述人，"花开两朵，各表一枝"，这种中国传统小说的叙事技巧，在李佩甫这里得到了很好的继承和发扬，收到了极好的效果。《生命册》正是通过"我"的讲述，从乡村到繁华都市，从底层小民到上层高官，从传统农民到现代富豪，从五十多年前的生活到当下的现实，把形形色色的人物很好地分别描绘了出来，使作品的生活宽度和厚度得到了极大的拓展。

中国传统小说这种虚拟"说书人"的叙述方法，在早期的西方小说中也屡见不鲜。但这与现代小说的第一人称叙事明显有着很大的不同。现代小说通常的叙事方法是让讲述人隐身，采用内视角完成叙事；当使用第一人称叙事时，更多是为了表现人物的内心生活和精神成长。《生命册》所采用的第一人称叙事，则很好地吸收了中国传统小说和现代小说的叙事优长,使二者很好地融合在了一起。从传统小说"说书"的角度看,作品向横的方向伸出了一个个枝杈,故李佩甫称之为"树状结构";如果按其内在的时间走向和空间转移看,作品总体的叙事脉络非常清晰,即以无梁村为代表来描写中国20世纪50年代以来农村的变革,以"我"在城市的生活来描写改革开放以来城市的变革。全书共十二章,基本上奇数章节写的是现代经济背景下城市生活的故事,偶数章节写的是传统经济背景下农村生活的故事,到最后一章,两条线才合并起来,这样的结构其实是典型的"复调"叙事。《生命册》的这种叙事方式使作者可以以最经济的笔墨从容表现不同时代乡村和城市、农耕文化和都市文化、农业经济与现代经济不同环境中人们的生存现实;第一人称自我言说的方式又可以很好地表达作者的思考和感受,比如他对中国传统命理与时代变迁中人的生命可能性之间关系的思考等,使作品具有深刻的思想内涵。《生命册》的写作,体现了作者举重若轻的叙事功力,其表达方式使作品在表达经验的丰富性和思想的深刻性上都有极好的效果,是真正高效的艺术表达,对中国长篇小说的叙事艺术有创造性的贡献,代表着中国当代长篇小说创作一流的艺术水平。

从《颍河故事》开始,李佩甫相继创作了《平平常常的故事》、《难忘岁月——红旗渠的故事》、《申凤梅》、《红旗渠的儿女们》、《等等灵魂》、《河洛康家》等多部电视连续剧本及电影剧本《挺立潮头》等,从而以一个优秀编剧的身份蜚声影视界。但影视编剧和小说创作毕竟有着很大的区别,说到底,影视是通过镜头语言完成叙事的,而小说只能通过文字语言完成叙事。因而对影视编剧来说,只要有一个好的故事,设计出一系列新颖的桥段,写出不同人物精彩的对话,就能完成一个好的剧本。但小说创作仅有这些,写出的最好作品可能就是一部通俗小说,不会具有太高的文学价值。现代小说通常采用内视角叙事,叙事特别注重语言的张力和美感,这是它与影视剧本的根本差异所在。而在总体结构上,小说创作在情节上更多考虑的是总体的起承转合。而影视剧本在考虑这些因素之外,因为追求收视率的缘故,总希望三分钟就要出一个小高潮,十分钟就要出一个大高潮,三五集要解决并开始下一个矛盾冲突。这样的好处是作品细节更密实、更为紧凑,因而更吸引人,但小说这样写就会显得琐碎而缺乏韵味。所以我们发现,很多作家在从事影视剧创作一段时间之后,再写小说时文学性会大大降低,这还不包括直接从影视剧本转化过来的只有故事、场景和对话的小说。但在《生命册》中我们看到,李佩甫坚持以文学的方式进行表达,《生命册》避免了剧本式小说的各种毛病。同时,作品吸收了电视剧细节密度高、桥段精彩、情节紧凑的优长,以不长的篇幅、精妙的细节,展现了春才、梁五方、虫嫂、杜秋月等一个个人物的命运变迁,使作品的可读性大为增强。

李佩甫是一个特别讲究语言的作家,语言考究、富有诗意是其创作的一贯特点。他有句口头禅:"语言就是思维,过程不可超越。"可见他对语言的重视程度。在过往的写作中,李佩甫湿润、诗意而又蕴含意味、透着力量的语言,多少会给人一丝雕琢的感觉。在《生命册》中,李佩甫保持了他一贯讲究语言的特点,而且表达得更加自然、从容。因为采用第一人称叙事,而且是以重新叙述的方式展开故事,作品的语言因而带有明显的口语化倾向。这使读者阅读《生命册》时可能会觉得语言不如《羊的门》等作品那样富有诗意,那样有冲击力,但这部作品语言的自然从容及由此透出的人物内心的淡定,却是过往作品所没有的。尽管语言较为口语化,但《生命册》的语言仍然极具韵味、极耐琢磨,会让人觉得每一个词的意蕴都是那么的丰富,每一个词似乎都关联着广阔的世界,让人产生无限的联想,作品的意涵也因此显得空前的充沛。

综合以上几个方面,可以说,《生命册》是反映当代中国社会最为全面、最为深刻、最具价值的厚重之作,在社会价值、思想价值和艺术价值方面,都有新的突破,体现了中国当代长篇小说创作的最高水平,是当下中国长篇小说创作的重要收获。

严肃的创作态度和深厚的艺术功力,是李佩甫作品质量的有力保证,《生命册》是又一次良好的证明。传递丰富的现实生活经验并以鲜活生动的细节予以体现,对时代经验进行很好的解释给人带来深刻的感悟,语言具有充分的美感使人产生充分的联想,这是李佩甫小说的主要特点,也是其广受欢迎的原因所在,它给我们的有益启示也正在于此。

(《当代作家评论》2015年第6期)

看灵魂凌虚而舞

——以《等等灵魂》为例

《等等灵魂》是李佩甫继《羊的门》、《城的灯》之后创作的一部长篇小说。作品描写了任秋风从部队转业回家时,目睹了妻子的背叛,遂将精力转向另一个战场——商战。他接手一家濒临倒闭的国营商场,并在商学院三枝花的帮助下,成功地建立起了一个全国性的商业帝国。之后,在无止境欲望的驱使下,他走上了盲目扩张的道路,并终因资金链的断裂而使庞大的商业帝国在顷刻间轰然倒塌。小说在现代背景下,围绕商业竞争这个金钱、权力角逐的主战场,深入描写了人性的挣扎、畸变和追求,并发出了召唤灵魂回归的深情呼声。

与以往长篇小说创作的最大不同之处在于,小说将整体背景转移到了现代都市,整个故事基本围绕商战来写。单从题材讲,大家不约而同地立刻会想到一个词:转型,而且多少都会对李佩甫的"转型"怀着点好奇和期待。从这个意义上讲,说这部作品使李佩甫成功完成了从官场到商场、从农村到都市的转型,也未尝不可。但基于题材对作品进行归类划分,从来就是一种便宜而讨巧的做法。李佩甫作品的题材范围从来都不只局限于农村,《学习微笑》、《城市白皮书》、《挺立潮头》等都是描写城市生活的作品,而《城的灯》中有很大篇幅是描写部队生活的。我认为对李佩甫来说,不论什么题材,对他来讲,都是他深入剖析人性的一个切入点、一个入口。李佩甫的作品有一个持续不变的主题,那就是深入探究人的精神世界。他关注的重点是人性中丑恶的东西是如何生长出来的,人性的弱点或局限究竟在什么地方,而近年来,他更致力于探究人性中美好的东西如何才能更好地生长。因此,很多评论家习惯于单纯以权力为主题词来解读李佩甫的小说,这其实是评论家的惯性、懒惰或人云亦云。

《等等灵魂》写的是一个商业帝国的建立和坍塌,讲述的是有关"堕落"和"救赎"的故事,传达的是作者对于人的本体性存在处境的认识。李佩甫多次表述过这样的看法，他认为当人们从物质的匮乏中走出之后，精神问题就显得更加突出，社会上会有越来越多的人患精神疾病。所以，他的小说要关注人精神上的失落，要写人的精神成长史，他提供给读者的是一部"精神病相报告"。

那么，何以人在解决了温饱问题之后，精神问题会成为主要问题呢？这种精神问题的实质是什么呢？从本质上说，精神问题产生的根源在于人是既有肉体又有灵魂的动物，追求无限的灵魂总是在受有限的肉体的制约，于是无意义的焦虑、虚无的焦虑成为人的存在的本体焦虑，人的精神问题即由此产生。应该说，精神问题，或者说人类存在的精神困境是先天存在的，只是为生存忙碌着的人无暇顾及这些问题而已。因为从根本上说，人为生存忙碌，就是在对抗死亡这毁灭性虚无的打击。但不管贫富，人最终都无法逃脱这种打击。在此情况下，人存在的意义在哪里呢？很多人于是开始回避虚无，从具体的可以把握的事件中寻求寄托，要么求名，要么求利，要么求权，要么随缘不变、一无所求……但这一切的一切，都可归结为求得自我实现。在求得自我实现的过程中，如果行为对他人有所助益，那是行善；如果对他人多有侵犯，那就是作恶了。而这善善恶恶的一切行为，都是灵魂在虚无的舞台上尽情地舞蹈。李佩甫作品着力描写的，其实就是灵魂凌虚的舞蹈。这种舞蹈尽管看起来千姿百态，但其本质是一样的。自古以来，文化艺术或哲学宗教要着力解决的其实都是这同一个问题。丹尼尔·贝尔在《资本主义文化矛盾》一书中说："文化本身是为人类生命过程提供解释系统，帮助他们对待生存困境的一种努力。"他认为："真正富有意义的文化应当超越现实，因为只有在反复遭遇人生基本问题的过程中，文化才能针对这些问题，通过一个象征系统，来提供有关人生意义变化却又统一的解答。"文明虽然在不断进步，"但在文化中始终有一种回跃，即不断转回到人类生存痛苦的老问题上去。"李佩甫写作的努力，也正在于建立这么一个象征系统，为人类生命过程提供一种解释。这也就是李佩甫写作的意义和价值所在，即他总能在不断变化的社会现实中，从我们所面对的生存困境出发，深入思考我们的精神问题，探究我们的灵魂状况，并做出深刻有力的艺术表达。

我们说，李佩甫是一个在不断叩问人类本体存在处境的作家，他的写作有一种宗教情怀作为支撑。所谓宗教情怀并非对于某种特定宗教的笃信，它只是表明，作家在有意识地追问人的存在的终极问题，关注的是人的精神问题，对人的终极关切成为他关心的重点。毫无疑问，宗教是注重终极问题的；而艺术，从根本上讲，也要追究到终极问题上去。也许正因如此，艺术和宗教才成为"不断转回到人类生存痛苦的老问题上去"的文化的主要代表。李佩甫此前的两部主要作品——《羊的门》和《城的灯》，名字就来自于基督教的《圣经》，这在某种程度上表明，李佩甫确实在追问终极问题，并多少接受了基督教对于人的存在本体处境的认识。"原罪"是基督教基本的概念。在基督教的传统中，"原罪"是以亚当的"堕落"为象征的，其特征是不信、狂妄和纵欲。不信是背离或脱离上帝的意志；狂妄是不信的另一面，即转向自己并把自我抬高为自己的世界的中心；纵欲是"把整个实在拉到自我里边来的无限制的欲望"。我们看到，《等等灵魂》中，任秋风不顾实际建立商业帝国、修建世界第一高楼的举动，正是狂妄的表现；而他以女人为药治疗失眠的行为，正是纵欲的表现。保罗·蒂里希把"堕落"说成是"从本质向生存转化"，也就是人作为有限生存同本质存在疏远或隔离的感觉，以此强调"堕落"在人学上的普遍重要性。所谓"堕落"并不是"从前有一次"发生的事件，而是人类存在的普遍处境。任秋风的这种"堕落"其实并非是只与其品格、修养相关的个人问题，作为一种象征，它反映的是人类的普遍存在处境。在《等等灵魂》中，我们看到，不只是任秋风，苗青青、江雪、邹志刚、老刀、胡梅花、胡跃进，以及郭老大、老千、薛行长等，都在贪婪地追求着权、钱、色，都处在"从本质向生存转化"的"堕落"过程中。从这个角度说，尽管李佩甫一次次写到与权力相关的故事，但真正让他感兴趣的并非权力本身，而是人何以会如此追逐权力，人性中何以因此生长出恶的东西。他要揭示的其实是人的普遍存在处境。保罗·利科认为"原罪"就是"我想"和"我能"之间的距离，人类的一切苦难即源出于此。走得快些、再快些，现在似乎整个社会都陷入到了对更快、更高、更大的无止境的追逐当中，于是，灵魂丢失了，"堕落"作为人类的普遍存在处境清晰地显现了出来。但李佩甫并没有就此止步，他在努力寻找一条救赎之路。作品中,上官和小陶给我们提供了对抗"堕落"的道路,那就是"信"。如果"不信"和"狂妄"是一枚钱币的两面的话,那么"信"就是解决问题的一条最佳通道。相信人间有爱,相信人间有真情,相信人间有美好的东西,并为此做出努力,那么就一定能在人间发现爱、真情和美好,世界也才能因此变得更加美好。所以上官才会坚定地说:"我,一个弱女子,站在这里,要跟这个世界打一个赌。要跟我的人生,打一个赌!我相信,这个世界上有最美好、最纯洁的东西。我相信人类有最真挚、最纯粹的爱情。哪怕全世界的人都不信了,我也信。不然,我们还活什么?""堕落"因"不信"而产生,那么,"信"就是通向救赎的道路。

从这个意义上讲,《等等灵魂》是李佩甫目前思想上最为成熟的一部作品。在《城市白皮书》中,他更多还是站在农业文明的立场上以审视和批判的眼光看待城市,因而看到的都是负面的东西,所以才有"城市病了"这样先验的结论。在《羊的门》中,他通过一个村子,向我们展示了"羊"——芸芸大众和"门"——统治者及其生长的土地,促使我们对问题产生的历史根源和现实基础进行深刻的反思。这两部作品更多体现的是作者的社会批判意识。与《羊的门》相比,《城的灯》有一个突破,就是作者开始努力寻找出路,让刘汉香以自身的牺牲化身为"城的灯",照亮人们回归精神之城的道路。但《城的灯》的下半部,可能主要是在这样的宗教情怀的支配下完成的,在现实生活中,作者其实并没有找到一条解决问题的出路,所以显得不够扎实,现实感不足,多少显得有些飘。而《等等灵魂》在这一方面就做得非常成功,它在看透了人性的弱点、人类生存处境的无奈之后,仍然以美好善良的情怀包容世界,并力求以自身的绵薄之力努力改变世界、消除人性中丑恶的东西。不像刘汉香那样具有宗教殉道的意味,小陶和上官尽管也像刘汉香一样"信",但她们选择的是从实实在在的小事做起,开个花店,把美好的东西带给人间,开个书店或到山区支教,以文化民,遏制人性中恶的充分发育。应该说,如何对抗人性的弱点,如何消除人性的丑恶,如何使世界更为和谐美好,《等等灵魂》提供的是一条更为现实的出路,它使我们在无神的年代,依然能"信",能从身边具体的事物中发现生存的意义,能够在内心有种坚定的力量去对抗堕落、留住灵魂。

《等等灵魂》保持了李佩甫小说的一贯特点,即语言的湿润和诗化,描写得精确和细微,表达得冷峻和深刻。自《城的灯》以后,他的作品越来越让人感到温暖,让我们在人性的黑暗中看到了光明的生长,在对人类存在处境无奈的绝望中看到了希望的孕育,显示出了一种博大、宽容的情怀以及善良、美好的愿望。

应该说,李佩甫的作品在人性的描写上已经非常深入了,他总是努力把人物的性格往极致上推。所以,他对生活在中原文化背景下的人的精神和性格的揭示已经达到了无人能出其右的境界。但对一流作家来说,仅仅考虑人性的善恶,仅仅考虑权力对人性的伤害、贫穷对人性的伤害、金钱对人性的伤害等这些社会学层面的东西是不够的。现在很多作家在认识上似乎存在一个误区,那就是认为把人性写得越恶越深刻;有些人则相反,认为文学应该有理想的情怀,要表达善。其实,所谓人性的善恶不过是一个陷阱,人性中的这一切都是对抗无意义焦虑的手段,善恶本来就是同源的。一个真正世界一流的文学大师,应该有直面虚无、叩问虚无、追究终极问题的能力和勇气,只有这样,才能走出人性善恶的陷阱,看到善恶其实都是从虚无的深渊里生长出来的。能够做到这一点,就会有佛家所说的大慈悲在,有基督教所说的博爱在,作品就会有种博大的悲悯情怀,就会圆融雄浑,否则,作家的境界就只能是尘世的境界,顶多是王者的境界,但不会是超凡脱俗的境界。李佩甫已经清楚地意识到要有悲悯、宽厚的情怀,他要做的似乎是要有更明确的追究终极问题的意识,要更多地思考那些权力、金钱、名誉背后的更深的东西。有了这样的境界,不管写什么人,读者不管是什么类型的人,都会觉得作者对他是非常理解、非常尊重的,都觉得作品写到了自己的心里。这就是大师的境界。

另外需要说的一点是,在当今这个普遍放弃深度,追求商业利益和娱乐化效果的时代,李佩甫的写作捍卫了作家的荣誉。自20世纪90年代中期以来,简单写实的倾向大行其道。这种写作在叙事上降低难度,在精神上取消向度,似乎把故事讲好,讲得离奇刺激,就是写作的全部。如此一来,成为一名作家的门槛就被降低到了一个前所未有的地步,连张钰也可以厚着脸皮说,当不了演员,就回家当美女作家。这样的话,作家有什么理由瞧不起一个女人自曝当二奶经历的写作,瞧不起木子美自曝性史的写作?如果只是写实,只是讲故事,只是写个人的经验,一个作家怎么能比得过阅人无数的妓女?所以,作为一个专业的写作者、一个作家,还是应该有种责任感,有种担当精神,应该坚持有难度的表达,坚持自己的精神向度,对生命的安立提供帮助,对社会的和谐有所助益。李佩甫的创作,坚持以理想光芒照耀下的批判精神来透析社会、透析人性,坚持对语言表达的诗意追求,他以其多年的创作实践,坚定地捍卫了作家在这个时代的荣誉。

(《莽原》2007年第5期)

周大新论

周大新的小说写作始于1979年，就目前所见资料，他的小说处女作应该是1979年3月25日发表于《济南日报》的短篇小说《前方来信》。此后，他的写作基本以中短篇军旅题材的小说为主，有《第四等父亲》、《军界谋士》等，这个过程一直持续到1986年。[1] 1986年8月周大新在《解放军文艺》发表了短篇小说《汉家女》，这篇让他荣获全国优秀短篇小说奖的作品对其创作具有重要意义，不仅确立了其在文坛的地位，更重要的是，这部小说蕴含着他早期创作的基本主题，使他此后的创作能在一个正确的方向行进。《汉家女》虽属军旅题材的作品，但作品明显具有浓郁的乡土气息。作者虽然将主要笔墨都集中在军营生活上，但隐藏在背后的却是对努力走出农村、走出盆地者奋斗与抗争的书写，这成为他此后创作的一个重要主题，并开启了"盆地"系列作品的创作。这时期的作品主要有《伏牛》、《走出盆地》、《向上的台阶》、《香魂塘畔的香油坊》、《银饰》等。后来，他以《第二十幕》赢得广泛声誉，并以《湖光山色》荣获第七届"茅盾文学奖"。

谈到周大新，更让人津津乐道难以忘怀的是他的人品。这个以良善之心书写着对这世界走向美好的热望的人，在日常生活中，他总是用点点滴滴零零碎碎的举动，不断温暖着身边的每一个人。

对周大新其人其文，是那么的熟悉，但当我决定好好写写周大新时，发现自己遇到了难题：对周大新，想说的话很多，但就是不知道从何说起，就是找不到一个好的切入点。

于是，我只好反复阅读周大新关于文学的随笔，以期更好地理解周大新对文学的理解。忽然，我发现周大新多次在不同场合，比如在创作谈中，在演讲中，在答记者问中，在聊天中，谈到自己非常喜欢两个作家，一个是

---

[1] 1986年对周大新的特殊意义胡平也早就注意到了，他在《神话的复归——周大新盆地小说原型分析》一文中说："仿佛受到神的启示，1986年的秋季，回乡省亲的周大新站在那块黑色的土地上，闻着成熟了的秋庄稼散发出的新鲜香气，望着乡亲们在田间劳作的情景，忽然意识到，自己最熟悉和最应该写的还是脚下的故土。"

俄罗斯作家列夫·托尔斯泰,一个是中国的沈从文。有一天,在阅读周大新的散文集《看遍人生风景》时,再次看到周大新谈到他喜欢的两个作家,就有了追问下去的念头:周大新何以喜欢的是这两个风格差异如此巨大的作家呢?这似乎是个很简单的问题,但深入思考这个问题时,我觉得对周大新及其创作的研究似乎可以从这里开始,搞明白了这个问题,其实就真正理解了周大新。

托尔斯泰创作最明显的特点是它的社会指向,而沈从文创作最明显的特点却是它的自然指向;而二者又有着共同的特点,就是对女性细腻、准确、深刻的描写。事实上,周大新的文学启蒙正是来自托尔斯泰,或者说托尔斯泰是他创作的启蒙导师。他在《读〈复活〉》这篇短文中,描写了"文革"期间在兵营中读到一本残破的《复活》时给自己带来的震撼,并发誓一定要弄到一本新的再好好读。"六年之后,我的这个愿望得以实现,我在济南的一家小书店里,买到了一本新版的《复活》。也就是从这时开始,我开始学写小说。"[1]受托尔斯泰的影响,对社会问题的思考成为周大新写作中关注的重点,对爱的呼唤与对拯救的渴望成为作品的精神主题。对女性的特别关注也是托尔斯泰创作的一个重要特点,而这也许使他进一步喜欢上了沈从文。沈从文是"凭一颗诚心",希望作品能"影响人,总是引起爱和崇敬感情",[2]而周大新的写作是"为了人类的日臻完美";沈从文认为"生命哀乐实在群众中","群众哀乐实在我生命里",周大新也是将自我深情与人们生活命运中的悲欢离合不自禁地融合一处;尤为重要的是,这两位爱哭的男性作家,那一副慈爱柔软的心肠,时常显示出宽和柔善的女性光辉来。

意义追求和责任担当

"不少人写小说是为了好玩,也有人将小说视为一种作秀的工具,而周大新写小说却纯粹是自觉自愿承负起一种天然的使命。他要用自己手中的笔,描绘出'密林'里丛生的荆棘,以及走出'盆地'的艰难跋涉。"[3]林为

---

[1] 周大新:《读〈复活〉》,见周大新《看遍人生风景》,河南文艺出版社2014年版。
[2] 沈从文:《沈从文谈艺术》,江苏人民出版社2014年版,第10页。
[3] 林为进:《以平民视角写平民——周大新印象》,《人民日报》2002年9月15日。

进对周大新写作的概括是非常准确的,至少对其早期的写作是如此。

周大新早期的写作主要是描写军营生活的中短篇小说。通观这些小说,会发现周大新对战争的认识是在不断深化的。他前期的不少作品重点是歌颂战争的正义与神圣。比如发表于1979年的《前线来信》以家书的形式讲述了当时中越边境战争中被俘的解放军战士江波的正义之举,是对我军正义性的歌颂;《走廊》则重点描写了战争中军人的成长及战争对军人的神圣意义;《第四等父亲》重点写的是军人职责与家庭义务间的矛盾,突出了军人的牺牲精神。随着对战争描写的深入,他又把表现的重点放在了对战争残酷与血腥的描写上,比如描写台儿庄血战的《铜戟》。然后,他重点描写了战争给军人带来的心理创伤,如《白门坎》、《瞬间过后》等。更进一步,他的《世事》、《猜测历史》等重在揭示战争的荒诞;《左朱雀右白虎》等则揭示战争对文化的戕害,而《旧世纪的疯癫》、《关于战争消失那天庆贺仪式的设计》等则揭示了战争的反人类本质。

在所有与战争有关的中短篇小说中,发表于1986年的《屠户》和《汉家女》对周大新来说更有着特别的意义。这两部作品的主人公都是女性,一位是屠户家的普通姑娘珠儿,一位是女护士汉家女。这两部作品的特别之处倒不在于作者对战争的反思多么深刻,而在于他深入女性的内心,关注到了与她们的性格、价值观等密切相关的文化背景。实际上,仔细分析周大新的军营小说就会发现,他描写的很多人物都是"穿军装的农民"。这固然与他自身的经历密切相关,但从另一个意义上讲,周大新关注的并非仅仅是军营中的事件,而是作为军人的这些人,他关注这些人成长的背景对其性格、行为方式等产生的影响,以及他们的性格、行为对军营、对社会的影响。也许正因如此,周大新描写军营生活的小说反倒多了一种别样的韵致,有了更多的文化内涵和社会意义。

1986年,在描写多年"穿军装的农民"之后,周大新关注实实在在生活在故乡土地上农民的愿望愈发强烈,他意识到,他生长的南阳才是他的根之所在,可以为他的创作提供源源不断的人物、故事和文化资源。于是,他开始了对"盆地"的书写,而这种书写的重要主题则是"走出盆地",这在他更早描写军营的小说中已有体现。这些作品包括《泉》、《泉涸》、《汉家女》、

《武家祠堂》、《家族》、《老辙》、《小诊所》、《紫雾》等,当然也包括他的第一部长篇小说《走出盆地》。

周大新认为"写苦难是小说的一个基本任务",他说:"作家写人不写苦难,甚至有意避开苦难,那就对不起自己的良心。"他把苦难分为个人的苦难、民族的苦难、人类的苦难三类,并把苦难的产生归因于自然、人自身和命运。[1] 与苦难抗争,就是要寻找幸福。周大新的写作实际上大多在描写不同人寻找幸福的过程。在他看来,"寻找幸福,表现这种寻找过程是作家们的义务"[2]。在当时中国城乡二元严重对立的社会背景下,"走出盆地"即"逃离土地",也就是"寻找幸福"。周大新这些描写"盆地"农民逃离土地的作品,反映的正是当时中国乡村社会变革的现实。

周大新的写作虽然总体上以现实主义为基调,实际上则高扬着理想主义、浪漫主义的色彩。正因如此,他虽然描写了不同人的逃离,但同样浓墨书写了回归。他的第一部长篇小说《走出盆地》,描写了主人公邹艾走出盆地的种种努力,但最终落脚在回归上。邹艾首先努力走出盆地,在学习掌握了现代医药知识后又回到了盆地,建起了医院和药厂,带领家乡开始了现代化进程。从这个意义上说,周大新心中的"走出盆地",实际上是走出落后的生产和生活方式,融入现代化的进程中。由此,周大新前期的大量长中短篇小说作品,确实对当时中国的社会现实做了深刻而全面的表现。

周大新对南阳盆地历史文化进行有意识的表现很早就有。在《走出盆地》中,他就引入了神话传说作为辅线,在增强作品地域特色的同时,使作品具有了更深刻的文化内涵。而《伏牛》、《左青龙右白虎》等则是对南阳历史文化更集中的表现。周大新在现代化变革的背景下表现历史文化,着眼于对传统历史文化、价值观念进行反思与重估,发现其局限所在,以期对未来产生积极的意义。带着这样的理想,周大新对盆地的书写就绝不仅仅停留在"走出"或"逃离"的层次上,随着写作的深入,他在不断探究传统历史文化对盆地的塑造和影响,及其带给未来的可能。比如《玉器行》揭示的是固守传统的邱爷对创新的压制,寓意改革的艰难;《老辙》揭示的是在历史

---

[1] 周大新:《小说与苦难》,《创作与评论》2013年第8期。
[2] 周大新:《我写〈湖光山色〉》,《人民日报》2006年5月25日。

的变迁中由于人性的、文化的种种因素的影响,人物的命运走向了新的轮回。正是由于对盆地文化的深入开掘,周大新塑造出了许许多多生活在盆地中的鲜活人物,比如《香魂塘畔的香油坊》中的郜二嫂等。

对南阳现实及历史文化的深入思考,最终促使周大新创作完成了一部全面表现20世纪中国社会变革的皇皇巨作《第二十幕》。作品名字"第二十幕"正是20世纪的象征。而20世纪是人类历史上变动最为剧烈的一个世纪,对中国来说情况更是如此。这个世纪,中国持续了数千年的封建制度走到尽头,被共和政体取代,历经军阀混战、抗日救亡、国内革命战争等,终于在世纪中叶建立了中华人民共和国。此后半个世纪中国的发展同样曲折艰难,但中国最终还是在20世纪末以一个经济高速增长、正在崛起的负责任大国的姿态屹立在了世界的东方。周大新的长篇小说《第二十幕》就是通过中原古城南阳一个丝织世家在20世纪的兴衰沉浮,向我们展现了作为中国缩影的一个小城百年间的世相,记录了中华民族在20世纪所走过的波澜壮阔的历程。《第二十幕》是最能体现周大新创作水平的代表作。作品总体的故事虽然是围绕南阳的丝织业展开的,但它其实包含了尚家振兴祖传丝织业的家族物质文化追求,晋金存、栗温保等人追逐权力的官本位文化追求和卓远为代表的传统知识分子承继道统的精英文化追求三方面的内容,并通过这三种文化形态的交错、碰撞、融合,表现了20世纪中国政治、经济、文化、社会各方面的剧烈变化,传达了作者对中国文化重建的深入思考。

写完《第二十幕》之后,周大新自觉把目光从农村、军营转向了都市,创作了《21大厦》。如果说"第二十幕"是20世纪象征的话,"21大厦"则是对21世纪的隐喻。由此我们可以看到周大新自觉的责任感和担当意识,他是立志要对中国20世纪以来社会的巨大变迁进行全面表现的。《21大厦》以一座大楼象征整个社会,试图对处于时代交替中的中国社会进行全面反映和深刻剖析。实际上,尽管描写的是现代都市生活,周大新并没有放弃农村这个巨大的背景,他在以农村的眼光观察城市。作品通过在大厦做保安的乡下人小谭的视角,观察大厦形形色色人的情感、婚姻和家庭生活,洞察到了都市人的情感和精神困境,对都市有了别样的发现。这使作品不仅保持着鲜活的时代气息和生活气息,同时有着一种特别的幽默感和韵味。

周大新不仅在书写现代都市时隐含着城乡对立的视角,他在书写历史、战争时同样隐含着这样的视角。且不说他前期作品中描写了许多"穿军装的农民",即使《战争传说》这部以明代土木堡之变和北京保卫战为背景的小说,也仍然隐含着这样的视角。《战争传说》写的是一个游牧民族的女子进入北京色诱大宦官以图影响战争进程的故事,从本质上说描写的仍是城与乡的对立,是从个人的角度对战争做出的深入思考。

在对部队、农村、都市、历史等不同题材进行全面思考和表现之后,周大新重新把目光收回到农村,于是有了新的发现,创作出了荣获茅盾文学奖的长篇小说《湖光山色》。对于这部作品的创作,周大新说:"创作《湖光山色》这部小说的初衷之一,是想把当下乡村变革中的真实境况表现出来,引起读者们对乡村世界的关注。"[1]《湖光山色》以周大新故乡南水北调水源地丹江口水库边上的楚王庄为描写对象,来表现中国乡村变革的真实状况,并由此来反映中国传统文化、伦理对发展的影响。事实上,《湖光山色》描写的不只是"乡村变革中的真实境况",周大新是带着理想主义的热情和理性的思考,试图在乡村的真实境况中,发现影响着乡村的深层权力结构、社会伦理和文化背景。因此,孟繁华称:"这不是一部兴致盎然虚构当代乡村爱恨情仇的畅销小说,不是一个偏远乡村走向温饱的致富史,也不是简单的扬善惩恶因果报应的通俗故事;在这个结构严密充满悲情和暖意的小说中,周大新以他对中国乡村生活的独特理解,既书写了乡村表层生活的巨大变迁和当代气息,同时也发现了乡村中国深层结构的坚固和蜕变的艰难。"[2]

《湖光山色》之后的周大新,可谓功成名就,但他探索的步伐并未停止。很快,他创作出了一部似乎有些特别的长篇小说——《预警》。《预警》描写的是我军某机密部队作战局长孔德武被恐怖分子利用其人性的弱点一步步引诱威逼就范,最后又毅然觉醒的故事。《预警》的故事固然精彩,但这

---

[1] 周大新:《对乡村世界一腔深情——由小说〈湖光山色〉谈起》,《光明日报》2011年4月11日。
[2] 孟繁华:《乡村中国的艰难蜕变——周大新长篇小说〈湖光山色〉》,《文艺报》2006年5月16日。

并不是周大新表现的重点,他探索的是重要人物人性的弱点被人利用后可能给国家与社会带来的巨大灾难,向当今世界发出了预警。尽管周大新以其一向理想主义的精神为作品设置了一个让人欣慰的结尾,但作品对当今世界反恐形势所做的思考,使作品具有了巨大的现实意义,体现了作家的责任感和担当精神。

周大新的创作,题材广泛,紧贴时代与人心变迁,对当今社会做了全面而深刻的表现,充分体现了他作为一个作家对作品社会价值、意义的追求以及自觉的责任感和担当精神。

《安魂》更是一部独特的作品。周大新的儿子因病英年早逝,当时他已年近60,这个打击是无比巨大的。忍着巨大的悲痛,周大新把他的痛楚、他对儿子的思念写了出来。但这部作品并没有止于对怀念儿子和个人伤痛的书写,而是以差不多三分之二的篇幅构建了一个天国世界,使天人永隔的事实以文学的方式得到改变,使有限的生命由此得到拯救。周大新的这种努力,显然超越了个人的伤痛,而是在人类的意义上去思考生死,并积极寻找获得拯救的方式。

2015年出版的《曲终人在》,是周大新面对目前广泛开展的大规模反腐行动创作的一部长篇小说。周大新在总后工作,《曲终人在》创作的缘起与总后的谷俊山案有关。但周大新并没有把笔墨放在案件本身,而是从人生成长的角度去深入揭示案件发生的社会和人性背景。这部小说涉及一个重要的话题:官员的职业素质。"这看上去古老,甚至显得有些陈旧和落伍,但是在价值混乱和道德失序的今天,作家对道德的拷问和张扬,并且为之引入基于时代变化而产生的新的思考,读来却有一种崭新的价值和意义。"[1]

通观周大新的创作,可以看到,他一步步把握着大众的关切,描写社会现实和时代变迁,题材及于军营、乡村、都市、历史、国际反恐、反腐以及生命伦理等各个方面,应该说是对当今社会做了全面而深刻的表现,这充分体现了他作为一个作家对作品社会价值、意义的追求以及自觉的责任感和担当精神。

---

[1] 付如初:《从周大新的〈曲终人在〉说起》,《经济观察报》2015年7月5日。

女性书写与人性开掘

周大新喜爱的托尔斯泰是一位关注社会问题的作家,而在写作中又总是从具体的个体特别是女性入手,描写一定社会背景下个体的行为和心理,从而在表现社会问题的同时,对人性也进行深入的开掘;当然也可以反过来讲,表达在一定社会文化影响和挤压下人性的变化。周大新很好地继承了托翁的这一传统,因而成为一位反映社会现实、记录时代变迁、揭示社会问题的优秀作家,同时也是一位善写人性,特别是善于写女性的优秀小说家。周大新曾说:"一部书只要把主要的女性角色写好了,这部书就有了黏合剂,就能使书的各个部分紧紧地黏合起来,使书具有了引人阅读的魅力。"[1]由此可见,他着力书写女性完全是一种自觉的选择。事实上,在书写女性的时候,周大新并非完全让人物服从于其社会属性,或服务于社会性的主题,而是让这些人物特别是其中乡村的女性,依自然属性自由生长,从而使他笔下的人物焕发出别样的魅力。这一点又与他喜欢的沈从文颇为相似。

《汉家女》是周大新众多军旅题材短篇小说中最为突出的一篇。作为反映军营生活的小说,作品并没有把重点放在对所谓军人特质、使命等内容的表现上,而是重点表现了一个女军人作为一个自然女性的性格特征,包括形成这种性格的文化背景和由这种性格导致的行为方式。汉家女有其大胆泼辣的一面,甚至性格中也有因为急于摆脱贫困而带来的自私狡黠,但她内心深处有着更为宽阔深邃的善良,有在关键时刻担当的精神。这篇小说之所以获得成功,在于很好地把这些看似不协调的东西很好地融合在了一起,很好地塑造出了一个真实、自然的女性形象。

《走出盆地》中的邹艾可能多少带有一些汉家女的影子。当然,作为一部长篇小说,作品以更大的篇幅描写了盆地女性对命运的抗争,以及她们通过改变自然以求最终改变盆地的理想和奋斗。如果说《汉家女》更多描写的是一个从盆地走出来的女性人性的自然状态的话,《走出盆地》则更多

---

[1] 周大新:《认识娜塔莎——读〈战争与和平〉》,见周大新《看遍人生风景》,河南文艺出版社2014年版。

表现了社会现实对人性的挤压和伤害。汉家女的那些行为尽管从政治层面讲是不当的,但她从未对他人造成实际伤害,她的性格中其实并没有真正的瑕疵;而邹艾的抗争与奋斗中,则有着有意识的欺骗和对他人的伤害,应该说是有瑕疵的,这是理性对人性伤害的具体体现。因此,如果说《汉家女》更多表现的是一种沈从文式的自然的理想的状态的话,《走出盆地》则有着明显托尔斯泰式的通过女性剖析社会和人性的特征。

《屠户》描写的是屠户家的女儿珠儿在因未婚夫在战场上牺牲而毅然生下所怀的孩子的故事,简单看是一曲对忠贞爱情的颂歌,实际上,作品所开启的是周大新对女性爱情、婚姻悲剧书写的序幕。此后,周大新的一系列中短篇小说如《香魂女》、《蝴蝶镇纪事》、《向上的台阶》、《世事》、《银饰》等,基本都以女性爱情的悲剧性命运为基本主题。

《香魂女》描写的是郜二嫂、环环婆媳两代人不幸的婚姻和命运悲剧。作品以朴素的笔触,不仅深刻地揭示了不幸的婚姻带给她们的屈辱感,以及她们内心生出的仇恨,更重要的是,作品通过贫困对女性命运的影响,对男权文化进行了深刻反思。在此后的不同作品中,周大新着力对造成女性爱情婚姻悲剧命运的原因进行了多方位的探索。《蝴蝶镇纪事》、《向上的台阶》描写的是两位家庭出身不好的女性豆荚和妁妁对纯洁爱情的追求、奉献与牺牲,作品以此对极"左"路线对人性的摧残进行了深刻的反思。同时,作品也对男女不同的爱情观进行了深入的思考,从某种意义上说,可能正是男性对爱情之外诸如权力、地位、金钱、名誉等东西的追求,使女性在不同的时代会因为不同的原因而遭受伤害。如果说前面这些作品所揭示的造成女性命运的悲剧都有相对明确的原因的话,《世事》中四婶莜儿的遭遇则显示出在世事变迁中人的命运之难以捉摸、无法把握,呈现出一种更为宏阔的命运感。而《银饰》中碧兰的悲剧,则缘于封建观念对人性的压抑,是从自然爱欲与社会伦理的角度对女性爱情和婚姻悲剧的深入开掘。

《第二十幕》是一部描写20世纪中国民族工业发展历程的长篇小说。这类史诗性的作品,通常会把男性作为描写的重点,尚达志就是周大新在这部作品中着力塑造的一个人物形象。但在作品创作之初,周大新就期望通过作品搭设起一座座人性的花园,呈现出一个个灵魂的标本,为此,作品在塑造一批为实业、权力、知识等奋斗的男性的同时,更是发挥其擅写女性人物的特长,塑造了像盛云纬、曹宁贞、王文蕊等成功的女性形象。《第二十幕》基本延续了周大新以前中短篇小说中对男性的认识,为了事业,爱情、亲情、友情都是可以牺牲的,而男性的这种观念,又进一步给很多女性带来了悲剧。尚达志深爱盛云纬,但为了他的祖业,爱情可以牺牲,女儿可以牺牲,孙子的梦想可以牺牲,在他复杂人格的背后,我们看到的是中国20世纪复杂的政治、经济、文化关系。盛云纬一生深爱尚达志,欣赏他执着的创业精神,却又对他的无情带着深深的恨意。作者通过盛云纬很好地揭示了人物内心世界的复杂性,使之成为一个内涵异常丰富的人物形象,从而很好地通过她个人的命运悲剧表现了20世纪这个复杂的时代。整个20世纪,中国社会的经济、政治、文化等发生了巨大的变化,其中还有相当长一段时间处在战火的笼罩中,栗丽、草绒、绫绫、宁贞等众多善良的女性,性格各不相同,却都因不同的原因承受了巨大的精神磨难。仔细分析这些女性形象,就可以发现,周大新其实是要通过这些女性以不同的方式,去除掉权力、金钱、文化等给人性带来的恶的成分。比如曹宁贞甘愿为理想而牺牲;栗丽希望通过性和血缘,以伦理的方式弥合信仰之争和权力之争。她们要努力使人性还原到作为人本身的自然纯真状态。同时,周大新也在积极探索通过佛教、基督教等宗教方式来抑制人性中的恶,比如草绒就是在基督教中找到了心灵的安慰,并努力以此使丈夫也放弃恶念。由此可以看出,周大新笔下的女性形象,实际上是对因权力、金钱等形成的人性之恶的对抗和抵制,女性是对自然人性的张扬,代表着原始的生命力,有着对服从于社会属性的男性法则的矫正作用,因而闪耀着人性的光辉。

周大新对女性有特别的理解、认可和偏爱,他尤其依恋女性意识中的母性情怀。他曾说:"出于我对女性形象的偏爱。我认为在男女两性中,男性从事的破坏性活动多,女性则是柔和的、包容的,从事的建设性活动更多。因此,我对未来人类社会发展中女性的作用看得比较重。如果一个社会不断地呼唤母性,保养它,它就会变成社会深厚的营养,然后反哺社会。我希望把女性的这种东西呼唤出来。"[1]在周大新看来,人性得到救赎、社

---

[1] 周大新:《反思乡村的命运》,《京华时报》2008年11月5日。

会得到改善的途径,就是要通过女性善良、倔强的人性之光的照亮。《湖光山色》里的暖暖同样闪耀着人性光辉,或者毋宁说闪现的是类似于老雨果所表现的那种人道主义的光辉。暖暖是一个对自己的情感生活有着明确追求的女性,她走出盆地掌握了知识,但怀着改变家乡落后面貌的愿望回到家乡。在回到家乡开展商业活动的过程中,她看到了过度商业化带来的负面影响,虽经历过精神、肉体的磨难以及爱人的背叛,但暖暖最终却努力用超越现实恩怨和情感的方式化解一切。从中可以看出周大新对社会现实的深度思考,他在看到乡土文明无可奈何崩溃的同时,又积极用理想主义的方式期望使坍塌的一切得到拯救。这是周大新对于女性从自然和人性角度赋予的美好愿望。

《21 大厦》表现的是乡村伦理与城市法则的对立。小保安和地下二层的打工者丰嫂、余太久、崔发等因来自农村,寄居在城市"很难见到阳光"的角落中,主人心态的丧失使他们明显带有胆小怕事、自卑怯懦的性格特征;而对成功的渴望,又使他们行事不择手段、凶狠计较。但是,这些离开故土进入城市的人,却仍然保持着互相体谅、有福同享、有难同当的温情和亲情,保持着人性的优美和崇高。相对而言,生活在高层的城市人却对物质生活有着难以遏制的追求,情感丧失,倾轧和欺骗成为生活的常态。周大新的很多作品都有一个共同的主题,即表现经济生活和社会变迁对人的内心世界以至人性产生的影响。《21 大厦》表现的即在现代世界中来自城乡不同地方的人的精神世界。在这些作品中,周大新一方面表现了农村人改变自身命运、拥抱现代社会的渴望,另一方面又表现了现代社会对人们固有美好人性的戕害。周大新所表现的这对矛盾其实也正是他在当下社会变迁中自己内心的矛盾。

作为一名军旅作家,思考战争、描写战争可以说是职责所在。周大新同样在思考战争,思考战争对人的伤害,但他更是思考人,他要把人放在战争这个特殊的背景下进行更深入的表现。《战争传说》的特别之处在于,他思考战争但不直接描写战争,他写战争对人的影响,写的是仇恨、阴谋、情欲、人性这些与个人存在密切相关的东西,这就与传统的战争小说大异其趣了。虽然不直接写战争,但对战争的思考其实更深刻,对人性的表现也更深刻。作品通过一个普通的女性，揭示了战争的发生与人性中的权力欲望的密切关系。就这部作品而言，周大新是在历史的缝隙处进行开掘，这才是小说应该做的事。

《预警》普遍被作为谍战小说看待。但与一般谍战小说不同的是，这部小说没有把描写的重点放在惊心动魄的故事和让人脑洞大开的机变上，而把重点放在了对人物内心世界的描写上。这与周大新一贯注重开掘宏大社会背景中人物性格和内心世界的做法是一致的。《预警》的整个故事基本上是围绕孔德武内心的矛盾冲突展开的：潘金满利用人性的弱点，不断为孔德武设置各种陷阱。比如美女方韵的诱惑，就利用了孔德武作为人之常情的爱美之心和他助人为乐的情操以及军人的正义感。这里我们看到，人类那些高尚、正义的情操和信念，同样是可能被利用以服务于邪恶目的的。至于潘金满安排对孔德武及其家人的诸如股票贿赂、资助孩子留学到后来的道德要挟等，无不是对其人性的考察，是欲望与理性的博弈。《预警》最后，在孔德武身上，人性的光辉也闪耀了出来，使他最终做出宁可牺牲自己的名誉、地位等也不能牺牲国家利益的决定。

而《曲终人在》作为一部反腐小说，则与当前流行的反腐小说、官场小说大异其趣。这部作品很好地表明了周大新写作的着力方向，他总是努力通过不同的社会事件和人物，从人性的角度去探索事物发展变化的根本原因。欧阳万彤并非一个完人，周大新并没有回避他人性中复杂幽暗的成分，也描写了他多年来对魏昌山发展贡献的谋略，其中自然也包含着他的私心，但在根本的问题上，在为社会发展、为百姓做事等根本问题上，欧阳万彤是令人敬仰的，他无疑是寄托着周大新社会理想的人物。

周大新通常被认为是一个善于书写善的作家，他也确实把大量笔墨集中在对善的歌颂上，但这并非是他对恶缺乏认识。从他的整体创作来看，周大新对善的歌颂正是建立在对恶的认识和抵制上。1995年，他专门撰写文章谈写作的意义，认为作家写作的根本目的就是"为了人类的日臻完美"[1]。能够在认识到恶之后以宽容之心对待它，并努力以善来引导它，这才是真正的大慈悲情怀。

---

[1] 周大新：《为了人类的日臻完美》，《海燕》1995年第2期。

文学探索与文本表达

尽管大家基本把周大新看作一个带有理想主义倾向的现实主义作家，但周大新的写作并没有局限于传统现实主义描摹现实的写作模式中。实际上，周大新在小说创作过程中，对文本表达不断进行着自己的思考，并持续寻找、探索新的有效的表达手段。应该说，对于小说创作，周大新有着清晰的文本意识，新的表现形式一直是他小说创作探索的一个重要方面。在《卡尔维诺的启示》一文中他明确谈道："卡尔维诺用他的创作实践告诉我这个文学上的后来者，你要想成为一个优秀的小说家，你就一刻也不能停止向前寻找，寻找的东西主要是两个：一个是新的表现形式，另一个是新的表现内容。"[1]

象征是周大新小说创作使用最为广泛的一种表现手法，他的大多数长篇小说和很多中短篇小说都是如此。象征在文学表达中有着广泛的运用，不论是中国古典文学还是西方文学，象征都有着绵长的运用史，甚至说它与文学的发展相始终也并不为过，因为从本质上讲，象征确实与文学自身的表现特征有着内在的一致性。但周大新对象征手段的如此厚爱，我以为与20世纪拉美文学的影响有着密切的关系。20世纪80年代，以马尔克斯为代表的拉美文学传入中国，迅速以迥异于中国新文学特别是"十七年"至"文革"时期中国文学的表现特征，征服了广大刚踏入文坛不久的作家，中国新时期文学的代表性作家，特别是"50后"作家，几乎没有不受其影响的。周大新文学创作走上相对成熟的道路，正在此时。所以周大新对文本的重视，对象征手段的执着坚持，应该都与此有关。当然，影响周大新的包括但肯定不止于拉美文学，俄罗斯文学早期对他的影响无庸赘言，欧美现代主义文学也应该有着重要的影响。这从他在众多散文、随笔中谈到的作家、作品就可以清楚地看出来。

其实深入分析的话，不仅周大新，也包括其他作家，几乎每一篇文学作品都可以分析出其中的象征意味。但这种泛象征主义的解释是没有意

---

[1] 周大新：《卡尔维诺的启示》，见周大新《看遍人生风景》，河南文艺出版社2014年版。

的。周大新对象征手段的有意识使用，我以为可以从他在《走出盆地》等作品中引入神话开始，当然实际可能更早。《走出盆地》引入了三则神话，并贯穿在整部作品之中，与描写现实的内容构成内在的互文关系，是一种现实的隐喻。可以说，三则古老的神话是南阳人的宿命，是其现实生存和奋斗精神的象征。稍早于《走出盆地》的中篇小说《伏牛》即引入了南阳关于牛的传说和对牛的崇拜，并作为人们生存处境的象征，对作品主题的表达发挥了积极作用。而典型象征手段的使用在中篇小说《步出密林》中则表现得更为充分。《步出密林》以原始森林象征人的现实生存环境，对人与自然的关系进行了深入的思考和表现。《步出密林》整体象征手法的使用，应该是魔幻现实主义影响的痕迹。其实，问题可以进行更简单的理解，"步出密林"即"走出盆地"，是周大新表达的现实主题的象征性表述方式。

  如果说以上这样的作品在总体上使用了象征手法的话，局部的、具体的象征在其作品中可以说比比皆是。比如《铁锅》中反复被打碎又重铸的铁锅作为人类面对灾难生生不息的象征，《银饰》中黑云里的黑色幽灵、《泉涸》里的黑手、《老辙》中的怪火等作为命运的象征等，这都是用具体的象征物来表现作者对人类命运的深度思考。在周大新最重要的几部长篇小说中，象征手法同样被反复使用。比如，《第二十幕》书名本身就是20世纪中国社会的象征。作品中，"方格网"是一种图腾式的象征物，象征着自然规律、人类命运。其他如炫目白光的出现、恐龙蛋的排列等同样具有各自的象征意义。而《21大厦》则是21世纪社会现实的象征，作品中"展翅欲飞的雏鸟"形象反复出现，成为当今社会现实和大众心理的象征。《湖光山色》则描写了楚王庄边水面上的"迷魂三角区"，其中升腾的雾气同样成为人类现实及命运的一种象征。象征手法的运用，不仅强化了作品的主题，更重要的是，它使作品的叙事张力明显增强，并带有一丝神秘感，增强了作品的内在意蕴。

  复线叙事是周大新结构长篇的重要方式。其第一部长篇小说《走出盆地》引入了三则神话，并作为与现实故事推进并行的线索贯穿了整部作品。周大新最重要的长篇小说《第二十幕》，则是三条线索交织并进：主线是20世纪中国民族工业发展的历程，副线是纠缠始终的权力斗争，另一条线索则是追求自由的知识分子的精神史。《21大厦》描写的是生活在大楼上下两个阶层的生活,作品以小保安的视角展开,城市人和打工者的生活得以很好地平行展开。复线叙事对于周大新来说是重要的结构长篇的方式,但同时他对这种方式的认识和把握又是不断推进的。通观周大新的小说创作可以发现,早期的小说写作,他基本走的是写实的路子,用全能视角线性展开故事。之后,随着20世纪80年代先锋写作的兴起,周大新也自觉接受了新的写作观念,开始有意识地探索新的创作方法和技巧。他的探索首先是从叙事视角的变化开始,他这一时期的作品,已不再采用全能视角线性展开叙事的方法,而是第三人称、第一人称、多重视角、内外视角都有所使用,使作品的表现力大为增强。

应该说从这个时候开始,周大新对小说创作有了明确的结构意识,而且对小说新的表现形式的探索从未停止。在先锋小说兴起时,先锋作家对文体的重视重于故事,而此时的周大新开始重视文体但并不放弃故事;后来先锋小说退潮,多数作家开始拼写实、讲故事能力的时候,周大新仍然不离故事却持续坚持着文本探索。

纵观周大新的小说写作,他对文体结构探索的脚步从来未曾停止。他的第一部长篇小说《走出盆地》,全书不仅引入神话作为辅线,更是以一步、两步、三步来结构作品。虽然现在看来这种做法多少显得有些生硬,但可以看出周大新创新文体结构的用心。再比如他1993年在《作家》第10期发表了一篇名为《14、15、16》的中篇小说,以几个阿拉伯数字做标题,对周大新这样性格的作家来说,肯定不能仅仅以搞怪吸引眼球来解释,它显然表明了周大新对文体表现的思考。此后的小说创作,周大新对文体结构的把握渐趋自如,不同作品不同的文体结构都能很好地为作品主题服务,比如《第二十幕》多线索交织平行展开的结构,就增强了作品的厚重感和史诗感。《21大厦》则以小保安的视角展开叙事,使各种互不相干的人很好地被联系在一起,并使不同文化背景的人的行为方式和观念在巨大的反差中得以更好地表现。其他作品的结构同样讲究,《预警》分"上阕"、"下阕"两部分,前者写现象,后者揭谜底,使小说充满悬念,可读性强。《湖光山色》则以"乾"、"坤"命名上下两卷,两卷又各分为"水"、"土"、"木"和"金"、

"火"、"水"三部分,既是中国传统文化的体现,又很好地以"水"勾连起上下卷。《安魂》则以干支纪年的方法排列30个章节,既是主人公生命的时序,也代表了作者对轮回中生命的思考。《曲终人在》则以采访手稿的方式展开叙事,在反腐小说已经类型化的时候将此类小说写出了新意。

总而言之,周大新是一个有着明确社会责任感和担当意识的作家。努力反映社会变迁和重大社会问题,是他写作重要的出发点。在作品的具体表现中,他坚持对人性进行深度探索,并以理想主义精神坚持对善的张扬和追求,以期对人类发展产生积极意义;在文学表现上,他对文学性的探索和执着富有成效,对一个以现实主义写作著称的作家来说,其文本表现形式的丰富性,着实令人惊叹。

(《小说评论》2017年第2期)

新时期文坛的一张硬弓
——张一弓和他的创作

2016年1月9日下午3点多,张一弓老师的儿子打电话给我,说一弓老师于14时59分逝世。尽管此前我就知道一弓老师身体的多个器官已经严重衰竭,目前的医疗手段已无回天之力,但得到消息,心情仍然非常沉重。第一时间,我将张一弓先生逝世的消息以不同形式发布了出去,并迅速得到社会各方面的关注与反应,说明大家对张一弓还是有着相当高的认可度的。

张一弓的写作生涯是从少年时期开始的。他出生于一个书香家庭,自幼就喜爱写作。父亲张长弓生前是河南大学中文系教授,母亲生前是开封女子高中语文教师。他在少年时代受到家庭熏陶,对文学产生了浓厚兴趣。1950年,他写的一首叙事诗获开封高中写作比赛第一名,并因此被校长杜孟模先生(后任河南省副省长)推荐到《河南大众报》工作,成为一名"记者娃"。后来,随报社合并进入河南日报社,从1950年到1980年,从事新闻写作30年,从见习记者一步步成长为副总编辑。

张一弓1956年开始发表小说,第一本书是河南人民出版社出版的《金宝和银宝》,并在《长江文艺》《牡丹》上发表了《我的老伴》《打擂》等小说。1959年,他发表在《牡丹》上的短篇小说《母亲》,被认为是鼓吹"资产阶级人性论"、"给右派母亲唱赞歌"的"大毒草",受到批判,自此中断小说写作20年。

张一弓的文学创作主要在新时期,大致可分为三个阶段:第一个阶段是以关注社会现实变革为主的中短篇小说创作期;第二个阶段是以关注人性和民族性格为主的探索期;第三个阶段是以关注个人经历和历史为主的长篇创作期。张一弓是一位具有强烈现实意识的作家,他称自己是"同时代人的秘书"。他认为作家的创作虽然要表现"自我",然而"自我"也有"小我"和"大我"之分,"大我"才能引起大家共鸣,否则读者没有理由看你的作品。缘于这样的创作理念,他的创作努力追寻农村的变革步伐,以充满热情和理想的现实主义特色为人所称道。20世纪80年代中期以来,他的创作转向对人性、人的生存境遇、人的失落与寻找等问题的揭示。他善于塑造带有英雄气质和传奇色彩的人物,具有欧化色彩的语言与强烈的乡土气息形成了鲜明的对比。他的作品具有强烈的政治色彩、饱满的文学激情、悲壮激昂的风格,具有独特的艺术魅力。对于张一弓创作的特点,在他去世后,我曾拟有一联来概括:"社会意义人性意识文学意蕴熔铸铜钟警世界,乡村情感英雄情结浪漫情怀充盈驿站栖精魂。"我以为大体能体现出张一弓老师的创作追求和基本特征。

新时期文学发端之初,张一弓以其对现实变革的敏锐嗅觉和大胆精神,取得了令中国文坛广泛瞩目的成就。应该说,他这一时期能取得如此成就,与他长期从事新闻工作培养起来的对现实和政治的敏锐感觉有着密切的关系。当然,这也需要巨大的勇气。1979年,张一弓暗自创作了中篇小说《犯人李铜钟的故事》。《收获》编辑部在大量群众来稿中发现了这部作品,并发表在1980年《收获》第一期,在读者和文学界引起轰动,评论界把它视为"反思文学"的代表作之一,称李铜钟是"中国的普罗米修斯"。作者也由此恢复了中断20年之久的文学写作。今天看来,《犯人李铜钟的故事》这样的作品无论从哪个层面讲,并没有特别出格的地方。但在当时的历史条件下,创作这样的作品所遇到的阻力和压力是非常巨大的。《犯人李铜钟的故事》发表时曾两次受阻,张一弓的上级部门领导,虽认为作者的问题"属于人民内部矛盾",却执意不同意发表这部作品,稿子校样曾被迫从版面上拿了下来。担任《收获》主编的巴金老人毅然拍板,推出了这篇作品。后来在《犯人李铜钟的故事》参评首届优秀中篇小说奖时,再次受到来自作者上级领导部门的严重阻挠。阎纲曾在《悼犯人李铜钟》中谈到当时评奖的情况:"评选委员会不得不向评委会主任巴金实情禀报并请示。巴老不但同意该作得奖,而且力主列为一等奖中打头的一个。"中国作协副主席高洪波则向笔者讲述过这次评奖更复杂的经过。其时,为调查落实张一弓和《犯人李铜钟的故事》的有关情况,高洪波被派到河南进行调查。高洪波到河南走访了有关单位,和文联等部门的领导交换了意见,最后认为这部作品获奖没有问题。这时,高洪波才去见张一弓。高洪波说,见到张一弓后,他弯腰从床下拿出了一个瓶子。高洪波以为张一弓因为高兴要拿出酒来庆祝。但张一弓说,这是一瓶"敌敌畏",他随时准备将它喝下去。从这件事就可以看出,张一弓当时所承受的压力以及他准备为此牺牲的勇气。

1980年4月,《犯人李铜钟的故事》发表不久,张一弓被调离新闻工作岗位,下放到登封农村,先后在卢店公社和县文化馆担任副职。当时的中国农村正发生着以"包产到户"为重要标志的历史性变革。张一弓亲身参与了这场变革,这使他有可能延续长期以来作为一位记者对我国农民命运的关注和思考,紧跟时代步伐,并写出了30多篇、100多万字的表现这场历史性变革的作品。继《犯人李铜钟的故事》获全国第一届优秀中篇小说一等奖之后,《张铁匠的罗曼史》、《春妞儿和她的小嘎斯》获全国第二、三届优秀中篇小说奖(该奖项在第一届评奖以后不再分等级);《黑娃照相》获1981年全国优秀短篇小说奖。有8部小说被搬上影视屏幕。

1983年秋天,张一弓作为获得三次全国性文学奖的作家,从登封调入河南省文联创作室从事专业创作,并先后担任了中国作协理事,省作协副主席、主席。20世纪80年代后期,张一弓在创作上已经不能满足于对现实生活进行表层的"直来直去"的反映,希望在弥漫于社会生活各个角落的、属于我们这个民族古老文化的神秘感中,着力于民族的生命力量与民族性格的发现。他调整了焦距,拉远了视角,写了一些具有浓烈的象征气韵,把讽喻、神话、隐语、哲理、诗情汇涵其间的作品,如中篇小说《孤猎》、《黑蝴蝶》,短篇小说《夜惊》等,在创作心态、创作手法、创作风格上出现了很大变化,找到了崭新、鲜活的艺术感觉。特别是《孤猎》,受到了读者和一些评论家的关注和赞赏,在美国出版的一家华文报纸甚至说它是作者的一部"里程碑式"的作品。但这种探索并没有持续很长时间,一般对张一弓的研究也很少重点关注这一时期的创作。实际上,就在张一弓开始新的尝试的时候,他当选为河南省作家协会主席,并花费巨大精力投入到文学组织工作中。他自筹资金,自任主编,为省作协创办文学刊物《热风》,并为此牺牲了创作,直到退休。

退休以后,张一弓重新把主要精力放在文学创作上,焕发了文学创作的第二春。进入新世纪以来,也正是他65岁以后,创作并出版了自己的第一部长篇小说《远去的驿站》、第一部长篇纪实文学《阅读姨父》、第一部纪实散文集《飘逝的岁月》等。《远去的驿站》与张一弓以往关注当下现实的创作有着很大的不同,它更多、更深地进入到历史的内部,通过三个家庭三代知识分子忧国忧民、追求光明、报效国家的艰巨历程,表现了他们百折不挠、英勇献身的民族精神。这部作品的突出特点是内容的厚重和容量的巨大,对社会生活的多样性和复杂性有着很好的表现。张一弓晚年深受慢阻肺病的折磨,呼吸量只有正常人的三分之一,右眼又近乎失明。但是,疾病未使他放弃写作,他所焦虑的是疾病妨碍了长篇小说的写作进程。2012年,在年满77岁时,他又创作并出版了具有绚丽的浪漫主义色彩的长篇小说《少林美佛陀》。他时常用巴金老人《真话集》后记中的一句话激励自己:"我的生命并未结束,我还要继续向前。"

在中国新时期文学发展史上,张一弓堪称一位旗帜性的作家。他对民族、对人民充满热爱,是一位具有历史使命感和责任感的杰出文学家,为中国当代文学写下了壮丽的篇章,做出了突出的贡献。今天,重新审识张一弓的作品,会发现他是一位切实关注现实的作家,是一位认真深入生活、扎根人民的作家,是一位自觉书写中国故事的作家。学习张一弓,对我们今后搞好创作,讲好中国故事,无疑有着积极的意义。

(《文艺报》2016年2月3日第8版)

送一个灵魂高贵的人远行
——悼南丁老师

2016年11月12日时近正午,我和李佩甫、张宇及南丁老师的儿子、女婿一起,在郑州殡仪馆的火化炉前,亲手把他的骨殖一块块捡拾起来,装入骨灰盒中。南丁老师的子女带着他的骨灰乘车走了,我一下子感觉世界是如此的空空荡荡。

一次,一次,又一次,我忍着内心的伤痛写下悼念文章。今年1月份,张一弓先生去世,《文艺报》约我写篇悼念文章,那时正值我的母亲去世,我在为母亲守灵时写下了那篇文章。然后是和我搭班子的马新朝,我们一起参加着各种活动,他忽然就英年早逝。接着又是南丁。三位都是河南文学界旗帜性的人物。因此有人说,2016年的河南文坛,一个个巨人相继离世。

1988年7月,我大学毕业被分配到河南省文联工作,到纪实文学报《当代人报》做编辑。那时,南丁是文联主席、党组书记,同时又是报社挂名的主编,会不时到编辑部走一圈。当时的河南省文联,气氛融洽,同事之间很少像现在这样以职务相称,有喊老师的,更多是省略姓氏单称名字。印象中当时文联的同事很少有喊南丁主席的,大都直呼其名,我也没大没小地跟着叫,他也不以为意。这种习惯我一直保持到现在,经常惹得一些人觉得我不知高低。我那时刚毕业,满身是20世纪80年代大学生的习气,说话写文章冲冲的,总想与众不同。记得有次南丁到编辑部说:"何弘是个思想家。"我那时刚毕业不久,一个人在郑州,就说:"我思家、想家,可不就是思想家吗?"南丁就看着我温和地笑笑。从那时到现在,28年有余,和南丁因为是本家,又都属羊,更因为脾气相投,我一直以父辈待他,他也一直视我如亲人。

这么多年来,南丁以其出色的文学才华为中国新文学留下了精彩的华章;以其对后辈作家真诚无私的提携扶持使文学豫军不断发展壮大,在中国文坛独树一帜;以其正直而宽容的伟大德行,显示出高尚的人格魅力;以其幽默旷达的人生态度，虽历经坎坷依然积极面对人生。南丁也因此成为我人生的楷模，指引我不计个人得失积极为河南的文学事业做些力所能及的工作，教会我如何正确面对社会与人生，包括如何正确面对生死。

南丁，原名何南丁，曾用名何铿然、何家英，著名小说家、散文家，河南文学界杰出的领导人。祖籍安徽安庆，1931年9月20日出生于安徽蚌埠。1949年7月结业于华东新闻学院，1950年开始发表作品，1952年加入中国共产党，1956年加入中国作家协会。历任《河南日报》编辑，河南省文联编辑、专业作家、主席、党组书记。河南省文联、河南省作家协会顾问，中国文联第五届全委，河南省第七届、八届人大常委。

南丁是新中国成立后成长起来的第一代作家。1954年短篇小说《检验工叶英》发表于《长江文艺》，《人民文学》予以转载，选入当年《短篇小说选》、《青年文学创作选》和英文版《中国文学》。他的《科长》、《良心》、《被告》也都受到广泛关注。新时期创作的小说《旗》开"反思文学"的先河，《尾巴》、《亮雨》、《新绿》也广受好评。南丁的小说语言简洁、沉稳、朴实而又闪现着智慧的光芒。他注重作品的思想性但寻求以文学的方式进行表达，以老到的叙事、扎实的细节和鲜活的人物来表现作品的主题。小说之外，他的创作涵盖几乎所有的文体，特别是其散文和随笔，往往在不经意间显示出深厚的文字功底、通达的人生智慧、开阔的个人胸怀和高尚的人格魅力。有小说、杂文、散文等作品入选《中国新文学大系》、《中国新文艺大系》、《新中国六十年文学大系》及高中语文课本。出版有小说集《检验工叶英》、《在海上》、《被告》、《尾巴》、《南丁小说选》，散文随笔集《水印》、《半凋零》、《序跋集》等，作品结集有《南丁文选》（上、下卷）、《南丁文集》（五卷）。

南丁是河南当代文学六十多年发展历程最完整也是最重要的亲历者和领导者之一。1983年，作为专业作家的南丁52岁，创作势头正好，不断有优秀作品问世，组织上就直接让他做了河南省文联主席、党组书记。在其位，谋其政，南丁从此坚定地把个人创作放在了后面，而把主要精力放在了组织工作上。他主持创办了《莽原》、《散文选刊》、《故事家》、《文艺百家报》等多种文学期刊，调入了李佩甫、张宇、郑彦英、杨东明、田中禾等后来成为中原作家群中坚力量的一大批作家，对新时期"文学豫军"队伍的成长壮大发挥了关键性作用,为河南文学事业的发展做出了重要贡献。

南丁是一个正直而宽容的人。能将正直和宽容集于一身说起来容易,做起来很难。大凡正直的人往往眼里容不进沙子,对人容易苛刻;而宽容的人往往姑息迁就,对人容易纵容。南丁的正直在于他内心有坚定的操守,行事有主见,不会见风使舵。这曾使他被错划为"右派",被下放到南阳西峡农村,但他并不因这些挫折而妥协。南丁的宽容在于他尊重他人的个性,能看到别人的优点,使每个人都能发挥自己的优长。这对文艺界的领导来说非常重要。不管是在担任领导期间,还是退休之后,他总是利用自己的位置、影响,为河南作家、艺术家遮风挡雨,使之能有一个良好的环境安心创作,并因此成就了文学豫军,他也因此赢得了河南作家的一致尊敬和拥戴。

南丁是一个幽默而旷达的人。南丁的笑容总是挂在脸上,让人看了就觉得温暖。这么多年来,不管是由衷地表扬人,还是善意地批评人,他总是会用不紧不慢似乎平淡而又内含深意的幽默语言来表达,让人听了就觉得有暖意、愿意接受。南丁的旷达不仅表现在他历经坎坷而初心不改上,表现在他自始至终都对文学负责任的态度上,更表现在他重病来临时对待生死的态度上。今年6月份,南丁因身体出现黄疸到医院检查,发现患了胰腺癌。那时马新朝也刚查出患胰腺癌一个来月,我每次到医院都会楼上楼下看他们两个。但不管是我陪他做CT时,还是在做手术前我去看他时,他的脸上都挂着惯常的微笑,这使我们乐观地认为他的病经过手术问题不大,他可以平安地渡过此关。手术后,他不愿意多在医院住,常常输完液就回到家里。我家就在他家楼上,我时时会到他那里坐坐,即使在知道他已经肝转移了之后,也总觉得乐观的他应该可以挺过更长的时间。而他其实心里明白一切,但他表现了对待生死从容不迫的态度,他让医生不要再做过度治疗,如果出现情况不必进行抢救,更不要用仪器维持生命。

11月1日,南丁把李佩甫、张宇和我喊到他家里,让我们在他写好的遗嘱上签上字,作为他遗嘱的见证人和执行人,并郑重地把他的后事托付给我们三个,说他不再接受探视、慰问,去世后不设灵堂、不搞遗体告别仪式,让我们三个以朋友的身份和他的家人一起把他送走就是。当天下午,我去单位上班,在楼下碰到去医院的南丁,他坐在轮椅上连站起来的力气都没有,我帮忙把他架到汽车后座上,他已经无法抬起腿来。没想到,这一去,他就永远离开了自己的家。11月3日,医院给他验血发现电解质紊乱,下了病危通知。次日,他把家人叫到床前,再次重申了他的遗嘱,告诉家人,佩甫、张宇和我是他的朋友,他去世后不要惊动别人,后事由我们三人办理。

11月11日凌晨,我接到电话匆匆赶到医院,南丁老师刚刚于5时10分逝世,还躺在病床上。我和他的妻儿简单收拾后,把他从病房送到太平间。在和佩甫、张宇等商量了后事的细节后,下午又亲手把他的遗体抬上灵车送到郑州市殡仪馆。12日上午,我们三人和南丁的儿女等,送他远行。参加告别的仅有十多人,佩甫和张宇让我来主持。我说,站在南丁老师遗体前的,是他自然血脉的传承者和文学血脉、精神血脉的传承者,是他最亲、最信任的人,也是对他最亲、最敬重的人,我们以能有他的信任而荣幸,也以能最后为他送行而欣慰。南丁的女儿何向阳和他做了最后的告别,她说,父亲告诉她,写作也好,干别的什么也好,到最后比的就是人格,父亲不仅用语言,更用一生的行动,教会她如何作文、如何做人。

我们送走了南丁老师的遗体,但他高贵而伟大的灵魂仍在世间。

我知道,在中原大地,南丁关爱、扶持过很多很多的人,他们也一样热爱、敬重南丁,一样在传承南丁的文学和精神血脉。因此,文学不朽,南丁不朽!

(《文艺报》2016年11月16日)

泄露天机的人

和马新朝共事多年,又是老乡。1953年农历十月二十四日,他出生于唐河县马营村。村子就在涧河边上,过了河便是我的家乡新野。村里人赶集逛街、看病购物基本都是到新野这边。而且,新朝的夫人也是新野人。因此,我和新朝就更多了层关系。但是,这么多年来,我却从未专门给他写过一篇文章。多年前,新朝曾让我给他写篇评论,我满口答应了,但因时时在应付催命般的文债,而新朝又不会多做催讨,文章就这么搁置下来,直到现在。没想到还这文债却是在新朝远行之后。想来就让人感慨唏嘘,隐隐心痛。

今年6月初的一天,我上班快到单位时,接到了新朝打来的电话。电话一通,就听新朝说:"何弘,出大事了!"我心想当年新朝自己开车在高速上把车撞得几乎报废,也没说什么,他退休后除参加各种诗歌活动外就是热衷于书法,会有什么大事呢?新朝说自己得了胰腺癌。我怀疑,他说基本确诊。然后他又说办公室已经腾好,里面的一些旧书随便处理了便是,办公室就算正式交回了。我赶忙问了医院、病房号,到单位简单安排了工作,立即赶往医院。

在医院,新朝说,刚确诊时,心里接受不了,过了一天就想通了。新朝平时不吸烟不喝酒,没有不良嗜好,他说得这个病可能和家族遗传有关,这就是命。他说他是农村出来的孩子,该经历的经历了,该做的做了,该得到的得到了,多活十年少活十年,并没有太大的区别。所以他决定不做过度治疗,对症处理,减少痛苦就行。我和他说了原定的出集子的事,希望他身体条件允许时整理一下,然后我安排人来做。新朝当即同意了。但从医院出来时,新朝夫人说,他的病已经没法手术,肝和淋巴都有转移,只能对症做些处理,不让他太痛苦。后来,新朝在做了胆管支架介入手术后,还是简单进行了化疗。我后来去看他时,他说大夫说适度的化疗还是得做,肿瘤就像螃蟹一样,张牙舞爪,得用药控制一下。说这话的时候,新朝的旁边放着一本杜甫诗集，显然还在时时翻阅。这让我再次感受到了新朝面对生死的旷达。但病情的发展还是出乎意料地快。8月21号我和冯杰一起去看他。又一次做完胆管扩张手术后，新朝的情况并未有明显改善，黄疸严重，身体惊人地消瘦，医生已下了病危通知。我们进去时，正好赶上新朝清醒过来，他轻轻摆手让他妻子出去，拉住我的手只说了一句话："我很痛苦。"我无言以对，面对新朝的痛苦，我无力为他减轻哪怕一点点，有一种沉重的无力感。后来，在病房门口，新朝夫人对我说，新朝快不行了，他多次和她说起，何弘是个厚道人，想为他做些事，但出集子、开研讨会，都没什么意义了，就不做了。我听后心里感到深深的不安，有很多事，我们完全可以更早地做完、做好，却偏偏要等到时间无可挽回地失去，徒留下遗憾。第二天中午，我正在单位吃午饭，接到新朝夫人的电话，说新朝情况很危险。我听了赶紧和冯杰、萍子赶往医院。到了医院，新朝的呼吸已很困难。在新朝短暂清醒的时间里，和他做眼神的交流，感受着他承受的巨大痛苦却无能为力。后来，情况出人意料地稳定下来。9月3日黄昏时分，我还在文学院时，新朝夫人打来电话，说新朝走了，16点50分。

我立即打车赶过去，路上通过微信发布了消息，通知了文学院和他诗歌界的几位同事、朋友。在新朝家，我和新朝的亲属商量了他后事的安排，诗歌界的朋友也纷纷赶来帮忙操办。第二天，自发赶来吊唁和帮忙的诗友站满了院子，外地多位著名诗人也先后赶来，充分显示了新朝在诗歌界的影响力。

新朝有一位叫马体俊的远房大哥，是个老地主，曾做过民国政府武汉市的教育长，很有学问。新朝少年时，常去听他讲古文诗词，背了不少旧体诗词，这是他日后创作的启蒙。1970年11月新朝参军入伍，到一军二师服役，先是在开封，后来换防到浙江，期间开始创作，并提了干，做了宣传股长。1985年初，他退役到共青团河南省委《时代青年》杂志社工作，继续他的诗歌创作，也写写报告文学等。这期间，他随队采访了黄河漂流，从黄河源头一直走到入海口。这段经历对他影响巨大，让他写出了荣获第三届鲁迅文学奖的《幻河》，并成为其创作的重要转折点。2005年5月，他调到河南省文学院工作，先是做专业作家，后来又做副院长，成为我的搭档。

新朝原本就爱好书法,在接近退休时更是差不多到了痴迷的程度。原本文学院成立有河南省作家书画院,但多年来基本没什么活动,新朝兴致起来拉着冯杰要大干一番,并且给我安了个名誉院长的虚衔。这段时间的新朝,临池不断,从隶书、汉简一直写到甲骨,字很有些特点和气象,于是就和诗歌界的子川、张洪波有了"南川北马关东张"的称号。

新朝从事诗歌创作多年,在全国大刊上基本都发表过作品。他后来也写一些应景的作品,但他多次和我谈到自己对诗歌的理解与坚守,明白应景之作不过出于权宜,他说他绝不把这些作品收入集子。新朝出版的诗集有《幻河》、《爱河》、《青春印象》、《黄河抒情诗》、《乡村的一些形式》、《低处的光》、《花红触地》、《响器》等,还出版有报告文学集《人口黑市》、《闪亮的刀尖》、《河魂》,散文集《大地无语》等。《幻河》是让他获得巨大声誉的作品,它让流淌于大地上的母亲河成为中华民族的精神之河,既写实又精神高蹈,是对民族精神、气质、魂魄的诗性表达。他到文学院之后,创作了很多短诗,并结集为《花红触地》、《低处的光》等。这些诗作是新朝诗歌创作的新突破,他以更低的姿态,在具体的生活事件上,在细微的事物中,感悟生命与存在,让人对生命的真相有更深刻的把握。这些诗作体现了新朝对诗的根本理解:"诗歌是我生命的灯盏,我一边用它照看自己,照看这个苍茫的人世,一边用手罩着,以免被四周刮来的风吹火。我相信词语后面所隐藏着的神秘的真相以及真理的美和拯救的力量。"新朝去世前几天,他的最后一本诗集《响器》出版。"死者只与响器说话",这是新朝《响器》中的诗句,似乎是谶语。在新朝的灵堂前,我坐在他平时常坐的沙发上,读他的诗集《响器》,读得毛骨悚然。他说他的诗是写给"你们这些活着的人"的,"我这没有灯火的残躯/将引领你们回家"。他写道:"我知道你们的前世和今生/你们所走过的脚印,都留在我的诗篇中/就是此刻,我突然升高,高出遍地灯火/高出你们生命中全部上升的血色素/我的形体里闪烁着人性之光。"新朝在这些诗篇中,通过常见的事物,写出了他对生命最深的理解。把诗写到这个份儿上,差不多是把生命最深的秘密揭穿了,也算是泄露了天机。古人常说:"天机不可泄露。"也许新朝是用诗的方式泄露了天机,上天唯恐他讲出更多的秘密,决定把他招到天上吧。

新朝说:"诗是带有体温的文字,1000年后它还有体温。"如今,新朝的身体已然成灰,没了温度。但他的体温留在他的诗里,多少年后读者仍然能从中感受到他的体温。

(《文艺报》2016年9月21日)

让灵魂闪出理想光芒
——郑彦英长篇小说《拂尘》

郑彦英曾多次写到在中国改革开放进程中由赤贫到一夜暴富的特殊群体,如《石瀑布》等,但从未有一部作品如《拂尘》(人民文学出版社,2007年8月出版)这般如此深刻地倾注了作者对人生、社会的认识和理解。

财富在当今中国社会受到了前所未有的追捧,金钱似乎成了衡量人生价值的唯一尺度。在《拂尘》中,我们看到,赤条条暴死在裸体妓女身边的石大龙被安葬在烈士陵园,享受着和为党、为国捐躯的革命先烈一样的荣耀。作为一种象征,它意味着,当今社会对人生意义与价值的判断已彻底完成了转型,完全接受了金钱这个衡量尺度,昔日被认为错误甚至反动因而受到狂批的"谁发家谁光荣,谁受穷谁狗熊"的观念已成为被全社会广泛认同的人生信条。当全社会都在谈论财富、追逐财富的时候,我们看到,不管是出于了解真相的好奇、学习效仿的动机或维护正义的良知,大家对财富的来源、现状及去向等都怀着相当浓厚的兴趣。当前,诸如富豪第一桶金如何获得、其"原罪"是否应被赦免以及家族企业如何发展、今后的走向等,都是广受关注的重大社会问题。而《拂尘》正是一部直面并深入揭示这些重大问题的长篇小说。

在财富成为社会最重要关键词的时代,关于财富的文学作品自然有很多,比如大量所谓的财经小说以及表现大公司运作情况、白领或富翁生活的虚假庸俗的小说。在这些作品中,读者不可能看到对财富的追问与反思,看到的只是对财富的炫耀与追捧。文学应该如何面对财富这个当今十分重要的问题,并做出自己独特的有意味的深刻表达,《拂尘》做出了大胆且相当成功的尝试。

关于财富的来源即资本原始积累的问题,肯定有很多惊心动魄的故事可以大书特书;关于财富的运转如现代资本运作的情况,也有很多匪夷所思的故事令人叹为观止;关于财富的去向即完成原始积累的创富者如何分配财产的问题,也会有很多令人荡气回肠的故事。所有这一切,让那些具有所谓"史诗意识"的作家来处理,肯定会展开他们的宏大叙事,拿出皇皇数卷的鸿篇巨制。但郑彦英对这个题材的处理却更为巧妙,他有效地将这个描写当今重大社会问题的故事以悬疑的方式展开,以较小的篇幅完成了对此一重要问题的追问和揭示,并使作品具有极好的可读性。这部作品围绕金矿老板石大龙离奇暴亡所引发的一系列事件展开,通读整部作品,读者会始终为一系列谜题所吸引,如:石大龙究竟是如何死的?他是否死于一场阴谋?谁是阴谋的制造者?他巨额的遗产将如何分配?遗产继承者之一是否就是谋杀者?儿子推荐给父亲的女同学如何离奇地在故事中出没?她如何从同学倾心的对象变成了父亲的情人并生下了可参与遗产分配的孩子?在她的背后究竟隐藏着怎样的秘密?她将如何发难?这些谜团从作品的开始到结尾,一个个不断出现,使整个故事变得错综复杂、扑朔迷离、悬念丛生,从而特别引人入胜。无怪乎李佩甫会称这部作品"是一部以死写生的作品,是发问之作";责编王干会认为这部作品"以悬疑推理的方式写残酷的现实、复杂的人生,突破了传统文学套路,是郑彦英的一个小小的创新"。

然而,如果仅止于此,这部作品充其量只是地摊上热销的带有情色意味的悬疑传奇故事。我觉得从本质上说,《拂尘》其实是一部拷问人生、探究灵魂的发问之作,作者在努力为我们揭示"茂密而纷繁的生活"外表下现代人被财富遮掩、笼罩的"洒脱、高尚、贪婪、臭恶并存的灵魂状态",集中而深刻地描绘财富追逐者的生活和心灵世界。正如郑彦英自己所说:"写这部小说的初衷是想让人们在物欲横流的时代,能够停下来思索一下:在金钱的漩涡中如何让自己的灵魂高尚起来?"也正因此,这部作品才显示出了其文学上的价值、意义以及作家的社会责任感。

郑彦英是一个善于刻画人物的作家,他不时会用一些出人意表又完全在情理之中的细节来表现人物的性格,令读者产生震惊以至惊悚的感觉,从而把人物的性格推向极致。他的这种表达,甚至会让人觉得人物如出墙的红杏突兀地伸到了作品之外。雷达曾这样描述过郑彦英的这个特点:"特别专注于观察人和描写人,对单个人的兴趣超过了对环境的兴趣,这未免显得过于孤秃,但也往往因此被引领到某个深处,促成某种'发现'。"在

《拂尘》中,主要人物石大龙、雨辕、长鹄声自不必说,其他如母亲、小米、铁锁、二枪以至铁牛、连大三、殡仪馆化妆师、小妓女等,也都有鲜活的细节使人物的性格显得特别的鲜明。

石大龙是《拂尘》的核心人物,但他在作品开始的时候已经死去,他是在别人的转述和追忆中形象丰满鲜活起来的。石大龙是资本原始积累的完成者,是由赤贫很快暴富的典型。关于他的发迹,《拂尘》描写了这样一个细节:陷入倾家荡产边缘的石大龙,为了获得开矿的资金,把年仅12岁的亲生女儿带到宾馆,让女儿拿着叫了三声的鸡,刺了鸡三刀。石大龙接着问吓呆了的女儿,刺的时候鸡叫了几声,女儿嗫嚅着说没几声,石大龙说他数得很清楚,叫了十三声。然后,又一刀刀刺鸡。还差四刀的时候,鸡死了。石大龙说死了也不行,一定要刺够十三刀,于是接着刺鸡。然后石大龙告诉女儿,下边让她干的事,无论是什么她都必须顺从,不能哭,不能叫,否则就像这只鸡一样。于是,女儿被送给了银行行长,让他任意玩弄,石大龙因此获得了贷款,开始发迹。马克思说:"资本来到世间,从头到脚,每一个毛孔都滴着血和肮脏的东西。"《拂尘》用这样一个小小的细节,把资本原始积累阶段血淋淋的罪恶、把财富的"原罪"深刻地揭示了出来;同时,也把石大龙这个人物的狠毒、残忍、不择手段刻画得入木三分。此后,灵魂被金钱完全遮蔽笼罩的石大龙,动用一切合法与不法的手段,聚敛了大量的财富,成为远近闻名的亿万富翁,召妓、玩弄女性,恣意妄为。然而这样一个作为恶的化身的石大龙只是一个扁平的人物,随着故事的展开,《拂尘》为我们拨开金钱的笼罩,让我们触及财富遮蔽着的坚硬的灵魂中那片柔弱的地方,使石大龙的形象丰满起来。在石大龙的内心,一样有着对美好事物的追求,一样有着对真情的渴望,甚至不惜为真情放弃他的财富以至生命。"我有了恁多钱,一个多亿,我却丢了一般人的感情,我活得还有啥意思呢?"石大龙的这个追问,让我们看到了人物情感、心理世界的复杂性;也让我们看到,即使在人们普遍追逐财富的时代,幸福感的获得也并不完全在于财富的多寡,在人的生命中,金钱之外还有更为重要的东西,比如真情。

《拂尘》的男主角是石大龙的儿子,他正如其名字一样,具有深刻的两面性。作为雨辕,一如这个诗意的名字,他有温情、善良的一面;作为石金山,这个由他父亲命名的名字,昭示他承载着父亲的基因,依然残存着贪婪、残酷的恶的一面。姐姐小米的遭遇，让雨辕对财富的原罪有着真切的认识，从而对财富带着仇恨，此时的他，表现出的是善良、重情、富有同情心和责任感的一面，所以，他会真心地帮助长鹊声。然而，当面临自己的财富可能被分割的现实时，他内心中恶的一面开始显露，动起了陷害、谋杀自己曾倾心爱慕的女人的念头，甚至已付诸行动。作品通过石雨辕这个人物，让我们看到，在人的内心深处，其实有很多微妙的东西，从而对人性的复杂性有着更为深刻的认识。在石金山这里，财富同样不能为他带来快乐和幸福，相反，为他带来的是姐姐入狱、母亲发疯的痛苦现实。于是，在对亲情的认同与回归中，雨辕完成了灵魂的救赎。

　　其实，不管是石大龙还是石金山，灵魂的真正救赎者应该是长鹊声，这是作者苦心经营、认真塑造的一个人物。在此之前，李佩甫曾在《城的灯》中塑造了刘汉香、在《等等灵魂》中塑造了上官云霓这两个女性救赎者的形象，并因其带有强烈的理想主义色彩而受到广泛称赞。《拂尘》中的长鹊声同样是这样一个理想主义的救赎者。对于石大龙，她以自己的能力、真情，甚至自身的献祭，完成了对他的灵魂救赎；对于石金山，她以自身的坦荡、真挚和社会责任感，完成了对他的救赎。在长鹊声的身上，寄托着作者全部的理想，聪明、漂亮、能干、富有爱心和责任感等，一切美好的东西都集中在她的身上。财富正如一柄双刃剑，既可以带来罪恶，也可以造福人类。长鹊声努力以自己的学识和眼光来创造财富，掌握着财富却不为财富所累，而是要用财富来造福一方。尽管长鹊声与石大龙的结合有真情作为基础，但她启动资本的获得毕竟是以做事实上的"二奶"得到的，这似乎寓意财富"原罪"的不可避免。然而，在郑彦英的笔下，长鹊声仍然代表了对待财富的理想方式：不为财富所累，让财富为社会造福。也许，金钱的漩涡会如沙漩一样吞没一切，但作为一种理想，它永远值得我们期待！

　　拨开财富的迷雾，让灵魂闪出理想的光芒，这就是我所理解的《拂尘》的基本主题。

（《文艺报》2007 年 10 月 9 日）

风行水上:不拘格套的和谐之章

郑彦英先生最近出版了一部散文集,收录了他近来创作的十多篇散文,书的名字叫《风行水上》(河南文艺出版社,2007年12月出版)。长期以来,有关散文的一些大家耳熟能详的提法一直让我心存疑惑。最近读彦英的这组散文,使我对散文的一些基本问题有了进一步的深入理解。"风行水上"四字,可以说是彦英散文观念的集中概括,而正是这四个字,让我长期以来对于散文的一些困惑刹那间烟消云散,茅塞为之顿开。

作为一种独立的文体,散文似乎越来越有了规范的体例。在这种规范的指导或约束下,许多人固执地认为,散文就应该这么写,否则就不叫散文。这样的观念甚至被许多全国性大奖的散文评委们奉为圭臬,敢越雷池者杀无赦。

对于散文的写作,我们从小常常听到的一种说法是"形散而神不散"。坦白地说,我至今仍觉得这句话不知所云。想必大家和我一样,对这句话的直观理解就是,散文所写的内容可以很散乱,或者说可以东拉西扯,但其所要表达的主题和内在精神应该是相对集中的。那么这是否意味着,散文之所以叫散文,就是因为它"形散"?或者反过来说,如果形不散,就不叫散文?而实际情况是,通读古往今来的所有散文,绝大多数散文的描写其实都是非常集中的,散乱无际的作品少之又少,而且绝不会被看作散文作品的精品或经典。而所谓"神不散"则基本上是废话。试问,有哪一种体裁的作品要求其思想主题或内在精神散乱不清呢?所以,我们有必要追问,"形散而神不散"这句话究竟要告诉我们什么呢?我看除了误人子弟外,并没有什么实际的意义。

那么,散文之"散"究竟是什么意义呢?其实非常简单,"散"只是就其句式而言的。在我国历史上,韵文——如诗、词、曲——及骈文——最典型的当然是大赋了——曾非常辉煌。与之相对,我国古代曾将不押韵和不重排偶的散体文章,包括经传史书在内,都称为散文,以与韵文、骈文相区别。

如光耀千古的诸子散文和历史散文，就包括了哲学、政论、史传等各类文章。后来，随着文学概念的演变和文学体裁的发展，所有非韵文的文学作品被统称为散文——甚至包括小说在内，以与讲求韵律的诗歌相区别。只是到了现代，小说、戏剧文学、报告文学等各类文体纷纷独立出来，成了与散文并举的文体概念。可能也就是在这样的背景下，一些人才有了规范散文体例的想法。故此从根本上说，散文之"散"系指其句式不刻意追求排偶和押韵，句子长短随意，表达灵活。这类文章因系相对句子字数固定、对仗工整的诗体、骈体文而言的，故被称为散体文，亦即散文。

然而，在中国的散文传统中，散文之"散"除了句式的自由灵活之外，就别无深意了吗？或者说，散文句式的这种灵活随意性，使散文在写作境界方面形成了怎样的追求？郑彦英用他这本散文集的名字告诉我们：中国散文写作的最高境界，就是"风行水上"。在序言中，郑彦英对"风行水上"的内涵做了进一步的解释。他引用苏洵"风行水上，而文生焉"的话，来表明他用自然而然的文字表达内心原始的生命感受这样的散文创作观念。

中国散文的辉煌，是由先秦散文开创的。但此时，由于文学尚未自觉，不论是诸子散文还是历史散文，虽然以文学的标准来衡量都堪称伟大，但其实都不能说是纯粹的文学作品。而真正作为文学创作出来的散文，以唐宋八大家为代表，他们的散文名篇至今并将永远是汉语散文写作的典范。苏洵是唐宋八大家中一位重要的散文大家，他极力推崇自然成文，行云流水的文风，曾在《仲兄字文甫说》中说："风行水上，涣，此亦天下之至文也。"

苏洵所说的"风行水上，涣"，语出《易·涣》。涣即涣卦，巽上坎下，故谓之"风水涣"，"风行水上"之象也。所以，中国传统散文所追求的"风行水上"的最高境界，凝练成一个字，就是涣。《说文解字》如此解释"涣"："涣，流散也。"可见"涣"和"散"是可以互训的。我们现在常用的"涣散"一词，正是由两个意义相同的词素构成的一个并列结构的合成词。所以，散文之"散"其实可以用"涣"字来解，它所追求的当然是"风行水上"的境界了。

"风行水上"的境界，简单来说就是自然而然。苏洵说："故夫天下之无营而文生之者，唯水与风而已。"他对作文的看法是："无意乎相求，不期而相遭，而文生焉。"苏洵的儿子苏轼是名气更大的散文大家，在《答谢民师书》中他对好文章的称誉是:"大略如行云流水,初无定质,但常行于所当行,常止于所不可不止,文理自然,姿态横生。"可见,文章自然流畅,不矫揉造作,即"风行水上"的境界,是苏轼父子,也是中国传统散文写作的一贯追求。晚明笔记小品在中国文学史上也有很高的地位,其特点是散、漫、琐、杂,不大讲章法套路。其最高审美追求,也是自然成文,即袁宏道所谓"信心而出,信口而谈"这样"不拘格套"、任性漫笔的文风。

散文自然而然风格追求的形成,与其采用散体句式是分不开的。相比韵文和骈文而言,散体句式更为自由、灵活、随意。如果说讲究押韵、对仗的文字需要精心设计因而是"有营"的话,散体的句式相对来说则是"无营"的。散文句式这种"散"的特点,扩展到整篇文章,就成了"涣",即"风行水上"、自然而然的追求。明代李贽在《杂说》中说:"风行水上之文,决不在于一字一句之奇。"韵文、骈文那种韵脚的整齐、对仗的工整、用词的机巧,固然也是一种美。但与之相对,散文写作追求的却是整体浑然天成的境界。打个蹩脚的比喻,文章中的每一个句子好比中国武术的一招一式,招式的精巧高妙固然是很多人不懈追求的目标和对武功高下的判断标准,但武功的最高境界却是无招胜有招。而"无招胜有招"同"风行水上"其实是同一种境界。

郑彦英的《风行水上》收文十三篇,各篇从题材到写法,都有不小的差异,篇幅相差更是悬殊,长者如《武》字数近两万,短者如《家乡耍活》寥寥千余字。但正所谓"常行于所当行,常止于所不可不止",有话则长,无话即短,自然而然,各得其妙。所以,"不拘格套"、任性漫笔,其实也可用来作为对《风行水上》这组散文写作特点的准确概括。

彦英是小说家,会自觉不自觉地把小说的笔法带到散文写作中。比如《相思树》,开篇即写飞行团模拟飞行训练时碰到滚地雷的情景,写得紧张而刺激,放在小说里,也是很好的开头。再如《崤阪石茶》,以沏茶的过程为主线,以得茶的过程为副线,形成了完整且跌宕起伏的故事情节,把"崤阪石茶"写得神秘诡异,撩人心魄。再如《武》,用很多生动的细节刻画郑彦龙的性格,把人物写得十分鲜活。

用散文的笔法写小说,前些年曾得到不少人的追捧;但用小说的笔法写散文,近年来却受到了散文界不少人的指责诟病。这种指责当然有其僵化迂腐的一面,但也并非全无道理。尽管自古就有所谓"文无定法"之说,但每一种文体还是有其特定的文体特征作为其规定的界限,超出这个界限,就很难再说它还属于这个文体。就对现代文体概念的理解,我认为散文和小说最主要的分野应该是在叙事客观化的程度上。小说的叙事基本上是通过人物、事件自身的呈现来完成的;而散文的叙事则基本上是通过作者的讲述来完成。尽管元小说类的文体试验有很多作家在津津有味地做,但一般来说小说的叙述人和作者是分离的,作者尽可能从文本中隐退,实现叙事的客观化,这是现代小说发展的一个基本走向,最极端的追求就是所谓的零度叙事。而散文则不然,叙述人大致与作者是一致的,因而其叙事基本是作者的主观化叙事。在散文写作中大量引入客观化的叙事,即小说笔法,自然会造成文体界限的模糊。我想,散文界之所以对用小说的笔法写散文有微词,原因可能就在这里。但是,引入小说笔法以丰富散文的表达手段,增强散文的可读性和吸引力,总体来说是一件好事。关键在于,尽管使用了这样的表现手段,作品要让人读起来仍然感觉是散文;否则干脆就把它当成小说好了。让文章读起来是散文而不是小说,最重要的地方我觉得在于是否合乎散文的审美特征。

彦英的这组文章,尽管写法如其所说,"哪种叙述更容易传达生命个体对世界的感觉,我就用哪种方式,不经意间忽略了散文写作的规范和防守",因而带入了大量小说的笔法。但就其审美特征而言,却依然符合散文的美学规范。而且由于行文"不拘格套",表达也更加淋漓尽致,文章也因而更加可读。

写景状物,抒发感悟,是中国散文绵延千年的传统。具体说来,中国散文通常由一个或一组具体的物象生发开去,铺写作者对于自然万物、社会人生以至天地宇宙的认识和感悟。这样的写作与现代小说的一个重要区别在于,它不注重事件的过程,重在表达由景、物、人、事所引发的想象、感悟乃至于形而上的思考。《风行水上》所收的这组散文,如果说在写作上与中国传统散文写作有所区别的话,在于它有展开的叙事,有对事件过程的详细描写,甚至于它有作为小说主要表现特征的由细节连缀而成的完整故事情节。这在《岚溪风景》、《土》、《崤阪石茶》、《武》等篇目中表现得更为明显。但是,在阅读这些作品的时候,我们还是能够明显感觉到它与小说的不同,就审美经验来说,它仍然属于散文的范畴。这主要是因为,这组散文有一个共同的特点,就是每篇都有一个或一组人、物等具体形象,作者主要不是通过展开事件来建构作品,而是通过这些具体的形象引发的联想、感悟来传达作者对自然、社会、宇宙、人生的认识。这正是中国传统散文典型的审美特征。

《风行水上》所收的十三篇作品,《从狗到犬》和《岚溪风景》都重点写到了狗,前者写到了不同时期和狗有关的一系列故事,但并没有一以贯之的完整情节,作者的意图在于传达对狗的认识以及人与动物之间的关系;后者有相对完整的情节,通过对深山养路工与世隔绝生活的描述,揭示在最原始艰苦的情况下,人与狗是如何建立起亲密的依存关系的,并对随环境的改变人们对这种关系的漠视提出了质疑。《白鹭》也与动物相关,由白鹭到郑州市区安家延展开去写人与自然的关系。《武》和《土》是两篇写人的作品,前者写弟弟郑彦龙因性格问题引发的与人相处的一系列冲突,目的在于传达人与人如何和谐相处的思想;后者通过作为农村"智者"的父亲的一系列事件,写人与土地的关系。《崤阪石茶》和《相思树》是两篇写人与自然关系的作品,前者通过茶的传奇,以"人在草木中为茶"的说法来说明人与自然的关系;后者则通过随自然环境变化发生的一系列相关事件,写人与自然的关系。《水枕》则由人们过去枕饮过水的青砖祛火生发开来,写人自身和谐的问题。《家乡耍活》则通过不同时期家乡农民不同的消遣方式写出了时代的变化和进步。《吃好》和《食道》都与食物有关,前者由吃食写如何把事做得超然不群的问题,后者则写同样食物在不同境遇下带给人的不同感受,以及传统断裂的问题。《沉醉》和《英雄》是两篇比较典型的散文,可以算作游记吧,都思考的是智和勇的问题,前者写的是游风陵渡的感受,传达的是以柔克刚的和谐思想;后者写的是游壶口、延安、三门峡的感悟,思考的是如何从勇走向智,即走向和谐的问题。可以看到,这些作品除了一些比较精短的篇章基本是传统散文的写法外,其余尽管不受文体的拘束,表达比较随意恣肆,甚至模糊了文体的界限,但其审美则基本符合散文的特征,而且它们都有一个共同的主题,即和谐。

所以,如果要用一句话来描述《风行水上》,我觉得可以这样说:《风行水上》用超出传统散文表达方式的多种笔法尽情书写作者原始的生命感受,表达了和谐的主题,因而可说是不拘格套的和谐之章。

(《莽原》2008 年第 6 期)

因为理解，所以悲悯
—— 邵丽小说简评

邵丽不是一个高产的作家，但几乎她的每篇作品都会得到广泛的关注，产生很大的影响，无论短篇、中篇还是长篇，均是如此。这使她在不长的时间里通过为数不算很多的作品迅速为文坛所熟知，成为名副其实的"当红作家"。从1999年末开始真正意义上的文学创作算起，仅仅用了八年的时间，她就摘取了鲁迅文学奖这个中国文坛的最高奖项，达到了事业的一个高峰。邵丽成长、成熟的速度之快无法不令人心生讶异。应该承认邵丽确实富有文学才情，但显然，她的成功并非简单地用天才之类的说辞就能解释得通。才华横溢的作家可以说代不乏人，而大事业并非靠点才情或小聪明就可以成就。我觉得，最重要的是，在我们这个古老农业国家的现代化进程中，社会的剧变使每个人都产生了身份的焦虑，内心都经历过阵痛，而邵丽以她丰厚的生活积累为支撑，敏锐地点中了生活的"阿是穴"，触及了社会的"痛点"，而且她能以悲悯的情怀、理想的眼光来对待生活的苦难、包容人性的复杂，并冷静地用有节制的笔触将其描画出来，从而使人感觉到深深的理解和慰藉。随着写作的不断深入，她的这种意识也越来越自觉，作品也因而越来越成熟圆融。

邵丽的小说通常没有过于复杂曲折的情节和惊心动魄的故事。她前期的少数作品，如《戏台》、《安子的拳头》等，还会通过故事和外在的事件来塑造人物形象、刻画人物性格。除此之外，邵丽的大多数作品会让我们发现，她其实更愿意也更善于描写平淡或平静的生活外表下，人物内心所荡起的层层涟漪或涌起的道道波澜。正是通过人物内心的这些微妙活动，我们看到了人心理世界的复杂性，人性的复杂由此得到了充分的揭示。比如在《迷离》中，安小卉和李铁的生活在外人看来可能始终平静如初，但两个人却因为猜疑或沟通的不畅，各自内心都经历了一场风暴的洗涤，使其原本恩爱美满的婚姻几乎解体。在他们从恩爱复归恩爱的循环中，其实任何故事都不曾发生,有的只是他们各自内心的波动,而波动的根源其实在于社会的变迁和各自身份的变化给内心带来的焦虑,当然,也许还有人相互理解的困难。在《寂寞的汤丹》中,对主人公汤丹来说,无论是和李逸飞还是和初恋的恋人,真正的故事其实始终不曾发生,但心里的波澜却实实在在地起起落落;《生活痕迹》的主人公金地,与丈夫简平的婚姻也在经历波折后归于平静。汤丹内心的躁动、金地内心的不安,让我们看到了生活所展示出来的诱惑与可能,但同时也让我们看到了生活的无奈甚至是残酷。《废墟》的故事也许不像其他作品那般漩涡深掩在平静得波澜不兴的水面下,但正是田粮的误解和猜疑给方小鱼带来巨大的心理压力,将她推向了绝路。始终关注人物的内心生活,努力去探索人内心深处最微妙的地方,揭示人性的复杂性,这应该说是邵丽小说的一个重要特点。当然,邵丽也在努力向读者传达人与人之间相互理解的困难和理解的重要。

邵丽前期的这些作品尽管充分显示了她的文学才情并受到一定的好评,但并没有为她带来文坛的广泛认同和特别关注。这其中固然有积累欠缺及作品不够成熟的原因,但我觉得更重要的是因为她此时的作品还没能深刻地触及当下中国社会问题的根本症结和人们精神世界的根本痛点。邵丽的转折是从中篇小说《王跃进的生活质量问题》开始的。这篇小说写的是一位出身贫贱的"官人"的奋斗成长史。但不同于流行的官场小说,或把笔力集中于描写官场的尔虞我诈和贪腐堕落,或把重点集中在描写"清官"的刚正廉洁和大胆有为,邵丽依然延续了她特别关注人物内心生活的特点,重点描写了王跃进随着职务的升迁内心深处日益加重的身份变乱的分离感和焦虑感。这使得作品与那些流行的模式化官场小说有了明显的分野,显示出作者对当下人们精神世界和人性本身探索的深入。正是因为这篇作品,邵丽真正作为一个有分量的作家稳稳地立足于文坛。后来,邵丽将这个中篇扩展为长篇小说《我的生活质量》,对问题的探索更见自觉和深入,她以悲悯的情怀写出了中国这个古老农业大国的现代化进程中人们内心的煎熬和挣扎。这部作品为邵丽赢得了广泛的声誉。从此,传达社会转型中传统与现代的冲突给人们带来的失落感、失重感及由此带给人们的身份焦虑,表现与此相关的生存奋斗和人性尊严,成为邵丽小说的基本主题。使邵丽获得鲁迅文学奖的短篇小说《明惠的圣诞》，表达的正是这一主题。作品描写农村少女明惠因高考落榜，原本正常而光明的人生道路被突然截断，到城里做起了性质特殊的工作，希望赚足钱像城里人一样生活。然而，特殊的身份使自己即使有优裕的物质生活也无法有尊严地活着，内心伤痛不可能抚平，只能在作为现代生活标志的圣诞节里静静地死去，以维持并不存在的可怜的尊严。中篇小说《马兰花的等待》关注的同样是关于身份、生存与尊严的问题。

然而，优秀的作品并非仅仅通过触及社会与生活的"痛点"就可以完成。邵丽的作品之所以受到称赞，一个重要之处在于，在叙述上，邵丽的态度非常平静，她从不渲染恶的、色情的东西，甚至在故事的展开上，她的叙述也总是显得非常有节制甚至是隐忍，这使她的作品在显得干净的同时，叙述富有张力。而另一个重要之处在于，她能以悲悯的情怀关注当下的现实，使作品显得更为博大与深沉。张爱玲有句话说得很有道理："因为懂得，所以慈悲。"对所有人，哪怕是仇人或敌人，如果能真正懂得他们生存的艰辛、内心的酸楚和人生的无奈，自然就会生出慈悲心来。邵丽之所以能用悲悯的情怀看待和对待处于转型阵痛中的底层百姓和基层官员，也许缘于家庭出身、工作经历及几年基层挂职锻炼，这使她对当下的社会现实有着真切的了解和理解。她的小说《人民政府爱人民》就来自她挂职的真实体验。所谓"可怜之人必有可恨之处"，但对于老驴，尽管明知道他的可恨，但仍然对他怀有同情；而对于县长这些官员，读后也会有真切的理解甚至同情。所以，邵丽的悲悯其实来自于她对生活真实的深深理解。

因为理解，所以悲悯；因为悲悯，所以感人。这就是我对邵丽作品的总体感觉。

（《文艺报》2007年11月13日，《文学界·专辑版》2008年第3期）

我就是我的身体

——乔叶小说的身体伦理

法国哲学家梅洛-庞蒂有一句非常经典的名言,这句名言其实就是一句非常平常的大实话,但回答的是一直困扰着人们的终极问题,即"我是谁"的问题。这句话就是我的这篇文章的标题"我就是我的身体"。在梅洛-庞蒂看来,世界上的一切问题都是与身体的问题无限关联的,他说:"世界的问题,也可以从身体的问题开始,就在于一切均现成地存在着。"[1]

对身体的深度发现是梅洛-庞蒂成为现象学大家的重要原因之一。而福科等现代哲学家同样对身体表现出了特别的兴趣和关注,所以特里·伊格尔顿会声称:"对肉体重要性的重新发现已经成为新近的激进思想所取得的最可宝贵的成就之一。"那么对乔叶来说,我觉得对身体重要性的重新发现也正是她在小说创作上所取得的最宝贵的成就。

尽管之前零星发表过几篇小说,但乔叶真正把主要精力从散文转到小说上应该是从《守口如瓶》《我是真的热爱你》)开始的。这部小说的主人公是一对堕入风尘的孪生姐妹。乔叶选择这样一个题材,显然无法不对身体有深入的关注,因为对以身体为资本和工具的有偿性服务提供者来说,没有什么比身体更重要的了,身体的重要性和实在性在她们和她们的服务对象那里得到了最好的体现。当然对此时的乔叶来说,传统灵与肉的观念还深深印在她的脑海里,所以她仍然为自己的作品设计了一个关于拯救的传统主题。但不管是有意还是无意,乔叶对身体的重视从这里已经开始。

乔叶第一篇引起大家关注的中篇小说是《我承认我最怕天黑》。这个中篇写的是一个关于"偷"或强奸的故事,而"偷"不仅是指男主角的入室行窃,更是指女主角刘帕从被强奸到"偷"人的演变。一个女性从对强奸的恐

---

[1] 〔法〕梅洛-庞蒂:《眼与心》,中国社会科学出版社1992年版。

惧中摆脱出来而隐隐产生被强奸的渴望,这种转变正来自于对身体或性的重新认识。刘帕对身体的重新认识是从她的"手指上的舞蹈"开始的。这时,尽管她白天对一个个男性保持着女性的矜持,但一到晚上,这些男人一个个被她请上"手指上的舞池",开始尽情地狂欢。如此说来,刘帕怕的其实并不是天黑,她所怕的其实是在天黑时重新认识的自己的身体和性,或者更准确地说,她怕的应该是对天黑的渴望。我想,也许正是从这篇小说开始,乔叶对身体有了明确的认识,明白了自己作为一个女性作家的优势在哪里,开始自觉以女性的视角,从身体的问题出发,深入揭示女性对待性、婚姻、家庭、社会的心理,她不回避表达的难度,力图揭示在平静的生活外表下人类精神世界的复杂性。

紧接着,乔叶的一系列作品,如《取暖》、《打火机》、《锈锄头》、《山楂树》、《轮椅》等迅速产生了广泛影响,乔叶一下子成了当红小说家。而这些作品几乎无一例外地都与身体的问题相关。《取暖》的男主角是一个强奸犯,他的犯罪其实只是因为性意识的觉醒和对身体的发现而出现的一次意外的冲动;而女主角呢,则是另一起强奸案的受害者,她因为丈夫无法容忍妻子被强奸而打残施暴者被判入狱而过上了独守空房的日子。当这样的两个人相遇时,女主角给男主角带来的却是充分的温暖。两个人的相互取暖本就是两个身体热量的互相给予,而当这个故事发生在一个强奸犯和一个强奸案受害者身上时,一切都变得更加饶有趣味,促使我们对这种围绕身体发生的犯罪或者说对身体进行更多的思考。《打火机》的故事同样与强奸相关,它讲述的是一个女性成长和回归的故事。一个率真、任性、敢作敢为因而在人看来是问题少女的女孩子余真,在 16 岁的一个夜里,被人强奸了。被强奸在社会中通常是一个人屈辱的灾难史的开始,在大多数平庸作家的笔下,这往往是一个人悲惨命运或堕落生活的开始。但在乔叶笔下,事情完全不是这个样子,这里,被强奸的事件使余真认识了自己的身体,确定了自己的女性身份,于是,她"学好"了,成长为一个被社会认可甚至赞赏的女性。如果不是被强奸,这个问题少女可能始终不能"成长",始终是个"问题"。但"问题"其实始终藏在余真的心里,像一只冬眠的野兽,终于有一天开始苏醒。于是,一个老而弥坚的男人使余真身上的那种野性开始复活,在另一次"不正当"的性行为中,她本真的自我回来了,或者说她重新认识了自己的身体。《锈锄头》写的是发生在一个中年男人"外宅"的故事。通常,"外宅"的生活不像"家"那样承载着更多道义、责任、伦理等内容而更多与爱或性相关,因而也更具"身体性"。而放在"外宅"的生锈了的锄头,原本是与其使用者生活密切相关的东西,是使用者劳动时身体的延伸。当它被放在"外宅",就仅成为主人人生经历复杂性和精神世界复杂性的标志。然而,正是这把成为标志的锈锄头,俘获了一个女人的芳心,使两个肉体缠绵在了一起;也正是它,麻痹了一个窃贼的戒心,并重新成为一个人身体的延伸毁灭了另一个人的身体。通过锈锄头这个与身体密切相关的东西,我们看到了人在内心和现实行动上的巨大反差。《山楂树》的故事同样与身体相关。一个画家,深爱着女友的身体,一遍遍地画它;然而,正是女友的裸体被家乡山村的人看到导致了女友与家人关系的紧张;然后,因吃山楂导致的流产使他们之间出现裂痕并分手;再然后,因画家无法忍受女友的身体与另一个男人身体的狂欢而亲手毁灭了他深爱的身体和与这个身体一起狂欢的身体。《轮椅》写的是一个懂得享受肉体欢乐的女性坐上轮椅体验残疾人生活的故事。一个拥有正常身体并能享受自己身体的人,假扮成一个身体残缺的人,这种角色的换位,使我们更清楚地看到了身体的残缺所带来的与他人、与社会之间关系的变化以及个人心理的变化。乔叶其他的一些小说,如《解决》写的是一个官场男性因带有特殊标记的身体某隐私部位被妓女拍下受到敲诈最终通过另一个妓女把问题解决掉的故事,《不可抗力》写的是因一个意外导致身体致残引发的故事,如此等等,都是与身体直接相关的故事。

在传统的观念中,人的存在被认为是精神性的存在。如"我思故我在"式的肯定思维思想的论断,"行尸走肉"式的对肉体的蔑视,实质上都是强调精神存在的价值而排斥身体存在的意义。而多数宗教更把精神与肉体完全对立,希望通过各种各样的修行以达到超越肉体局限的纯精神性存在的无限境界。然而身体性的存在始终是无法被忽略的,也无法被超越的。在重视此世存在的价值、特别强调世俗幸福的今天,对身体存在价值的重视也就成为一件自然而然的事。

乔叶的小说，从身体的问题开始不断深入走下去，从这里抵达了人的内心深处，体察到了深藏在人物内心的隐秘的东西、复杂的东西，并在这种发现之后对人的行为、对人本身有了更多的尊重和理解，让我们看到人的内心世界的复杂性，看到了人们驯顺的外表下本真自我的那种野性，正因为有这种野性，人生才充满了变数，才更有故事。发现人性中复杂的东西，探究心理中微妙的东西，书写那些我们不曾或难以命名的经验，这是小说家的责任。让人欣喜的是，乔叶在这一方面做得相当好。

乔叶对身体的关注仍在继续，今年初出版的《虽然，但是》仍然是关于身体与性的故事。在这本书的扉页上，乔叶写道："身体不是圣殿，它只是我们的乐园。"性当然与身体无限相关联，关注身体不能不关注性，我们可以通过性及其他方式来享受我们的身体，使它成为我们的乐园。但是，身体不只是乐园那么简单。约翰·奥尼尔在《身体形态——现代社会的五种身体》中说："我们的身体就是社会的肉身。"这也许正是梅洛－庞蒂认为世界的问题可以从身体的问题开始的原因。乔叶在她的小说集《我承认我最怕天黑》的序言《我和小说》中说，小说"博大、丰富、辽阔和深邃"，身体的问题其实也一样。所以，希望乔叶能从身体的问题开始，使自己的小说更加"博大、丰富、辽阔和深邃"。

（《大河报》2007年8月8日，发表时有删节）

墨·白
—— 墨白印象

还是寸头,头发鲁迅般直直地立着,成为孤傲的标志。只是似乎在忽然间,许多白发冒了出来,印象中满头的黑发只剩一部分零星地藏在白发间,成为带有某种寓意的陪衬。墨白,头顶是名副其实的"墨白"了。

于是发现,印象中的青年作家墨白其实并不年轻了;但是,先锋作家墨白依然先锋着。

掐指算来,认识墨白真是有很多年头了,读他的作品还要更早,应该超过20年了吧。从那时起,关于颍河镇、关于寻找、关于人性、关于欲望的书写不断进入我的视野,一直持续到今天。

尽管早就读过墨白的作品,也在一些场合见过,但真正熟悉墨白是在1997年。那时,省里已经下文,将我所在的文艺理论研究室(创作研究室)和文学创作室、当代人报社合并,成立河南省文学院。墨白当时在周口文联一个文学期刊做编辑并写着小说。那一年,我们张罗着给河南的五位青年作家李洱、墨白、行者、韩向阳、陈铁军等在密县(今新密市)开了个研讨会,会期有好几天,其中大部分时间都是在正儿八经地开会。这次会议选择的五位作家,当时在国内都是初露锋芒,在叙事上很有特点,特别是李洱、墨白、行者更以写作的先锋性为文坛所瞩目。当时,先锋写作在全国实际上已开始进入尾声,但在一向"慢半拍"的河南,还是有些人看不顺眼,以至于有位到会的老同志在会上公然质疑:这次会议选择的研讨对象都是些什么人?老子(李洱)、墨子(墨白)、孙悟空(行者),一个比一个名字起得牛。然后还有什么不食人间烟火、作品就是不让大家看懂云云。对于这番质疑与会者大都一笑置之,其最大的影响就是让大家更好地记住了这三位作家。其实,那次会议所讨论的话题是广泛而深入的,具有很高的学术价值,对几位研讨对象的创作和成长也产生了重要的意义和深刻的影响。会后不久,李洱、墨白、行者一起被调到河南省文学院从事专业创作。只是,行者来而复返,很快回到南阳做了文联主席;李洱不久前刚刚调往中国作协现代文学馆;只有墨白还在文学院,和我做着搭档。

在文学院从事专业创作的十几年间,墨白继续着他此前的方向,固执地反复书写着他的颍河镇,并使颍河镇如福克纳笔下的约克纳帕塔法一样,成为一个文学之镇、精神之乡。颍河镇的原型大约就是河南省淮阳县的新站镇,墨白出生并长期生活在这里。像他这样有着长时间乡村生活经历的河南作家有很多,描写乡村生活并以乡土文学创作在文坛崭露头角,是他们相同或相似的成长模式。农村的生活经历同样是墨白写作的重要资源,但相对河南大多数作家而言,墨白差不多是一个异数。长期的农村生活经历,由农村进入城市的人生轨迹,会使作家对中国特有的城乡二元对立结构——正如黑与白的二元对立——有着深刻的认识。河南的绝大多数作家对此都有着切身的体验,并把他们的这种经验、体验、认识带到了文学作品中。墨白也不例外,并因此使其作品有着深刻的现实感,但墨白又在努力寻找进入这种现实经验的全新视角。墨白早年曾经学过绘画,这没能使他成为一个画家,但也许潜在地促成了他异常重视作品形式感的倾向。现实感和形式感的共存,或者说乡土经验、社会现实和先锋表达、文本实验的结合,使墨白的小说既不同于传统的乡土文学,又与大多数先锋作家拉开了距离。换句话说,他的写作是把一般意义上相互对立的二元——如黑与白——糅合在了一起,这使他的笔名墨白有了些实在的意味。

关注现实一直是河南作家的一个优秀传统,以先锋写作闻名的李洱和墨白同样如此。如今,先锋写作早已退潮,许多曾经的先锋小说家都回归了传统,重新津津乐道地讲起了故事,回到了把生活故事化、人物性格化的老路上。但是,李洱、墨白却依然保持着他们固有的写作姿态,并不断有成功的作品问世,得到广泛的认可。这与他们在注重叙事探索的同时坚定关注现实、保持对作品意义和价值的追求这样的创作观念是密不可分的。墨白在小说特别是中篇小说创作中,对形式实验、叙事探索有种近乎偏执的热衷,他期望通过叙事策略营造一种荒诞、神秘的氛围,以象征或隐喻的方式来表现人类的生存困境和人性异化的现实,揭示人性的本质和生命的实相。在他近来的长篇小说写作中,形式探索的意味不再那么外露,但其内在的精神实质却始终未变。从形式上讲,注重叙事、注重结构;从内容上讲,注重人性、注重精神,这是墨白一贯注重的文学元素。

对于墨白及其作品,已有很多评论文章、作家专论乃至专著广泛论及。为避免把这篇印象记写成作家论,还是说说在一些场合、一些事件中墨白留给我的印象。

墨白现在已五十有五,年过半百的年纪和他留给我以及文学界的印象很不相称。至今,墨白在研讨会及各种谈论文学的场合,一定还会谈到语言或叙事问题,谈到生命或人性问题,而且一定还有青年般的慷慨激昂。我曾多次在一些青年作者的研讨会上,听到他不留情面地批评研讨对象的作品依然停留在对故事的简单叙述上,根本没有进入叙事;批评他们所关注的只是社会或政治层面的问题,没有从与社会的相互关系中理解个体生命的价值,没有对生命本质的思考,没有对人性的深入探究。这样的态度和做派使墨白在文学上、在精神上显示出了一种高贵的派头。

曾有作家和我谈起,墨白与青年作者的谈话、研讨会上的发言都有大师状。我觉得,是否真的成了大师暂且不谈,但墨白关于诸如文学叙事问题、精神价值问题、人性本质问题、生命意义问题的思考,确实是真正大师应有的思考,有这样的思考,即使还未成为大师,应该离大师也不远了。

(《时代文学》2012年第3期上半月)

回到身体本身
——简评《性爱的思辨》

从身体的问题开始

随着社会的急剧变化和生活节奏的日益加快,焦虑已成为一种时代的流行病,似乎从来都没有这么多人像现在这般烦躁不安和忧心忡忡,对每一个人来说,问题似乎都特别多。对多数人而言,能成为问题的问题可能更多的是政治和经济或者通俗点说是权力和金钱的问题,而媒体常常渲染的还有动物保护、生态危机、军备竞赛等各种各样的问题。确实,这些问题需要我们给予足够的关注,而且已到了非关注不可的地步。但与此同时,还有一些本应为大家重视的问题却被遮蔽了,而这些问题其实就潜藏在我们每一个人的身体中。如果我们每天都把大众的目光引向动物园里大象的病情怎么样了、街树上栖息的鹭鸶是否受到了惊扰了等事件上,以表现我们所谓的人道、爱心与文明,而对广泛存在着的对人性的压抑以及对人性成长的阻碍因素视而不见的话,那么这种所谓的爱心与人道主义就绝对是虚假的,应该受到质疑和批判。也正是在这个意义上,我愿意更多地关注那些更为身体性的问题,也就是那些与我们的肉体、我们的心灵更为息息相关的问题。我一直觉得梅洛—庞蒂有句话说得很好:"世界的问题,也可以从身体的问题开始,就在于一切均现成地存在着。"[1]

文学不断发展的过程似乎是一个不断贴近人自身的过程。今天,我们已经清楚地意识到,文学绝不仅仅是对于外在事件的简单叙述,绝不仅仅是讲故事,它正在一步步地深入人的内心,去表达作家个体对自身生命、对世界独特的感觉和体验。既然如此,文学完全有理由更多地关注那些更为

---

[1] 〔法〕梅洛—庞蒂:《眼与心》,中国社会科学出版社1992年版,第37—38页。

身体性的问题。不过长期以来,大多数作家似乎更多地把他们的目光放在社会的层面上,在社会问题、权力斗争、处世哲学等方面着墨颇多。河南中年以上的作家大多也都是在这些方面取得了相当的成就,比如李佩甫的《城市白皮书》《羊的门》对社会现实和社会问题的反映和揭示,张宇的《活鬼》《软弱》对个体在特定社会中生存智慧的描写都达到了相当的高度。

与同时代的这批河南作家比较而言,杨东明显得比较特殊,他所关注的问题、他的写作方法与其他作家存在着较大的差异,《性爱的思辨》关注的是更为身体性的问题,这使他在河南作家中显示出了自己的特异之处。对于杨东明及其创作特点,我曾试图这样简单地概括:杨东明是一个敏感的人,这种敏感的性格使他常常对社会特别是城市生活的某些方面或人生的某个侧面有着独到的发现,并能迅速诉诸文字,同样是这种敏感的性格使他的创作方法变动不居。所以,敏感成就了东明的创作,敏感使他多产、善变,但同时敏感和善变也使他较少从全局的角度关注和思考问题,而且由于兴奋点转移过快,不能在一个问题上深入,使得作品显得不够深刻和浑厚。

《性爱的思辨》这部作品弥补了河南小说创作对个人化的、身体性的问题关注不足的欠缺,单就其创作题材而言也是一件值得称道的事。当然,关注身体或肉体的作品在当今文坛可以说比比皆是,它们大多出自年轻作家特别是女性作家之手,像卫慧、棉棉等早已闹得文坛内外沸沸扬扬。但与这些年轻的作家相比,东明的这篇同样是写性的小说却有着完全不同的意蕴,作为中年人的杨东明和"新新人类"对身体的理解大为不同。

对于许多年轻的作家而言,身体、性成了自己的拥有物,因而可以随意地展览、叫卖。于是在他们的作品中我们看到了花样繁多的性描写,它们可能是对于性场面欣赏性的描写,也可能是对复杂的性技巧、粗野的性暴力、放纵的性行为的展览,还可能是对于晦暗的或变态的性心理的宣扬。这些想象力丰富的描写为读者炮制了大量富有色情意味的场景,使以前一直秘而不宣的性真实或性幻想成为一种极具吸引力的使人沉迷的且可大量消费的语言和感官方面的刺激和享受。也就是说,在这些作家那里,身体也好、性也好,更多地具有了消费的属性。

但是在杨东明那里,性不是作为展品、不是作为消费品而存在的,它是一个值得关注的问题。在《性爱的思辨》中,性是作品的主题,但作者对性的描写却是如此含蓄,绝对不以挑逗、招徕、刺激读者为目的,性完全超出了床笫的意义,成为一个从我们的身体开始的问题,并与我们的存在无限地关联着,因而它所提示的其实就是我们的存在处境问题。

肉体的记忆

想想看,在时间中赋予生命以意义的究竟是什么?是权力、金钱、地位、名望还是别的什么?都不是!这一切的一切随着时间的流逝都会变得微不足道,而只有身体对生命而言才是实在的。精神对于不朽、对于无限的追求在被有限性制约着的肉体面前总是显得那么的虚妄,它所带给人的只能是焦虑和痛苦。只有在身体性的存在中我们才有了一种实在感,而性正是我们身体性存在的一个重要表征。梅洛—庞蒂用一句非常简单的话道出了身体对于人的重要意义,他说:"我就是我的身体。"[1]

普鲁斯特较早发现了身体的这种重要意义。正是对于肉体记忆功能的发现成就了普鲁斯特和他的《追忆逝水年华》,使一个每天躺在床上的"病秧子"在文学史上有了重要的一席之地。当普鲁斯特躺在床上的时候,他发现过去的时光、事件、情景在他的肉体中再现、复活,这个发现使当下的存在获得了意义,使其从时间中得到了拯救,也因而有了他的不朽之作《追忆逝水年华》。

杨东明再次发现了肉体的记忆功能,并从肉体的感性出发,证实了性对我们而言的确是一个几乎具有本体性质的问题。梅洛—庞蒂在他的主要哲学著作《知觉现象学》中重点研究了身体、身体性的记忆对人的重要作用。他说:"只有在记忆不是过去的构成性意识,而是根据现在的蕴涵而重新打开时间的一种努力,并只有在身体成为我们与时间(就像与空间)进行交流的手段的情况下,身体在记忆中的作用才被人理解。"[2]

---

[1] 〔法〕梅洛—庞蒂:《眼与心》,中国社会科学出版社1992年版,第38页。
[2] 〔法〕梅洛—庞蒂:《眼与心》,中国社会科学出版社1992年版,第17页。

在《性爱的思辨》中，杨东明有这样一段描写："陆洁观察过自己的肉体，她发现肉体是有记忆力的。陆洁的肉体珍藏着许多对于潮白的记忆，到了床上，一接触于潮白，那些记忆就自动地苏醒，按部就班地将对方曾经访问过的地址一一打开。如果是短暂的分别，如果她和他的肉体没有机会接触，那么陆洁的肉体就会在独处的时候默默地将那些记忆一一反刍……那滋味让她咀嚼不尽……"

陆洁，其实应该说杨东明对肉体的记忆能力的发现对《性爱的思辨》这部作品而言是很重要的。首先，它确认了身体对人的重要作用，并使作为身体的一种重要存在方式的性的存在同时得到了确认，这样就使性的问题得以作为一个与身体也就是与我们自身无限关联的问题被提了出来，成为这部作品的主题。其次，对杨东明来说，还有极其重要的一点就是：肉体的记忆成为一个可以由他随意打开的时间闸门，使他可以随意对发生在不同时间的事件、场景进行调度，使整个叙事向前推进的方向完全不必考虑现实中事件的发展顺序。

《性爱的思辨》实际上不是一个多么吸引人的故事，而且这个以性爱为主题的作品中也没有具有诱惑性或刺激性的色情描写，事件本身并不具有太多吸引读者的东西。如果只是按时间的顺序把整个事件叙述出来，整部作品可能会变得平淡无奇。这部作品的特别和重要之处即在于它从肉体的记忆功能中发现了作为性的存在的身体的重要性，从而使性成为一个与我们的存在处境直接而无限相关的问题，成为一个与每个人的存在都直接相关的普遍性问题。

在这部作品中，杨东明让时间碎裂为一个个片段、让整个事件碎裂为一个个场景，在主人公的肉体中一一复活。整个叙事基本上是以陆洁的视角展开的，除了陆洁现实的行动线索外，主要的事件和场景都是通过陆洁肉体的唤醒来展开的。这部作品开始的时候，陆洁实际上已经陷入了性爱和情感的困境当中，那么她和于潮白当年美好的性爱和情感生活是怎样进入叙事当中的呢？作品是从陆洁准备和于潮白一起入浴开始的，当她泡进浴缸里的时候，"光滑的手臂从浴缸边松软地垂搭下来，手指下意识地在那里抚着、触着，于是，就触到了一点涩和一点糙。那是……"于是，肉体的记忆就唤醒了过去美满的情感生活和性生活。类似的处理在整个作品中俯拾即是，成为一个极富特色的调度手段。

可能因为对新生的、新奇的事物比较敏感，他的兴奋点转移过快，很难在一个问题上深入（在这一点上，不知道是于潮白像杨东明，还是杨东明像于潮白）。东明以前在写作手法上做过许多尝试，由于在不断地变换写作手法，东明以往的很多作品总是显得不够成熟，在情节安排和叙事处理上不时会出现突兀、生涩和局促的地方。但是在《性爱的思辨》中我们可以看到，虽然同样采用了一种明显有别于传统现实主义的写作方法，比如作品明显地借鉴了意识流的写作手法，但由于作品本身关注的是一个极为身体性的问题，而东明又恰当地借助肉体的记忆功能来切换场景、推进情节，使以于潮白的行动为脉络的线索和以陆洁的行动为脉络的主线有机地融合在一起，而且作者的整体调度也显得非常从容，挥洒自如。正因如此，这部作品虽然不按故事的现实发展顺序向前推进，而是根据需要由陆洁肉体的记忆随时唤醒一个个断裂的片段，从而更好地服务于作品具有思辨色彩的主题，但总体上说，作品给人的感觉仍然非常顺畅，没有明显的阅读障碍和生涩的感觉。

"想"和"能"的距离

对性问题的关注当然远不是从杨东明开始的。近半个世纪以来，特别是在西方，女权主义或女性主义运动开始得如火如荼，性问题当然是她们关注的一个焦点问题。这场运动实质上应该说是一场试图推翻父系社会的法律、价值观和人际关系的革命。杨东明的思想虽然也带有类似的特点，但在本质上还是有相当大的区别。然而，西方女权或女性主义运动的一个基本出发点肯定得到了东明的认同，那就是："任何不适宜人性存在与成长的环境都是应该纠正的。"[1]

现实的家庭、婚姻观念和法律及其造成的情感和性爱现实对人性来说肯定存在着严重的压抑。就人性或者说肉体和心灵的需要而言，我们是否

---

[1] 杨东明：《情爱世界》，内蒙古人民出版社 1999 年版，第 487 页。

必须恪守着只能与一个人保持爱情和性爱关系的规章？显然不是。所以，我们早就认识到"婚姻是一种罪恶"。恩格斯等伟大的思想家不是也认为在理想的社会中家庭和婚姻应该走向消亡吗？只不过对于多数思想家而言，当他们面对此类问题的时候他们是在用头脑思考，而杨东明却是直接从肉体的感性出发来认识问题的。

现实社会带有明显男权特征的性爱及情感状况显然不能令杨东明感到满意（当然他的不满并不止于此），这种环境显然"不适宜人性存在和成长"，于是他虚构了一个较为理想的性爱环境，即吉玛人带有母系社会特征的生活环境。在这里，两性之间保持着一种相当自由的关系，相互之间和整个社会组织对这种关系也没有太多的束缚，特别重要的是两性的任何一方都没有独占对方的权力。所以，在杨东明看来，这样的环境似乎更适宜人性的存在和发展。当然，作为男权社会的进入者，在这样的女权社会里虽然可以充满激情但也难免感到尴尬和不适应。

然而，这样的一个母系社会对于人类的性爱关系来说并不是一个理想的环境，这个建立在对男人权利剥夺基础上的社会存在着同父系社会一样的问题，甚至它的问题要更为严重，至少父系社会并不剥夺女性做母亲的权利，它却剥夺了男人做父亲的权利。在这部作品中，冕诺的痛苦就表明了吉玛人的社会并不是一种理想的社会形态，冕诺的痛苦实质上是自我的觉醒，吉玛人社会的瓦解也许就会从冕诺们开始。杨东明在作品中写下这么一笔，显然表明了他对吉玛人的社会是否确实有助于建立一种理想性爱关系状况的疑问，而他的性爱理想国也许会是永远的"乌托邦"。

问题到了这里，就被推进了更深的一层，成为一个关乎我们存在处境的本体性问题。

在《性爱的思辨》中，于潮白虽然背着陆洁同许多女人发生了性关系，但这并不表明他对陆洁的爱有了改变，甚至于在他热恋着陆洁但仍同彭磊保持着婚姻关系的时候，也不能说他不爱彭磊。这就是人的本性，他总是在无限地追逐着一切美好的东西，但却时时受到肉体的有限性的制约。在这个世界上，美好的东西，比如说美女吧，古时有，现在有，将来还会有；一个人既不能生于古代，又不能无限地活到将来，怎么可能一一得到她们呢？

即使现在的美女,又怎么能一一爱遍呢?所以,对每一个人来说,在"我想"和"我能"之间总是存在着距离,"我想"而"我不能",这就是做人的苦难。保罗·利科认为"我想"和"我能"之间的距离,即做人的"苦难",就是人的"原罪",就是人的本体性存在处境。在我的理解中,《红楼梦》同样表达了这个主题,为什么在一夫多妻合法的社会里,作者不让贾宝玉同时兼得钗黛呢?因为钗黛作为一种象征,代表的其实是天下所有美好的女子,宝玉面对她们爱而不能兼得的处境,就是人类普遍的存在处境。因此,婚姻家庭观念和制度的确立在本质上就是"我想"向"我能"妥协的产物。

于潮白在一夫一妻的社会中同时与许多女性保持着性关系,而在吉玛人的母系社会中又无视该社会的规范期望占有自己的儿子,表明他不愿接受妥协,明显具有无视一切规范、把自我抬高为了自己的世界的中心以及纵欲的倾向,按基督教的观念理解,这就是"罪"、就是"堕落"——当然,这不是从道德或法律意义上做出的评判。在基督教的传统中,"原罪"是以亚当的"堕落"为象征的,其特征是不信、狂妄和纵欲,也就是背离上帝的意志,转向自己并把自我抬高为自己的世界的中心。保罗·蒂里希认为,不能把"堕落"看成"从前有一次"发生的事件,它是人类存在的普遍处境。"堕落"的根源正是人的有限自由。造成人的"苦难"处境的是人的有限性与无限的矛盾,而处于这种处境中的人对有限自由的滥用就是"堕落"。

人是生而自由的,但自由是有限度的,人不可能逾越"我想"和"我能"之间的鸿沟抵达彼岸,但欲望、灵魂却不断驱使着人类。这就是人的"苦难"、"罪",这是人的有限性及其滥用自由的双重结果。于潮白在亲生儿子的刀下无可奈何地走向了死亡,它表明"我想"和"我能"之间的距离不可逾越。作品以性为象征所表达的人的这种存在处境确乎是本体性的,无法改变。这就是《性爱的思辨》带给我们的从身体开始的具有普遍意义的问题。

(本文删节后曾在报纸上发表,全文收入河南文艺出版社出版的《探险者》)

杨晓敏对小小说发展的理论贡献

放眼世界各国,鲜有人会被某一文体的写作者毫无争议地尊为"教父",而杨晓敏几乎是唯一的例外。在最近二十多年的时间里,小小说从短篇小说中分化出来,发展成一个独立的文体,并迅速繁荣兴盛起来,引起了全社会的广泛关注,成为一种重要的文化现象,并得到素以正统自居的文学界的承认,跻身神圣的文学殿堂。这不能不说是一个奇迹。尽管媒体传播方式和人们生活方式的变化改变了读者的阅读习惯、欣赏趣味,使小小说的发展具备了适宜的土壤,并在自发状态下开始萌芽,但如果没有杨晓敏的积极倡导、推动、实践、传播和理论探索,小小说的发展可能会是另外一种局面,能否成为一种被全社会和文学界广泛接受的独立文体还很难说,因而也就很难走出一条清晰的独立发展的道路。正因如此,杨晓敏被看作"中国小小说教父"。在文学发展史上,好像从来没有一种文体的发展与一个人联系得如此紧密,从来没有一个人对一种文体的走向产生如此深远和具有决定性意义的影响。对于中国小小说的发展,杨晓敏的推动是全方位的,缺了任何一个方面可能都不会有今天的繁荣局面。但是,在杨晓敏为小小说发展所做的诸多贡献中,我以为就文学以及小小说这种文体自身的发展来讲,最有意义的一点就是他确立了小小说的文体定位、界定了小小说独立的文体特征。从这个意义上讲,我以为尽管专门从事小小说理论研究的专家不少,但为小小说发展做出最大理论贡献的仍是杨晓敏,他的《小小说是平民艺术》几乎可以说是中国小小说的"圣经"。

《小小说是平民艺术》是杨晓敏对小小说的文体规范、社会与艺术定位、发展方向等阐述最为完善的一篇文章,对中国小小说的发展产生了极为重大而深远的影响。这篇文章曾收入杨晓敏的理论评论集《小小说是平民艺术》。这本书以这篇文章为核心,收入了其他一些理论文章及作家作品评论,共17篇。2009年,杨晓敏以这本书为基础进行扩展,收入50多篇文章,在河南文艺出版社出版了新的《小小说是平民艺术》;同时,秦俑编选了媒体对小小说及杨晓敏的关注情况、小小说创作研究者撰写的相关文章、杨晓敏的部分小小说作品及评论、一些知名文学家和领导撰写的有关小小说的文章、杨晓敏事业年表等,作为《小小说是平民艺术》的姊妹篇,以《一个人的文化理想》为名出版。这两本书合在一起有个很大气也很贴切的说法,叫"栽种小小说纪事"。我以为这几个字确实形象而传神地道出了杨晓敏及其同仁 20 余年来引领、推动、扶持中国小小说的心情、作为及他们对中国小小说事业的贡献。

"栽种小小说纪事"两本书中,《一个人的文化理想》涉及的内容包括杨晓敏等为发展繁荣中国小小说所做的各个方面的工作,而《小小说是平民艺术》则更多地体现了杨晓敏对中国小小说发展的理论贡献。

杨晓敏对小小说发展最具理论意义的贡献是他确立了小小说独立的文体地位。

杨晓敏对小说有一个非常有意味的分类,他把传统的长篇小说、中篇小说、短篇小说统称为"长小说",与之相对的"短小说"单指小小说。他认为:"小小说是一种最具读者意识的小说文体。它的兴起,是对'长小说'而言的文体创新。"这种划分清楚地把小小说从传统的"长小说"中分离出来,从此,小小说不再只是写得更短的短篇小说,而有了自己独立的品格。他说:"小小说作为一种文体创新,它不是小品,不是故事,不是短篇小说的缩写,而是具备独立品质和尊严的一种文学样式。""短小说"概念的提出,明确了小小说的文体特征和独立的文体地位,使小小说具有了与传统长篇、中篇、短篇小说相对应的地位,从而得以独立发展。这一点在理论上无疑具有开创性、建设性的意义。对小小说文体意识的自觉,是杨晓敏构建其小小说理论体系及推动小小说发展的基本出发点。正是因为把小小说界定为一种独立的文体,小小说才被打开了无限广阔的发展空间,走上了独立而健康的发展道路。

杨晓敏对小小说发展最具学术意义的贡献是他确立了小小说的文体规范。

杨晓敏进行小小说文体规范的工作是从三个方向展开的。

首先是从理论上对小小说的文体特征进行界定。他强调小小说具有所有小说样式共有的思想容量和精神价值:"作为小说一种,小小说不仅要具备人物、故事、情节等要素,更重要的是,它还携带着作为小说文体应有的'精神指向',即给人思考生活、认识世界的思想容量。"在此基础上,他特别强调了小小说独特的外在表现特征:"小小说作为一种文体创新,自有其相对规范的字数限定(1500字左右)、审美态势(质量精度)和结构特征(小说要素)等艺术规律上的界定。"而他"小小说是平民艺术"的定位则是对小小说内在审美特征和表现形式的良好概括。这样,杨晓敏就从理论上阐明了小小说是一种小说样式,它具有独特的表现形式和内在审美特征,因而是不依附短篇小说而存在的一种独立小说文体。而这样一种独立的文体以其特有的手段,构成了一个自足而完整的艺术世界:"无论如何,在一两千字的篇幅里,是必定要摒弃言之无物的。它容不得耍花招,所有的艺术手段,只能用来为内容服务。小小说不是故事。就其文体而言,小小说自有它的字数限定、审美态势和结构特征。它的规范性更有别于散文、小品等。一句话,麻雀虽小,五脏俱全,也是一个完整的艺术世界。"

其次,通过对代表性作家、作品的推介确立小小说的文体规范。杨晓敏对这一点的认识特别清醒和自觉,他说:"小小说文体究竟能走多远?或许要取决于两个必要的生存条件:一是小小说能否不断有经典性作品问世,以此来锻造和保证它独具艺术魅力的品质;二是在从者甚众的写作者中,能否不断涌现出优秀的代表性作家,来承担和引领队伍成长进步的责任。"应该说,在这一方面,杨晓敏花费的精力最为巨大。杨晓敏很清楚,"倡导和规范小小说文体的使命,自然在很大程度上要落到发表、选载小小说的主流刊物上来"。二十多年来,杨晓敏参与编辑和主编了《小小说选刊》、《百花园》、《小小说出版》(原名《小小说俱乐部》)等,总发行量逾亿册,主编或与人合作主编的各类小小说丛书、精选本、增刊六十余种、两百多本(卷)。在此过程中,杨晓敏和他的同事逐步完成了对小小说文体的规范:"而所谓规范,则是在编者的遴选检索过程中,对小小说大致有个文体界定。每一种文体,都会有着巨大的文化含量。从这个意义上讲,小小说要特立独行,自立门户,绝不能把别的文体样式拿来充塞其间,它要有明显的标志才行。"杨晓敏确立小小说文体规范的努力还体现在他撰写的上百篇小小说作家作品的评论中。他通过对具体作家、作品的分析,以具体的实例,指明了符合小小说文体规范的经典作品应该是怎样的作品,为小小说的创作起到了很好的导向作用。

再次,通过自身的创作实践为小小说规范的确立发挥示范作用。尽管杨晓敏工作非常繁忙,但他还是抽出时间创作了《清水塘祭》系列小小说,从而使自己的理论与实践更好地结合在一起,为小小说的创作和研究提供了示范性文本。

此外,杨晓敏还通过组织活动吸引更多专家参与对小小说的理论研究和评论,通过评奖为小小说发展提供示范和导向,并以此扩大社会影响,使小小说及其文体规范获得了更广泛的社会认同。

杨晓敏对小小说发展最具社会价值的贡献是他确立了小小说"平民艺术"的定位,明确了小小说的发展方向。

在充分认识小小说文体特征的基础上,杨晓敏提出:"小小说是平民艺术,那是指小小说是大多数人都能阅读(单纯通脱)、大多数人都能创作(贴近生活)、大多数人都能从中直接受益(微言大义)的艺术形式。因为小小说文体的特征,就决定了它是属于大众文化的范畴。"应该说,杨晓敏对小小说的这个定位一方面建立在对小小说自身文体特征认识的基础上,一方面则建立在他对当今文学发展现状及趋势认识的基础上。对于文学如何在当今社会更积极地发挥作用,杨晓敏有清晰的认识,他说:"我以为,只有最大限度地发挥大众文化的优势,使文学和普通受众产生近距离的心理效应,文学才能更加自信和有力量。"也就是说,杨晓敏认为,文学要想对社会产生更大的影响并使自身有更好的发展,应该改革其日趋"精英化"的现状,重新回到平民中间。而小小说作为一种新兴文体,本身就具有大众文化的品位,把它定位为平民艺术,更有利于其健康发展。因为"小小说的轻捷灵便、单纯通脱的文体优势,为现代人带来了时尚性的阅读快感","平民艺术的质朴与单纯,简洁与明朗,加上理性思维与艺术趣味的有机融合,极其本色和看得见、摸得着的亲和力,应该是大众文化的一个重要组成部分"。杨晓敏之所以坚持把小小说定位在大众文化的范畴,不仅有小小说自身文体特点的考虑,更有小小说文体发展,进而是产业发展的考虑。他说:"我有一个观点,作为小小说文体,它的文化意义大于它的文学意义。"把小小说定位为"平民艺术",定位为"大众文化的一个重要组成部分",使小小说有了正确的发展方向,有了更大的表现舞台。小小说能有今天繁荣兴旺的局面,《百花园》、《小小说选刊》能取得如此巨大的成功,都与此有着密切的关系。

当然,杨晓敏对小小说发展的贡献远不止这些,但仅从其对小小说发展的理论贡献这一点来谈,我们也可以发现,虽然"中国小小说教父"只是一个戏称,但绝非没有道理,甚至可以说实至名归;而以《小小说是平民艺术》对中国小小说发展的理论贡献,称之为中国小小说的"圣经"也毫不为过。杨晓敏让我们看到,一个人对一种文体竟能产生如此的影响,并使小小说这种新兴文体的发展成为一段传奇、一种现象。无论如何,这都值得我们好好重视、好好研究,以对文学发展和文化繁荣提供更有意义的启示。

(《中华读书报》2009年8月12日,发表时有删节;后以《小小说理论的奠基者》收入郑州大学出版社出版的《杨晓敏与小小说》)

网络

作为存在处境的网络文化

"文化"是一个有着多重含义的概念。现在,人们大多在一个比较狭窄的层面上来使用它,认为它直接与精神性的创造活动相关联,因而基本上赞同19世纪末英国文化批评家马修·阿诺德(Matthew Arnold)一类绅士学者的观点,将它限定为个人的完美成就。另有一部分以人类学家、社会学家为代表的人则倾向于在一个较为宽泛的层面上使用"文化"这个概念,他们赋予文化的定义也就与前者有所不同,是指某一群体的生活方式和人造环境。

我现在也比较倾向于在这样一个较为宽泛的层面上来理解和使用"文化"这个概念。

三十年前,当我进入中文系学习的时候,由于所学专业的关系,自然将文学艺术包括哲学、历史、宗教等看成了文化构成的中心要素。但三十年来,我所关注的这种"文化"却在日益走向边缘,距离大众的生活似乎越来越远,越来越无关痛痒。"文化人"边缘化的感觉似乎从未像现在这么强烈。这令我时常产生一种走进了小胡同的感觉。于是,我开始重新审视"文化"的内涵,并逐步接受了人类学家对文化的较为宽泛的定义,确立了新的文化观念,开始关注那些决定我们生活方式的重要因素。

人的区别根本上在于存在方式的区别。我们这个时代之所以不同于其他的时代,是因为我们正以"这样的"一种方式存在。在以人为中心来看待问题的时候,我们会首先考虑究竟是什么决定了我们的存在,影响、改变并决定了我们的生活方式。这样看来,这些直接决定我们生活方式、存在方式的因素就显得更为重要;而作为对这种存在方式的表现、反映或思考的较为"狭义的文化"对人们的存在方式来说就显得更"边缘"一些。

也正是在这二十几年的时间里,电脑开始了它狂飙突进式的发展。从1981年8月12日IBM公司在纽约公开宣布IBM PC机出世到今天,不过短短三十多年的时间,个人电脑已由8086、286、386、486、奔腾、高能奔腾、多能奔腾,进化到了奔腾 II、奔腾 III 型,现在已到了酷睿 4 代,手机采用的低功耗芯片也进入了八核心 64 位时代。无怪乎人们推论,如果汽车工业能像集成电路这样发展,那么现在最昂贵的劳斯莱斯轿车也许只值 1 美元。在最近几年里,由于 Internet 的迅速发展,一台台孤立的个人电脑被连接在一起,成为一个覆盖全球的巨大网络,而这个网络又不断把手机、平板电脑、电视机等各种终端延揽其中,甚至有一天我们会发现身边的一切都在这个网络中。网络的迅速发展,影响更为巨大。Internet 并没有物理的边界或中心,物理的距离已被它彻底抹平,在它虚拟的空间里,没有距离,没有隔阂,人与人之间的交流与协作变得前所未有地自由与方便,你访问隔壁的邻居与访问远在地球另一端的朋友并没有什么分别。如此一来,电脑对人类生存的影响也许会有一种前所未有的革命性。

许多人,包括不少自认为居于文化研究的前沿,或对后现代文化耳熟能详的"文化人",认为电脑、网络距离他们非常遥远,离开网络他们可以过更"人文"的生活。也许这只是因为他的案头没有一台 PC、Mac 或一个网络终端。其实,即使我们排斥网络,不进行网上购物、网络阅读、网上支付等,但在我们家里的全自动洗衣机、微波炉、CD 唱机、影碟机、程控电话机或办公室的传真机、复印机和别的许多不起眼的设备中,嵌入式计算机正在默默地工作;还有,当我们去银行存取款、去超市购物、去购买机票车票、去进行股票交易时,计算机和网络也在忠实地为我们服务。进一步说,我们现在阅读的书籍报刊基本上都是由电脑排印出来的;我们身上的衣服也许是电脑辅助设计的,所用的布匹是电脑控制的车床纺织的,衣服上的绣花图案、商标也是在电脑控制下完成的;而且,我们身边的工业产品,情形大体类似。特别应当指出的是,现在,PC 的地位已不如以前那么显赫,这倒不是某些敌视或鄙视电脑的传统权威们的观点得以应验,而是由于网络的飞速发展,传统上标准的 PC 被各种各样的移动终端、电视置顶盒等取代,我们迅速进入了一个"后 PC 时代",或者说"泛 PC 时代"。现在,在通讯领域,蓝牙、WIFI 接入、3G/4G 数据服务已广泛应用。移动网络取代传统网络中错综复杂的电缆,非常方便地实现快速、灵活、安全、低代价、低功耗的数据和语音通信,为我们的日常生活带来极大的方便。我们身边的各类电子产品,从手机、平板电脑到电视机、汽车等,都可以直接接入互联网。此外,现在物联网及各种家庭网络计划也在开发实施,很快,我们的各种家电包括电视机、电话机、音响、洗衣机、电冰箱、微波炉等都可以连入网络,不仅可以进行远程控制,而且可以根据使用情况自动向电子商场订购商品,比如冰箱里的食品少了的时候,它会根据你的爱好及健康情况自动为你订购食品等。到那个时候,计算技术和网络将无所不在。

如此一来,我们会恍然发现:电脑已如此深入地介入、影响并改变了我们的生活,我们甚至无处不能发现电脑留下的印痕,甚至一天也不能离开电脑的影响而存在。我们于是明白,自己早已被置入了电脑这样一种存在处境。需要说明的是,这里所谓的"电脑"并不等于我们一般所理解的 PC,而是一个涵盖了所有电子计算设备的总体概念,包括它们相互连接而形成的网络。

按照人类学家的较为宽泛的定义,文化是指某一群体的生活方式和人造环境。电脑在今天显然已成为决定我们生活方式的重要因素、一种人造环境,因而也显然已构成一种文化形态。对此,读一读尼葛洛庞帝的《数字化生存》,也许会有更深的感触。由于电脑的影响是如此的深入而广泛,于是,一个新的英文单词 cyber 被创造了出来,而且你尽可以用它和你认为合适的单词相复合,来创造出一个新的单词,别人见了这个词一般也不会觉得怪异,比如 cyberspace 意为电脑空间,cybertimes 或 cyberage 意为电脑时代,cybercash 意为电子货币,而 cyberculture 也就是电脑文化之意。按我的理解,所谓电脑文化即指以电脑为表征(或象征形式)的人造环境或人类生活方式。就现在的现实情况来说,电脑已成为影响我们生活方式的一个重要因素,已构成我们存在的现实处境。

以德国哲学家恩斯特·卡西尔(Ernst Cassirer)为代表的文化学者认为文化是指象征形式的领域。丹尼尔·贝尔在《资本主义文化矛盾》一书中说:"文化本身是为人类生命过程提供解释系统,帮助他们对待生存困境的一种努力。"他认为:"真正富有意义的文化应当超越现实,因为只有在反复遭遇人生基本问题的过程中,文化才能针对这些问题,通过一个象征系统,来提供有关人生意义变化却又统一的解答。"传统的文化形态,像绘画、诗歌、小说或由祈祷、礼拜和仪式所表达人类生存的意义,其来源都在于所有人类面临的生存困境。那么,在宗教感丧失、艺术"解体"的后工业的今天,"电脑文化"作为全新的文化形态出现,它是否源于同样的问题呢?

丹尼尔·贝尔认为,文明虽然在不断进步,"但在文化中始终有一种回跃(ricorso),即不断转回到人类生存痛苦的老问题上去"。当然,对问题的提问方式和解答总会因社会变革的影响而不断变化,或干脆创造出新的美学形式,电脑正是这种新的美学形式之一。

人类作为既有肉体又有灵魂的这样一种奇怪动物,始终生活在有限与自由的刀口上,这就是人类存在的基本痛苦。人类饱受有限性压迫、毁灭性虚无威胁的心灵总在追逐着自由与无限,总有一股加速的渴望、飞行的冲动在升腾,总是在向着更快、更高、更强的目标不懈地努力,以最大限度地克服自身的有限性。电脑的出现极大地提升了人类自身的能力,在一定程度上满足了人类这种隐秘的渴望。

人类的发展进步是一个不断克服自身有限性、不断加强交流与协作的过程。《旧约全书·创世纪》中有一个建造通天之塔的故事:

> 那时,天下人的口音语言都是一样的。他们往东边迁移的时候,在示那地遇见一片平原,就住在那里。他们彼此商量说:"来吧,我们要做砖,把砖烧透了。"他们就拿砖当石头,又拿石漆当灰泥。他们说:"来吧,我们要建造一座城和一座塔,塔顶通天,为要传扬我们的名,免得我们分散在全地上。"耶和华降临,要看看世人所建造的城和塔。
>
> 耶和华说:"看哪,他们成为一样的人民,都是一样的言语,如今既做起这事来,以后他们所要的事就没有不成就的了。我们下去,在那里变乱他们的口音,使他们的言语彼此不通。"于是,耶和华使他们从那里分散在全地上,他们就停工不造那城了。因为耶和华在那里变乱天下人的言语,使众人分散在全地上,所以那城名叫巴别(就是"变乱"的意思)。

建造起通天之塔对人类来说是一个梦想,所谓"塔顶通天"即意味着冲破有限性与无限性的界限,是人类克服自身有限性的一个象征,这个梦想的实现需要全人类的团结协作。而"变乱语言"实际上就是使人类无法相互沟通、交流、协作。所以,对人类来说,自由地沟通、交流、协作已成为一种梦想。而电脑和 Internet 的出现,使人类这一梦想的实现在一定程度上有了可能。

计算机网络发展的内在动力,正是来自于这样一种潜在的渴望。网络所连接的不是一台台孤立的计算机,而是一个个孤独的人,其实是为一个个孤立的个人建立了一个联结在一起的通道,从而在一定程度上抹平了世界的距离,使人类的频繁自由交流成为可能,从而改变了社会结构、改变了人类的生活方式。因此,电脑及网络的出现,正是人类对待生存困境不懈努力的一个表征。

现在,Internet 正以惊人的速度不断扩张,使之基本成为一个覆盖全球的交互性网络。尽管"变乱语言"的问题尚未最终解决,但我们可以看到,已经有许许多多的网上即时翻译软件被开发了出来,虽然效果还不是那么理想,但总有一天,这个问题会得到彻底解决。那时,人类自由交流、沟通、协作的梦想会最终实现。

令人欣喜的是,电脑的发展基本遵循着著名的摩尔定律——计算机芯片的集成度和运算能力每 18 个月翻一番。这种以指数级的发展意味着它最后一步的进步幅度总是会超过以往总幅度之和。在当今世界上,还有什么能与计算技术的这种飞一般的进步速度相提并论呢?它毋庸置疑地使人类不断追求更快、更高、更强的精神得到了最好的体现。而更快、更高、更强的精神实质上代表着人类面对生存困境不懈努力的一种不屈的姿态。现在,当电脑成为人们对待生存困境不懈努力的一种表征的时候,电脑早就超出了它作为工具的意义。

其实,计算问题原本就是一个与人类存在相始终的问题。由于计算技术的不断进步,我们可以把遇到的绝大部分问题都转化为计算问题加以解决,人类不断寻找解决各种问题的更好办法的过程实际上就是一个寻找更好的算法的过程。现代计算机自诞生以来,一直沿用着冯·诺依曼确立的串行计算体系,也许将来我们可以突破这种结构的局限,模拟大脑的神经网络结构,创造出功能更为强大的非冯计算机,去挑战生命的极限,不断克服那些制约着我们的有限性。也许我们最终无法避免毁灭性虚无对我们的打击,但电脑技术不断更快、更高、更强的发展趋势毕竟向我们透露出了最终解决这一问题的一线曙光,这就是它作为一种理想的意义。

我曾在许多不同的报刊上看到过许多篇文章,嘲笑一些不懂电脑的人买电脑总是毫无意义地追求最好、最高档,我本人也曾遇到过不少这类事情,也曾大感不解。然而现在我明白,电脑对他们来说,已不仅仅是作为一种工具而存在,它更是一种象征,一种寄托着他们更快、更高、更强追求的理想。其实,仔细想一想,我们与他们相比又怎么样呢?我们真的有必要将我们32吋的彩电换成42吋的,将42吋的换成50吋的,将50吋的换成72吋的吗?我们是否让家中那些先进电器完全发挥了它们全部繁多的功能了呢?我们也不过是在追求着更好,追求着更快、更高、更强!而从本质上讲,其实这些都是我们对待生存困境进行努力的一种间接反映。因此,你尽可以遗憾于他们在电脑方面的无知,但你绝不能嘲笑他们对于电脑的虔诚,因为这里有他们的理想!

今天,具有充分交互性的因特网已为我们的交流与协作提供了很大的便利。相信在不久的将来,真正的信息高速公路建成的时候,把我们紧紧联结在一起的网络,带宽会越来越宽并近乎无限。这将是一个真正的无疆界的世界,没有中心,没有边界,我们将享有充分的民主、自由和发展的权利。而这一切的到来,也许已为时不远。这一切都是因为什么?网络!

(本文是中国文联出版社出版的《网络化背景下的文学艺术》的一节,修改稿曾在多处发表)

华文网络文学发展概论

尽管目前网络文学已成为一个使用相当广泛的概念，但对其内涵和外延却没有一个公认的明确定义。我把网络文学理解为依托网络完成从创作、发布到阅读全过程的文学作品。之所以有这样的界定，主要是期望能够给网络文学划出一个边界，因为所有的文学作品都可以在网络上传播，而且事实上现在绝大多数传统文学作品也都有了电子版，如果把网络文学定义为在网络上传播的文学作品，实际上等于把所有文学作品都囊括在内，网络文学与传统文学的界限也就不复存在，研究网络文学独特的文本特征、审美特征等也就失去了依据。

从这样的界定来理解网络文学，从狭义上讲，网络文学主要指在一定商业模式影响下依托网络产生的文学作品，其中绝大多数是类型小说，目前所谓的网络写手、网络作家基本指的就是这一类作品的创作者；从广义上讲，还应把诸如在博客、微博、微信以及众多在同仁文学网站上写作发表的随笔、散文、诗歌、小说等各种文体包括在内，这样的作品大多是在某一特定圈子内传播，其中一部分会向外流传并进入大众的视野。

网络文学的发展就目前情况看，前期处于自由发展阶段，主要延续了传统文学写作的路子，随后在商业资本的作用下建立起了自己的商业模式，并迅速走向了以类型小说创作为主的发展阶段，然后由于移动阅读的普及，网络文学的写作开始走出类型小说的藩篱，向多样化方向发展。当然，在商业化的网络文学日趋繁荣的同时，其实还有大量的文学爱好者一直在自己的博客、微博、微信中写作，这种写作基本走的是传统写作的路子，只是更加随意，碎片化现象特别突出。还有大量文学爱好者，通过建立网站等方式，发表自己的诗歌、散文等作品，相互交流、欣赏，具有文学沙龙的性质。这种写作除网络交流的特征外，基本保留了传统写作的全部特点，比如众多旧体诗词、诗歌网站等。这种博客和沙龙写作更多地延续着文学传统，但显然有了更充分的交互性，我以为是不可忽视的文学力量和文学现象,只是目前没有得到充分的重视。

下面我们大致按小说类型的发展顺序对网络文学的走向进行简单的梳理。

延续传统的言情期

研究任何一种文学样式,大家总是习惯追溯到其最初的源头。自有电脑以来,就有在电脑上完成的写作;自有网络以来,就有在网络上完成的写作和传播的作品。只是,最初的写作一定是延续传统完成的,并不具有全新的品格。

第一篇中文网络文学作品到底是什么,大家可能会有不同的看法。依黄绍坚的观点,第一篇中文网络文学作品是杂文《不愿做儿皇帝》,作者是美国普林斯顿大学的张郎郎,发表于1991年4月16日出版的《华夏文摘》第3期。

对于目前网络及相关研究者普遍认同的旅美作家少君(钱建军)发表于1991年4月26日出版的《华夏文摘》第4期的作品《奋斗与平等》是第一篇中文网络小说的说法,黄绍坚并不认同。他认为,《奋斗与平等》一文是少君以"马奇"的笔名,最早发表于《中国之春》1991年4月号"生存者自述"栏目中,《华夏文摘》只是进行了转载,文末已注明"《中国之春》供稿",同样署名"马奇"。因此,《奋斗与平等》不能算原创网络文学作品。而且,《奋斗与平等》是以第三者的口吻讲述的奋斗和"成功"经历,类似于目前流行的"口述实录",因而《奋斗与平等》更应该被看作一篇散文。而少君本人则非常认同《奋斗与平等》是"第一篇网络小说"的说法。1999年4月25日,少君在美国哈佛大学燕京学社所作的题为《网络文学的前景与问题》的演讲中说:"《华夏文摘》,在思国怀乡深情中应运而生……从一九九一年第四期的第一篇留学生小说《奋斗与平等》到后来连载十四期的《回国求职随笔》,都在留学生和华人社会中引起极大的反响。"这一演讲,后来被少君本人写成文章《〈网络哈佛〉——哈佛大学纪行》。

黄绍坚认为,第一篇中文网络小说应是小小说《鼠类文明》(作者佚名），发表于1991年11月1日出版的《华夏文摘》第31期。[1]

但正如我于文初所说，这样的追溯大概只有学术的意义，读者对这样的作品基本不怎么认可。因为这些作品从内容到形式都没有显示出任何网络特色，仅仅是首发在网络上而已。相信这样的作品还有很多，但其既没有文本的意义，又没有争得第一，大家也就失去了关心的兴趣。

目前，中文网络文学界基本把台湾的痞子蔡于1998年在BBS上发表的《第一次亲密接触》看作第一篇真正的中文网络小说。当然从学术意义上讲，这个说法肯定不够准确，但网络文学进入大众视野并具有了可以指认的网络特征，无疑是从《第一次亲密接触》开始的。实际上在此之前的1997年11月2日凌晨，老榕在四通利方论坛上贴出的《10.31大连金州没有眼泪》已经引起了很多人的关注。只是这篇因中国足球队失利而宣泄情绪的短文并不具有文学上的意义，因而很少被纳入网络文学研究的范畴。

仔细阅读《第一次亲密接触》，可以发现，它显然是"御沟流叶"故事的网络翻版，除了贡献了一些至今被很多人挂在嘴边的俏皮句式外，它和其他许许多多的浪漫言情小说并没有太大的区别。它的特殊之处在于，它是在BBS上一篇篇贴出来的，描写的是与网络相关的生活。从文学品质上说，仍然是延续传统的。

实际上，早期的网络文学作品大多如此。

在痞子蔡的影响下，大陆很多人也纷纷跟风，开始进行网络小说写作，他们大多沿袭着痞子蔡的言情路线写不同形式的言情小说。痞子蔡虽以"痞子"自称，实际上他的写作尽管语言机智俏皮，给人耳目一新之感，但基本上走的是纯情路线。之后的言情小说，则于纯情、唯美、浪漫之外，多了不少渲染痞气、匪气、颓废之气的作品。比如《天涯》1998年第6期刊登的一篇网络小说《活得像个人样》，作品风格显然与痞子蔡的纯情有着很大的区别。这篇网络小说曾在电子公告栏上多次辗转张贴，而且不见了署名，但原作者应该为邢育森。

在早期的网络写手中，与邢育森齐名的是宁财神和李寻欢，当时有所

---

[1] 黄绍坚观点参见其博客《第一份中文网络杂志——《华夏文摘》研究（十一）》，http://blog.sina.com.cn/s/blog_4b531f6401007xef.html。

谓网络文学"三驾马车"之称。宁财神早期同样写具有浓郁网络风格的言情小说，相对痞子蔡故事的感人、情感的纯真，宁财神能让人记住的是他语言的幽默、刁钻，通俗地说，善耍贫嘴是他最突出的特点。多年之后使之进一步走红的电视剧《武林外传》依然延续了这种风格。实际上，当年写网络言情小说的男写手，行文风格与宁财神大都一路。李寻欢早期创作出版有《迷失在网络中的爱情》、《边缘游戏》等，到2002年推出《粉墨谢场》后，基本上退出了网络文学写作，放下李寻欢这个借自古龙小说的笔名，以其本名路金波活跃于出版界。

安妮宝贝是以网络写手闻名的一位女作家。她虽然戴着知名网络作家的桂冠，实际上她的写作更近于传统。应该说，安妮宝贝以传统文学典雅、精致的方式表达了她边缘化的生活方式，感觉的敏锐、情感的细腻使其作品具备了传统优秀文学作品的品格，只是，作为网络从业者而且她的作品原发于网络并由此得以传播，这使其被置身网络作家阵营中。安妮宝贝的作品包括长篇小说、短篇小说集、摄影图文集、随笔集等，如《告别薇安》、《八月未央》、《彼岸花》、《蔷薇岛屿》、《清醒纪》、《莲花》、《素年锦时》、《眠空》等。她的作品实际上主要是通过实体出版实现赢利的，以目前网络文学点击付费的方式，她成为"大神"的概率不会很高。

三十的《与空姐同居的日子》名字虽艳，实际上走的是纯情的路线。这部作品发表时已经是2005年了。这部小说之所以受到年轻人的热捧，首先在于它很好地描写了年轻人的生活方式、思维方式和情感指归，其次得益于它清新的语言风格，而言情小说最重要的纯情恐怕还是感人的重要力量。这部作品同样因实体出版和电视剧改编而最终实现了收益。

这一时期，比较有名的网络言情小说还有《成都，今夜请将我遗忘》、《此间的少年》、《小妖的网》、《旧同居时代》等。

总体来说，这个时期的网络文学创作基本处于萌芽期，完全是自由发展的状态。这个时期的网络文学创作基本没有功利目的，所有的写作完全出自表达的需要。从文本形态上说，虽然不少作品的内容与网络有关，从而使其被贴上网络文学的标签，但总体上说与传统文学并没有太大的不同。在传播媒介改变的初期，用新瓶装旧酒是一种非常普遍的现象，网络文学发展的初级阶段也是如此。

追求创新的幻想期

实际上,远在网络言情小说兴盛之初,很多网站经营者就做起了通过网络文学发财的美梦。在当时那个缺乏监管的自由发展年代,盗版成为吸引读者的重要手段,《大唐双龙传》、《星战英雄》等原本在纸媒连载的作品,成为各网站拉拢读者的重要筹码。这些作品虽非原创于网络,但通过网络得到了广泛传播,这也让一众网站经营者看到了网络与文学联姻的美好前景。实际上,网络言情小说已经显露出其巨大的商业潜质,这也坚定了文学网站经营者的信心。

这个时期,网络文学仍然大体在自由发展,基本上延续着民间文学、通俗文学一贯的发展路径。言情之外,志怪传奇是其另一大端,如《山海经》、《聊斋志异》。网络文学在言情小说兴盛之后,通俗文学其他类型的作品也开始纷纷登场。

应该说,网络文学发展到这个阶段,已显示出了它追求新变、想象力飞扬的良好态势,并由此确定了一个时期网络文学的基调。

最先在新浪网金庸客栈上面连载的今何在的《悟空传》是发表较早的具有鲜明网络风格的网络小说,2001年由光明日报出版社出版,反响强烈。作品借鉴周星驰《大话西游》对经典名著《西游记》的处理手法,重新以现代人的角度来解读或者说解构这部作品,显得另类、奇幻,对网络小说的发展具有开创性意义。

发表于2002年的林长治的《沙僧日记》大约是受到了《悟空传》的启发,这部借助沙僧的口吻、以日记的形式讲述师徒一行去西天取经路上的各种搞笑片段的作品,显然具有无厘头的风格。

天下霸唱的《鬼吹灯》始自2006年,是又一部具有开创性意义的网络文学作品。这部充满悬疑探险色彩的盗墓寻宝小说,前后两部共八卷,分别是《精绝古城》、《龙岭迷窟》、《云南虫谷》、《昆仑神宫》、《黄皮子坟》、《南海归墟》、《怒晴湘西》、《巫峡棺山》。这部小说既有民间传说、历史掌故做支撑,同时又富有奇幻的想象力,一时受到广泛追捧。它在开启"盗墓小说"这个类型的同时,更是直接促进了玄幻、探险小说的勃兴,对网络小说的发展产生了重大影响。

另一部在网上广受追捧的盗墓小说是南派三叔的《盗墓笔记》。这部作品首发于起点中文网,到2011年底才全部完结,共有八卷。《盗墓笔记》和《鬼吹灯》都有全本实体书出版,并由此获得了巨大的收益。

盗墓小说虽然一时大热,实际上继《鬼吹灯》和《盗墓笔记》之后,并没有得到广泛认可的作品出现。倒是玄幻小说一直在非常稳定地发展,至今仍是网络文学的一种主要小说类型。中国的玄幻文学基本上是在中国的武侠小说、传统志怪小说、民间传说、神话故事以及西方的科幻小说、魔幻小说的基础上形成的,并长期占据网络小说的主流地位,这从早期重要网络文学网站如幻剑书盟等名称中就可以看出来,目前在网络文学界影响巨大的起点中文网也是在玄幻文学协会的基础上成立的。该类型产生了一大批影响广泛的作品,如《小兵传奇》、《诛仙》、《星辰变》、《盘龙》、《飘邈之旅》、《魔易乾坤》、《歧天路》、《白狐天下》、《知北游》等。

应该说,在网络小说写作全面商业化之前,即使是那些玄幻小说的作者,还是非常注重作品的文学性的。那多曾以"过千山"的笔名在"龙的天空"网站发表过科幻小说《楼兰》,后以《灵异手记》成为知名的网络悬疑小说作家。对于网络文学今天的状况,那多认为:"网络文学和当年相比已经变了味了。当年网络文学还比较注重文学,和传统文学还没太多区别,但现在大不相同了,最大的问题就是注水太多。"[1]可见当时的网络文学创作还是把文学性放在重要地位的。

历史从来都是小说写作的重要资源,中国古典小说如此,如《三国演义》、《水浒传》等;中国新文学如此,如《李自成》、《张居正》、二月河清帝系列等;网络小说同样如此。

多年来,在传统出版领域,历史小说一直是一个广受读者欢迎的品种,这种情况自然在网络小说创作中得到延续。应该说,网络历史小说确实出

---

[1] 参见朱子峡《网络文学:15岁的青春》,《中国科学报》2013年11月15日,引自中国作家网 http://www.chinawriter.com.cn/wxpl/2013/2013-11-15/181579.html。

现了很多优秀的作品,而且其创作势头至今仍在延续。

早期的一些网络历史小说,也许受到了《悟空传》、《沙僧日记》的启发,把传统历史小说中的某个人物摘出来重新书写,于是成为别有意味的新作品。如《天生郭奉孝》、《我是阿斗,我不用人扶》等均是对三国中不起眼人物的重新书写,让人读来耳目一新。实际上,"说三国"在中国历史上本就是一个养活了很多人的行当,《三国演义》本就是说书人的话本,至今评书艺人"说三国"的也不少,易中天也因"说三国"而一时大火,甚至职场等各行当也都有"说三国"的人在。所以,三国类小说在网络文学中不断有新作问世。

明清两代也是历史小说作者钟爱的朝代,客观原因是这两个朝代离我们相对较近,而且因为明代从南美大陆传来的农作物改变了过往中国人的生活方式,饮食等与现在更为接近,同时有大量的史料被保存了下来。在传统文学领域,熊召政靠《张居正》获得茅盾文学奖,二月河靠十三卷清帝小说而名声大噪。网络写手当然会由此得到启发,去从事明清历史小说的创作。而网络写手的写作,也许还有一点,大约直接或间接受到了黄仁宇《万历十五年》书写方式的影响。

写明代的网络历史小说,最有名的当然是当年明月的《明朝那些事儿》。这部作品 2006 年 3 月在天涯社区首次发表,2009 年 3 月 21 日连载完毕,边写作边集结成书出版发行,一共 7 本。作品描写了从朱元璋出生到崇祯帝自缢明朝三百年间的一些历史故事,把具体人物作为主线,以小说笔法写历史事实的方式,全面展示了明朝十七帝和其他王公权贵以至小人物的命运。《明朝那些事儿》是迄今为止最成功的网络历史小说,由此开启的明朝热至今不绝,如《官居一品》就明显受到该作的影响。

截至目前,中国各个朝代都有网络小说描写过,甚至外国的历史也有作品描写,如冬天里的熊的《战国福星大事记》描写的就是战国时期的日本。

如果说大量网络历史小说都是在以幽默的语言讲述种种好玩的故事的话,天使奥斯卡的《1911 新中华》则显示了"我生国亡,我死国存"的铁血豪情。

网络历史小说的进一步发展,或者说与其他类型小说的混血,使之出现了一个广受欢迎的新类型——穿越小说。穿越小说的主要特征就是主人公由于某种原因从其原本生活的年代离开，穿越时空到了另一个时代，在这个时空展开了一系列的活动。穿越小说借鉴了玄幻、科幻小说的幻想性，以武侠、历史、言情为架构，专注于叙述主人公在两种时空下的生活状态和冲突、双重生活经历的交叉体验等。穿越小说使写作者放开了历史规定性等各种束缚，给作者打开了无限的想象空间，从而能更好地满足读者的好奇心理和内在欲望。穿越小说使作品获得了一种新的假定性，可以随意推演现代人面对古代生存环境和生活经验的处理方式，或古代人处理现代环境与经验的方式，这使作品的表现空间得到极大的拓展。当然这是就好的方面而言的，从负面来说，穿越小说大大降低了历史小说的写作门槛，使众多不具备足够历史知识的作者纷纷写作此类小说，导致大量作品经不起推敲，成为"一群网络文学爱好者的集体意淫"。

实际上，穿越并非网络小说的原创，古往今来有许许多多穿越作品，中西方小说有，电影也有，特别是美国科幻电影有大量穿越时空的内容。只是在网络化背景下，这个类型得到了空前的繁荣。

在网络上较早被热捧的穿越小说应该是《寻秦记》。穿越小说早期走的主要是男主人公和武侠的路子。而男主穿越小说后来基本发展为架空历史这么一种类型，如《新宋》、《官居一品》等。架空小说的一个类型是异界小说，如《浮生萦云》、《蛊圣》、《兽血沸腾》、《恶魔法则》、《天骄无双》、《紫川》、《斗罗大陆》、《绝世唐门》、《秒杀》等。

之后，穿越的主角变成女性，现在网络上流行的穿越小说主角大都是女性，极端浪漫的情爱成为小说的主要内容，以致女主穿越小说成为女性言情小说的一个重要分支。

2007年是网络小说的"穿越年"。在网络上风靡之后，各出版社纷纷跟风，出版了大量穿越小说实体书。如作家出版社2007年签下了《木槿花西月锦绣》、《鸾》、《迷途》、《末世朱颜》"四大穿越奇书"等。

穿越小说涵盖了中国历史上的各个朝代，如夏代的《巫颂》，商代的《极品医仙》、《穿越殷商朝》，周代的《大周王族》、《双阙》，春秋的《大争之世》、《楚氏春秋》，战国的《大赵风云录》、《至尊圣人》，秦代的《寻秦记》、《刑徒》，汉代的《大汉帝国风云录》、《大汉龙腾》，三国的《恶汉》、《曹贼》，晋代的《上品寒士》、《晋血》，南北朝的《斗铠》，隋代的《家园》、《江山美人志》，唐代的《唐砖》、《大唐酒徒》，五代十国的《天下节度》、《五代窃国》，宋代的《边戎》、《宋时归》，元代的《蚁贼》、《普天之下》，明代的《窃明》、《回到明朝当王爷》《锦衣夜行》等。

而穿越小说描写最多的则是清朝，它以 2006 年金子的《梦回大清》为标志，成为穿越小说的一大热点，以致有了一个专属名词："清穿"。"清穿"小说已经出了近五十种，如《谋嫡诱色》、《迷失在康熙末年》、《篡清》、《乱清》、《中华异史》、《祸害大清》、《重生于康熙末年》、《伐清》、《独步天下》等。当然其中最有名的是流潋紫的《后宫甄嬛传》和桐华的《步步惊心》。

穿越小说持续保持着旺盛的势头，其作者也以群体的方式引起关注，如藤萍、桐华、匪我思存、寐语者被称为"四小天后"，辛夷坞、顾漫、缪娟、金子、李歆、妃姜被称为"六小公主"，沧月、木然千山、明晓溪、米兰 lady、妖舟、唐七公子、媚媚猫、爱爬树的鱼被称为"八小玲珑"等。

总体来说，在写实的功力和表达的技巧上，网络作家与传统作家还存在着较大的差距。网络文学追求创新，相较传统作家，优势在于其想象力的飞扬。网络文学的创新追求，使幻想成为网络文学获得自身类型认同的一个重要标志，也是目前网络小说的一个重要特征。

商业主导的类型期

网络文学在发展过程中，从早期的延续传统向求新求变转化，并逐渐形成了以"幻想"为标志的特征。网络文学基本没有进入的门槛，这使很多刚刚进入的写作者往往选择以模仿跟风的方式进行写作，于是一些文学类型被不断强化，最终形成若干类型。

实际上，通俗文学、流行文学基本都是类型化的。特别是当它与商业结合的时候，走类型化的道路几乎是一个必然的选择。比如报纸刚刚兴起时张恨水等人的"鸳鸯蝴蝶派"言情小说，再比如香港金庸等人的武侠小说等。网络文学在其发展过程中，逐步显示出商业价值，并寻找到了一定的商业模式。于是资本开始介入，特别是盛大中文网对一系列网站的收购，使网络文学真正迈向商业化的道路，并确立起商业模式，促使了网络类型小说的空前繁荣。

通常，我们把在题材选择、结构方式、人物造型、审美风格等方面具有相对固定模式、读者对其有固定阅读期待的小说样式称为类型小说。

类型小说可分为几个不同的大类，各个类型中又可细分为若干个子类型。目前网络类型小说大致包括以下类型：

玄幻，包括东方玄幻、远古神话、异术超能、变身情缘、王朝争霸、转世重生、异世大陆等子类型；

奇幻，包括西方奇幻、吸血家族、魔法校园、异类兽族、领主贵族等子类型；

武侠，包括传统武侠、历史武侠、浪子异侠、谐趣武侠、快意江湖等子类型；

仙侠，包括现代修真、洪荒小说、古典仙侠、奇幻修真、远古神话等子类型；

都市，包括都市生活、恩怨情仇、青春校园、都市异能、都市重生、耽美小说、同人小说、BL小说、合租情缘、娱乐明星、谍战特工、爱情婚姻、乡土小说、国术技击等子类型；

言情，包括纯爱唯美、品味人生、爱在职场、菁菁校园、浪漫言情、千千心结、冒险推理等子类型；

历史，包括架空历史、历史传记、穿越古代、外国历史等子类型；

军事，包括战争幻想、特种军旅、现代战争、穿越战争等子类型；

游戏，包括虚拟网游、游戏生涯、电子竞技、游戏异界等子类型；

体育，包括弈林生涯、篮球运动、足球运动、网球运动等子类型；

科幻，包括机器时代、科幻世界、黑客时空、数字生命、星际战争、古武机甲、时空穿梭等子类型；

灵异，包括推理侦探、恐怖惊悚、灵异神怪、悬疑探险等子类型；

盗墓、寻宝、官场、职场等也是几种常见的类型。

类型小说的充分发育，培育了相对稳定的读者群，并反过来影响了网络文学的发展形态。这种类型化的写作，作者更多在意的是语言的机辨锋利、情节的生动曲折、细节的夸张离奇、想象的奇妙诡异，相对而言，作者对作品的价值和意义缺乏明确的追求，除部分类型外，作品内容大多与个人的生存经验无关。

网络文学在资本的引导下形成相对固定的商业模式之后，对网络文学的写作方式以至读者的阅读习惯都产生了巨大影响。目前的网络小说主要采用按点击付费的方式获得收入，网络写手要想获得更多的收入，必须发表更大量的文字并拥有更多的读者。为保证文字量并避免读者流失，网络写手通常会努力做到每天都不"断更"，一般情况下，一个写手每天至少更新六七千字，为拉"月票"有时甚至会更新上万字到数万字。对很多签约写手来说，每天写一万字，多的时候到两万字以上，都是很正常的。唐家三少在创作高峰的时候，一年写了400万字以上。这种商业模式催生的另一文学现象是，网络小说的篇幅不断加长，像《凡人修仙传》逾700万字，而《官仙》更是达到一千多万字。

在网络文学的创新幻想期，网络小说已经开始走上了类型化的道路。网络小说前期的一些类型如盗墓小说，在《鬼吹灯》、《盗墓笔记》之后，虽有不少跟风之作，但已基本没有产生较大影响的作品；写实的历史作品在《隋唐三部曲》、《明朝那些事儿》之后，后续之作也大都乏善可陈。

目前的网络文学作品中，玄幻、仙侠、都市、言情、穿越类小说仍是主流，各网站的"大神"仍在驾轻就熟地继续他们的作品，如唐家三少的《斗罗大陆Ⅱ绝世唐门》，天蚕土豆的《斗破苍穹》、《大主宰》，酒徒的《烽烟尽处》，梦入神机的《星河大帝》等。辰东继《不死不灭》、《神墓》、《长生界》、《遮天》后推出了《完美世界》；骷髅精灵在2004年创作了网游小说《猛龙过江》，后来又推出了结合科幻和玄幻特点的《机动风暴》、《武装风暴》、《星战风暴》等作品；烽火戏诸侯继《极品公子》、《陈二狗的妖孽人生》、《宗教裁判所》之后推出了《雪中悍刀行》；我本纯洁的《神控天下》以奇异瑰丽的想象而大受欢迎。塔读文学推出的妖夜的《妖者为王》，则一反传统以反智反神的笔法展开故事，不是进行人的神化，而是将神人化，颇有新意；多酷文学推出的九龙逐日的《九天武帝》，则更多使用了底层和励志的元素；若雪三千的《天才召唤师》是广受关注的魔法异能类新作。这些都是玄幻类较有影响的作品。

科幻小说在中国的发展一直不是特别令人满意，刘慈欣的《三体》作为典型的硬科幻作品，一举改变了这种状况，受到读者的广泛欢迎。

仙侠类小说以我吃西红柿的《莽荒纪》最为有名，其他如《星辰变》、《凡人修仙传》、《修仙狂徒》等也很有影响。

穿越小说因《后宫甄嬛传》、《步步惊心》等被改编为电视剧而风靡一时。这类小说创作者甚众，举不胜举。

网络言情小说除穿越一路流行外，描写现实的作品原本自网络小说发端起即是大端，这类作品数量也很巨大，如《最美的时光》、《我的美女老总》等。

此外，如职场小说《杜拉拉升职记》、官场小说《宦海沉浮》等也都人气极旺。

网络文学的过分商业化，带来的是畸形繁荣的局面。同质化、低俗化的倾向愈发明显，对娱乐化的片面追求严重制约了它的健康发展，题材更新乏力、内容因循套路，已成为网络文学发展中存在的重要问题。美国埃默里大学马克·鲍尔莱教授在《最愚蠢的一代》中说："人类延续了数千年的知识、理性的传统，也许就这样结束了，剩下的只有娱乐和成功……他们需要老人们的声音，告诉他们，这个世界上还有更重要的人、更重要的事。否则，他们永远是孩子，永远长不大。"网络文学应该长大，网络文学的读者也不应该永远是孩子。

多元发展的回归期

近年来，移动互联网的发展，改变了网络文学单纯依靠网络点击付费的 VIP 模式，使网络文学进一步在接续传统的基础上向多元化发展有了可能。同时，网络文学相关衍生产品的开发使其获得了更多的赢利途径，比如作为上游产品，为下游的影视、出版和游戏提供文本等。随着无线渠道分销、授权纸质出版、影视改编以及网游研发等渠道的开发，网络文学必将适应新的需要而出现多元发展的局面。就目前情况看,市场格局的变动、读者的分众化趋势,再加上有关方面的扶植引导,网络文学创作已逐步开始向传统文学对意义和价值追求的方向回归,同时又适应传播方式的新特点,走上多元化发展的正确道路。

网络文学自由发展的初期是承继传统、关注现实的。此后,网络文学高举幻想的大旗获得了自己的身份认同。但对幻想的过分强调,使之走上了玄魔化的道路,越来越与现实无关,与人的生存经验无关,越来越追求娱乐性而忽视对价值和意义的追求。但随着网络文学赢利模式的改变,网络文学在走向多元的同时,也进一步向传统文学回归,出现了不少关注现实的优秀作品。如《宦海沉浮》虽是一部官场小说,但它在具有网络文学特点的同时,在表达上同样具备传统文学的特点,因而显得更加厚重耐看。而《大江东去》则以个人视角回顾1978年后的历史,同样具有传统文学的品格,因而获得了中宣部"五个一工程"奖。应该说,对现实的关注是网络文学向主流化、经典化方向迈出的重要一步。

在网络文学自由发展的初期,网络小说大多都是中短篇。随着资本的介入,网络文学走上了商业化发展的道路,但商业模式相对单一,中短篇小说难以在这样的商业模式下获得收益,因而被边缘化,而卷帙浩繁的长篇大作盛极一时。随着商业模式的改变,以及有关方面的大力引导,网络中短篇小说重新显示出活力。现在,豆瓣开始发力"中短篇小说",塔读、起点也以"单行本"的名义推出中短篇小说,并进行了网络文学中短篇年度作品的评选与评奖。张嘉佳《从你的全世界路过》的畅销,以及四篇小故事被卖出影视版权,对那些单纯拼体力拼更新的写手如醍醐灌顶,发现挣钱的手段不只是靠文字量,优质的精短文字依靠巨大的发行量和衍生产品一样可以获得巨大收益。网络文学中短篇的复兴,表明网络文学将继承并无缝接续起文学传统。

其实,我们在讨论网络文学的时候,往往忽视在博客、微博、微信以及同仁文学网站上写作的芸芸大众。从数量上讲,这个群体更为庞大,这种写作差不多近于全民写作;就文学自身说,这个群体的写作既保留了文学传统,又带有网络的新特点,也应引起足够的重视。现在,微博、微信继博客之后,已成为散文写作的新载体,甚至有了"微散文"的概念。《光明日报》曾两次以专版刊登选自微信的"微散文",《一个北京导游眼中的藏族人》、《太空授课还带来了什么》、《老板,您能请我父亲吃饭吗》等都是这种写作方式下的新作品。

因此,网络文学的发展从根本上说,一定会继承绵延千百年的文学传统,在保持其原有精髓的同时,利用新媒体的特点,创造出属于自己的新辉煌。

(《中州大学学报》2014年第5期)

网络化背景下的小说观念

印刷技术的发展,使小说逐渐成为文学的主流样式。随着机械印刷的广泛普及,长篇小说开始成为最主要的文体形式,在文学的所有门类中居于最为重要的地位。但对于专业的文学批评家和文学研究者来说,小说低下地位的改变只是最近几十年的事情,特别是对于长达几千年的中国文学史来说,情况更是如此。小说这种文体被文学批评家和专业研究人员广泛重视,是在第二次世界大战以后。而从那时开始,对于小说的认识,一直存在着两种对立的观念,归根结底,还是内容和形式的关系问题。

应该说,小说在文学批评和文学研究中地位的确立,缘于从小说家到批评家逐渐确立起了关于小说的文体意识。批评家和文学研究者对小说的形式问题有了特别的关注,这是小说作为一种文体被研究、被重视最关键的一点。在一些小说批评家看来,只要关于小说的讨论仍然强调主题与内容,而无视当时在文学批评和美学中非常重要的形式问题,小说在文学研究中就仍然是一个不能登堂入室的文类。

马克·肖勒 1947 年发表了一篇名为《作为发现的技巧》(《Technique as Discovery》,一译《技巧的探讨》、《作为发现的手法》)的论文,其中提出了一种后来广为流行的小说观点:"现代批评家已经向我们证明,谈论内容本身根本就不是谈论艺术,而是谈论经验;仅仅当我们谈论实现的内容,即形式,即作为艺术作品的艺术作品的时候,我们才作为批评家说话。内容,或经验,与实现的内容,或艺术,之间的不同在于技巧。因而,当我们谈论技巧时,我们几乎就谈到了一切……我们已经不再把不具有这些一般结论的诗歌批评视为用心严肃的批评,但对于小说来说,这一点尚未做到。"这篇论文后来被收入 1948 年出版的《现代小说形式》一书中。肖勒和与他同时代的大多数评论家都轻视或批评那些传统的术语,因为它们把小说当作情节、人物、背景和主题的结合体来对待。具体到小说来说,其技巧应该包括作者与叙述者的关系、叙述者与故事的关系,以及它们所提供的进入人物内心的方式,即视点问题。但是形式并非仅仅故事如何被讲述的问题,它也可以包括从情节中浮现出来的形象、隐喻和象征的结构等问题。这样,我们对于小说的评论、研究才真正成为小说本身的,而不是社会的或现实的问题。可以这样说,正是有了这样的认识,我们在此谈论小说,以及设置有关小说的课程才有了可能,我们面对小说的时候,才会有关于小说本身的话题,而不是从社会学的、伦理的或道德的立场,去谈论某一个故事、事件的意义。

二战之后,对小说形式特征的强调从一开始就受到了挑战。1948年,莱昂内尔·特里林明确指出,专注于小说形式对批评家和小说家都是一种危险。他说:"在当前这个时代,有意识地全神贯注于形式几乎肯定会使小说家,尤其是年轻小说家,受到局限……形式意味着完整与首尾相贯;解决仅仅当一切矛盾都被等同起来的时候才被看见;尽管这样理解的形式有其明显的魅力,但它却不足以服务于现代经验。"对于特里林这样的反对过分重视形式的批评家来说,使小说区别于其他文类的是其内容和题材——对于生活的全部丰富性的表现。他认为,正是由于脱离传统形式和假想情境,小说才获得生命。因此免于形式约束的自由可被视为小说的规定性特征。从对传统故事的匿名重复转向充满详尽细节的独创性故事,这一过程说明了为什么小说通常被认为是"现实主义的"文类。从这一角度看,小说的技巧的多样性来源于经验本身的多样性。如果形式就等于精致的文类,那么,按照特里林的看法,我们必须承认:"小说正如很多人所说的那样,是最不'艺术'的文类。"特里林这样的批评家或小说家如此看待形式问题:"当小说毫不关心自己的艺术效果时,当它因执着于道德效果时,或者当它就直截了当地报告它认为是客观事实的一切时,小说获得自己的最佳艺术效果。"依据这样的观点,我们可以这样来理解小说:由于小说被设想为一个由人类价值标准所形成的表现性文类,吸引了广泛的评论。批评家可以将它视为人们在一个稳固的社会结构中由于自己的境遇和阶级出身而面对的问题的记录,或者是在社会变迁过程中个人面对的问题的记录。小说可以起报告作用,使人们意识到之前并不认为重要的各种人类状况。它可以记录潜在于历史学家的不以个人为主的编年史之下的人类经验。这些经验也许会说明这些历史。更一般地说,它可以被设想为这样一个领域,在这里幻想和现实交会。

尽管以上两种观点截然对立,但都是建立在对小说作为一种独立文体的深入认识和把握的基础上提出的。我以为,二者的区别在于,前者更重视内容实现的技巧,后者更重视内容实现的效果。而这样的分别其实也就决定了两种不同的小说观念,对小说不同的观念,或者说对小说不同的定义,隐含着不同的评价方法和关于该文体历史的不同认识。如果依据技巧来定义,小说的发展史可被看作趋向完善的进化过程,而这一完善过程是在二十世纪实现的。当它被看作人类经验的记录时,对小说历史和成就的看法也会截然不同:伟大的小说家是十九世纪和二十世纪早期的现实主义者,从简·奥斯丁和巴尔扎克到托马斯·曼。从视小说为人类经验记录的现实主义角度来理解小说,那么二十世纪小说开始出现了衰落的迹象。二战后的十年间,一些批评家甚至提出,"小说的灭亡"可能即将来临。[1]

以上关于小说的认识当然主要是就西方小说的发展而得出的结论。但我以为,尽管中国的小说具有悠久的传统,出现了《红楼梦》这样的经典名著,但对于现代中国小说来说,它基本上是二十世纪初引入西方小说观念后才发展起来的。所以,讨论二十世纪中国小说,前面谈到的西方批评家的小说观念同样适用。

对于现代中国小说,如果以形式完善的观念来看待的话,我们会发现,即使当前没什么反响的普通小说,从表现技巧、布篇结构方面看,也比早前的很多经典作品要好,形式方面确实日趋完善;如果我们以人类经验记录的观念来看待现代中国小说,我们会发现,早前的经典作品确实是不可替代的,从时代生活反映的角度评价,现在很多被认为代表当下创作水平的作品,与早前的经典作品相比,在表现生活的广度和深度上似乎都存在着欠缺。

以上这些当然是就传统小说创作而言的。其实,小说发展到今天,不管是注重形式的还是注重内容的小说观念,似乎都面临着严峻的挑战。这

---

[1] 有关传统小说观念的论述参考了华莱士·马丁《当代叙事学·导论》(北京大学出版社,1990年第1版)部分的内容,其中马克·肖勒及莱昂内尔·特里林的话也转引自此书。

种挑战来自随网络的普及而大量出现的网络小说。换个角度说,即对于网络小说,传统的小说观念是否仍然适用?在网络小说的冲击下,传统小说的写作又会受到哪些影响呢?

在文学发展史上,主流文体的变迁总是与媒介形式的变化密切相关的。在文字成熟之前,文学是以口口相传的方式完成传播的,便于传诵且保留了民族记忆的史诗成为最主要的文学样式;文字成熟之后,个人化的文学创作成为可能,但在书写、阅读不便的时代,文学的主流样式是诗歌和表达简洁、篇幅较短的文章;印刷术的出现,为篇幅更大的叙事文学的传播提供了便利,特别是机械印刷的出现,使以书写人类经验为主要内容,以描写生活细节、表达细腻个人体验为主要表现手段的长篇小说,因能够便捷地大量复制传播而拥有了更多的读者,文学作品也因此开始实现其商业价值,长篇小说从此渐成最主要的文学样式。

网络的出现使包括文学在内的信息传播方式发生了革命性的变化。作为一种全新的媒介,正如印刷术出现之初一样,旧酒被装进了新瓶里,印刷术的出现使过去的文学作品被印出来供更多的人阅读,网络的出现使传统的文学作品被放置在了网络空间里供人方便地随意取用。随后,适应新媒介的文学创作开始了。在宋明时期,我们不仅看到有大量的书坊在刻印话本小说出售,更看到了中国古典长篇小说的兴盛。而在网络上,我们看到,大量的原创文学作品开始出现,并在不长的时间里蔚然而成大观。现在,原创网络小说的数量已经极为庞大,而且每时每刻都在增长。

网络拥有海量信息,而且信息的获得极为便利。当我们购买一本书刊进行阅读时,多少会有些珍惜之情,阅读往往更为认真、用心。但面对网上目不暇接的信息,这种珍惜之情会荡然无存。所以在阅读网上信息时,除了对那些实用性信息之外,对其他信息的阅读基本都是一次性的浅阅读。可以说,除非出于研究等特殊目的,大众对网络文学基本都是消遣性的浅阅读。大众的这种阅读心态和阅读方式对网络文学,特别是作为主要样式的网络小说的写作,必然会产生极大的影响,促使写作者迎合这样的阅读习惯。于是我们看到,相对于传统小说,网络小说具有以下突出特点:

一是追求新奇。网络小说的作者和读者均以年轻人为主,受"取消深度、消解崇高"的后现代思潮影响,他们对小说的阅读不注重思想性和审美体验,喜欢猎奇,喜欢天马行空的想象,喜欢富有煽动性的东西。这也是玄幻小说成为网络小说主要类型的原因之一。

二是追求刺激。网络阅读的消遣性决定很多人的阅读就是为了寻求刺激、寻找新鲜体验。加上网络小说的发表没有严格的审查机制,色情小说几近泛滥,惊悚小说也相当流行。排斥精神追求,把对身体体验、性经验和生活享受的表达作为写作的终极目的,是网络情色小说的主要特点。而且这种写作倾向已对传统小说的写作产生了相当大的影响。

三是追求前卫。很多网络小说追求另类、前卫、脱俗、有品位,以迎合小资或向往小资生活的这类读者。这种作品已发展成为网络小说的一个类型,其特点是严重脱离生活实际,描写浪漫的爱情、超凡的生活情调等,充斥着忧郁、伤感、顾影自怜、孤芳自赏的情绪。此类作品对传统小说写作的影响主要是目前泛滥的青春文学、情感小说等。

四是追求叛逆。颠覆经典、戏说历史是网络小说的另一主要类型。其中一部分是所谓的网络翻新小说,即对经典小说进行颠覆性翻新,如网上流行的《悟空传》、《唐僧传》、《唐僧情史》、《扈三娘们传》、《孙二娘日记》、《乞丐说三国》、《贾宝玉日记》、《聊斋新传》等。另一部分是以现代方式解读或戏说历史,如《明朝那些事儿》等。其实还不仅仅在这两种类型中,其他各种类型的网络小说,很多都有意表现出叛逆的姿态。

五是追求宣泄。这种类型的网络小说不是为了追求商业目的,主要是为了宣泄自己的情绪,表达对现实的不满、对自己生活状况的不满等,期望在发泄中获得快感。这类作品通常具有一定的现实性。

六是追求机趣。这是网络小说最主要的语言特点。很多网络小说中都有大量调侃、戏谑、嘲讽、诙谐的语言。对于消遣性的阅读而言,有趣是吸引其阅读下去的一个重要因素。因此,网络小说的语言表达都尽可能地显得机智、风趣。很多人就是冲着这样的语言去阅读的,使阅读演变为单纯的语言消费。

此外,适应消遣性浅阅读的需要,同时也为了更好地实现商业利益,网络小说不再像传统小说那样追求形式的精致和表达的节制,而是尽可能地拉长篇幅，作品动辄上百万字，数百万以至上千万字的作品也越来越多地涌现。

　　以上这些只是网络小说的一些主要特点。当然，这些特点在传统小说写作中也有所表现，只是不像网络小说这样突出而已。但是，通过网络小说的这些特点，我们其实可以清楚地看到网络小说与传统小说相比，在小说观念上已发生了巨大的变化。

　　对于网络小说，如果我们以肖勒等人注重形式的观念来看待，表达的精致和形式的完善显然不是它追求的目标；如果我们以特里林等人注重经验的小说观念来看待，现实主义创作法则在网络小说这里显然也面临挑战。事实上，注重经验表达的写作，在网络中更多表现在博客写作而不是网络小说写作中。博客写作尽管内容相当芜杂，但确实有相当大一部分人是在书写自己的日常生活，表现对世界的认知和感受，在描写自己独特的人生经验。但博客显然与传统小说有着很大的距离。从形式的角度来看，网络小说显然表达极其随意、自由、散漫，它更多停留在把内容简单表述出来的层面。其实，就传统小说的发展而言，它也经历了从生活的故事化或传奇化到人物的性格化再到内心生活、个人经验的审美化这样的发展过程。而多数的读者对小说的欣赏基本还停留在第一个层面上，即把阅读小说等同于看故事；少数读者对小说的欣赏会是第二个层面，即看作品中的人物是否性格鲜明，作家对人物形象的塑造是否到位等；而很少一部分读者对小说的欣赏会在第三个层面，即体验人物隐秘的内心情感和生活经验，加深对人的认识。而网络小说目前主要面对大众阅读群体，以讲故事为主、以给读者带来刺激为主，如果以传统小说的标准来衡量，大约处于第一个层面。也正因此，网络小说目前被很多人贴上了低俗的标签。

　　回顾文学发展的历程，可以看到，任何一种文体，总是在民间、在大众中孕育并兴起的，然后随着精英的介入，逐渐发展成为成熟的、主流的文学样式。而在新的媒介出现的时候，也总是大众最先适应这种变化，并适应其特点发展出新的文体，在这个阶段，这种新兴文体通常会被精英看作无聊的、消遣性的、低俗的东西。比如词在兴起之初，就被认为是只适合写花前月下、青楼恋情之类内容的浮艳庸俗的文体，而随着文人的介入，词开始逐渐被注入宏大的题旨，和诗一样可以"言志"，终于发展成为宋代主流的文学样式。传统小说的发展情形也大致如此。在中国，虽然文学史上通常把小说作为明清时代的主流文学样式，但小说在当时其实并没有太高的地位，"高雅"的文人依然主要写作诗文。晚清至民国早期，白话小说写作开始兴盛，狭邪小说、谴责小说、言情小说曾盛极一时，《会芳录》、《海上尘天影》、《海上繁华梦》、《海上花列传》、《九尾龟》、《九尾狐》、《官场现形记》、《二十年目睹之怪现状》、《老残游记》以及鸳鸯蝴蝶派的众多作品，在当时都拥有众多读者。这种情形与当今网络小说颇多神似。到二十世纪，小说才真正成为中国文坛的主流文体，被全社会广泛重视，它也同时责无旁贷地担负起了"载道"的使命，形式也逐渐完善起来。

任何一种文体都有一个兴衰的过程，王国维在《人间词话》中说："四言敝而有楚辞，楚辞敝而有五言，五言敝而有七言，古诗敝而有律绝，律绝敝而有词。盖文体通行既久，染指遂多，自成习套。豪杰之士，亦难于其中自出新意，故遁而作他体，以自解脱。一切文体所以始盛终衰者，皆由于此，故谓文学后不如前，余未敢信。但就一体论，则此说固无以易也。"[1]应该说，小说发展到今天，已经成为一种非常成熟的文体，在专业作家那里，特别是在注重形式的作家那里，它的表达已经十分精致。其实在这样的情况下，对传统小说而言，想在形式上有大的突破已不可能。而且，尽管不断有作家创作出形式上更加完善、更加精致的小说，但正如诗至晚唐，不管作品写得多精致，产生经典的时代其实已经过去。我以为，在网络小说风起云涌之时，传统小说可能会逐渐像旧体诗词一样慢慢走进沙龙，成为小众欣赏的精致文学样式。

和传统小说相比，网络小说目前还被认为是"低俗"的文学作品。网络写手王晓英说："网络上全民写作，以随意性、情绪的宣泄性为主，势必对创作的深刻和精致产生影响，也使写作人的社会承担感减弱了。"她呼吁："作家要转型，要重新回到大众中来，带领大众文学向精英文学发展。"[2]其

---

[1] 王国维：《人间词话》，黄霖等导读本，上海古籍出版社1998年版。本版本中该段"楚辞"二字加有书名号，我以为王国维此处所谓"楚辞"非特指屈原之《楚辞》，故去掉了书名号。

[2] 《梁必文、刘川鄂、王晓英畅谈湖北网络文学发展之路》，2009年6月12日在荆楚网的访谈，引自http://iptv.cnhubei.com/2009-06/12/cms774971article.shtml。

实,网络小说作为一种新兴的文学样式,经过发展,肯定会因精英的介入而发生转变,开始成为这个时代的主流文体,开始具有更丰富的精神内涵,担负起"载道"的功能,并不断向精致化的方向发展,产生新的经典。目前的网络小说,不再注重人类经验的书写,对形式的完善似乎也不是特别重视。这是它与传统小说观念最大的分野。在目前的网络写作中,传统小说记录人类经验的职能已被博客、论坛以及大量社会新闻、情感倾诉类栏目所承担,网络小说似乎日益摆脱人类现实经验的束缚,任想象力尽情驰骋,把对人类可能性的描绘不断推向极致。但尽管网络小说开辟了诸如玄幻、穿越之类新的表现领域,至少有部分作品依然会关注人类经验。而在表现形式上,目前的网络小说基本还沿着传统小说的叙事惯性向前推进,而在进一步的发展中,网络文本的超文本特性将会得到充分应用,从而创作出同传统小说具有根本性差异、表达形式全新的网络文学作品,成为网络时代的代表性文体,从而完成形式逐渐完善的过程。

在中国的文化传统中,文学一向被认为是一种修养而非技能。在网络化背景下,文学的写作和欣赏都变得更加方便。也许,文学将重新被视作精神的需要和必要的修养,我们将迎来大众写作、大众欣赏的新时代。但在可以预见的将来,网络文学特别是网络小说因逐渐成形的商业模式而会吸引不少人成为专业写手,这些写作者将会因其较高的写作技能而获得商业收益,技能在相当的时期仍会受到特别重视。而对于传统小说的写作者和研究者而言,应当对网络化背景下小说观念的变化予以特别的重视,并积极介入网络文学的发展进程,使网络文学样式更好更快地发展成熟,产生真正有思想意义和艺术价值的优秀作品。

(《小说评论》2009年第五期,发表时略有改动)

博客写作的文本特质

博客的出现，改变了人们使用网络的习惯。《新京报》曾登载一篇何怀宏先生谈博客的文章，叫作《博客的"看"与"被看"》。他认为，以前人们上网的目的是为了"看"；而博客的出现则使普通人成了写手，人们上网不仅是为了"看"，也是为了"被看"，即表达自己、展示自己。尽管网络自出现之日起就被看作一种新兴媒体，有人也称之为"第四媒体"，但除了载体本身的改变外，网络在此之前并没有表现出与传统媒体本质的差异，它们同样是由少数专业人员搜集、安排少数作者写作的文章，供大众阅读，内容仍然是由这些专业人员主导的。这种情况在"论坛"（BBS）中开始有某种程度的改观，但在论坛发表言论同样会受制于"版主"和"管理员"，还有一定的制约和局限。而博客却是一种极其简易便捷的网络个人出版形式，每个网民都可以很容易地拥有自己的个人网站，自由挥写，自由发表。因此，博客是真正由写作者自己主导的率性而自由的世界，将开启一个写作和表达更为轻松、自由、民主的新阶段。

博客又叫"网络日志"，这使很多人把它与日记等量齐观。其实大家应该清楚，博客不是日记。如果仅仅是为了记供自己阅读的日记，没必要采用博客这种形式，把内容保存在自己的电脑里或网络硬盘、电子信箱等介质中就是了。大家写博客，如同传统写作者创作作品为了发表一样，目的都是为了"被看"。在这一点上，大家写作的心态都是一样的。

但博客既然叫作"网络日志"，还是具有日记的某些特点，比如依时间顺序写作和发表等。但博客与传统写作本质的不同在于，它是公开面向大众的写作，它是可以及时得到阅读者反馈的写作，这又使它成为一个交流的平台。所以博客写作不是如传统写作那样是由写作者个人完成的孤独写作，它更是由一定圈子的一群人共同完成的大众开放式写作。作为"看"客，你可以在别人的博客中留言，写下自己的评论；作为"被看"的对象或"写手"，你要接受别人在你的博客中对你的问候、评论甚至指手画脚和谩骂。所以，与传统由作者自己完成的封闭写作不同,博客是开放的、交互的。可以说,博客是由写作者和阅读者,或者说"看"与"被看"者共同完成的。

博客也文学

作为一种纯粹个人化的表达,博客的内容可以说五花八门,无奇不有。如果以传统的尺度衡量,博客中的绝大多数文字可能都称不上文学,但即使以传统的眼光看,也很容易发现博客文字的文学性或文学因子。

新浪托管的博客笼络了一大批知名作家,称他们的文字为文学应该没什么争议。尽管这些名作家也会在博客上写些随感,但更多是已经或准备在传统媒体上发表的文字。比如余华,在他的博客上连载了他的新作《兄弟》,但我们不能因此称《兄弟》为博客文学,余华写好准备出版时把它贴在自己的博客上,也许只是一种宣传、一种促销手段。

但对于更广大的博客写作者,情况却完全不同。他们中的一些人,写到后来也出了书,成为被文学界认可的文学作品。但他们在写作之初,并没有这样的想法,只是在博客中把自己的经历,把自己知道的一些有趣的、有意义的故事写下来,满足自己表达的需要。比如大文太犬的 BLOG(博客),以"狗日的钢琴"为题,写了一系列与钢琴相关的故事,后来在报纸连载并出了书。尽管像大文太犬这样先写博客而后出书的人还有很多,但他们应该说都是博客写作者中的特例。之所以如此,也许更重要的原因在于博客写作至今没有找到有效的商业模式,只能以传统的手段实现商业价值。

但更多的人并没有考虑实现商业价值的问题,他们写作博客,只是为了表达自己真实的感受。比如慕容小双的 BLOG,写自己的情感、欲望和对世界的感受,文字优美,情感真实,把一个成熟女性内心的躁动、情感的挣扎写得淋漓尽致,把自然环境和周围事物的感受写得细致入微、充满灵性,每一篇都可以称得上是美文。尽管她本人在传统媒体工作,但似乎没有任何在传统媒体上发表的意思。对她来说,写作就是为了表达,就是为了与朋友交流。尽管并非人人都有慕容小双这样的文笔和才情,但以她这样的心态写博客的人,可能在博客写作者中占到相当大的比例。

对更多的人来说,写博客并没有考虑文学方面的因素。有些把博客当作流水账,写自己的衣食住行;有些喜欢对身边的事物,特别是热点问题发表感想评论;有些注意报道新近发生的新闻事件;有些写自己的兴趣爱好及相关的东西;有些则介绍某方面的知识,如此等等,可以说凡是想得到的,都能找得到。

博客文本的特质

博客中的文本,即使其中最富文学性的那些,与传统文学作品相比,也有很多独特的地方,概括来说,博客文本具有以下特质:

自由性或随意性。在博客中,每一个人都可以自由地表达自己的思想。作品的发表不需要编辑的审查认可,作者没必要投编辑之所好,文章的发表失去了传统意义上发表文章(变为印刷文字)所具有的象征意义,也没有人为这些文章付稿酬,所以写作者完全是出于表达的需要而进行写作的,无论表现的内容和表达的方式都更自由,也更具随意性。

真实性。博客写作是一种自由的表达,一般来说应该是真实的,因为作者没有说谎的必要。况且,对于那些不便以自己真实身份表达的观点,或不愿以自己真实身份叙述的事件,作者完全可以匿名进行,除非与法律、法规相抵触,否则没人追究。在这种情况下,编造谎言就更没必要了。当然,剑总是双刃的,由于博客具有太大的随意性,一些人出于吸引眼球或别的目的,也难免会信口开河。

直接性或即兴性。博客写作通常是即兴式写作,不会像传统写作那样在发表前反复修改,一般是一次性完成的,因此作者不会去过多地考虑形式技巧,为此耗费掉自己的精力。况且,如果表达过于晦涩,也很难引起大众的阅读兴趣,过多的形式技巧也许对表达非但无助而且会是干扰,直接的表达往往是最有力的。

开放性或交互性。博客中的文本通常都是开放的文本,读者在阅读博客时,可以对文本进行评论,而且会得到作者和其他阅读者的回应。应该说,博客中没有严格意义上的作者和读者,读者可以写评论发表自己的意见变成作者,作者会反过来阅读评论文字变成读者。而且,博客文本中可以随意使用超链接,使文本向网络中的其他文本跳转,这使博客文本成为一个开放的、变动不居的文本,可以说是一种超文本或"流文本",真正是罗兰·巴特所谓的"可写的""快乐文本"。

民主性。博客是互动的,任何一位读者都是潜在作者,在博客中,巴赫金所谓的"多音齐鸣"才能真正实现。每个人以各自不同的视角来看待问题、理解世界,所有人的表达共同构成了对时代社会的总体把握,这不是凭某个人或某些人的能力所能做到的事。所以,开放的博客注定具有表达上的民主性。

跨文体性。博客文本可以说是真正意义上的"随笔",单看一篇的话,或可指认其文体,但总体上看,完全跳出了传统文体的藩篱。在这里,可以看到各种文体的影子,但无法指认它到底应该归属何种文体。博客通常由篇幅不大的文字连缀而成,语言机智、幽默,叙事、议论、抒情、说理等无所不包,是真正的跨文体写作。

游戏性。博客的自由性、开放性、互动性决定它必然具有一定程度的游戏性。游戏是人的天性之一,尽管不少人把写作和阅读博客看作很严肃的事,但更多的人就是抱着游戏的心态进行写作和阅读的。博客文本的"可写"性,使读者有可能以游戏的态度把阅读当成一次语言的狂欢。恶搞,正是游戏性的一种表现,也是后现代艺术的一个基本特征,即理论界所谓的"戏仿"。蒙娜丽莎的小胡子、抽烟斗,甚至挺着大肚子的形象,不都被看作后现代的艺术形式吗?在文本数字化的时代,"戏仿"或"恶搞"已成为谁都可以玩的一个小游戏。

博客文本的这些特质,可能会给文学带来革命性的变化,对此我们应该有足够的认识,如果还以传统的心态来看待它,就可能遭遇很多尴尬。

在网络时代,对于文学或艺术,应该有一种全新的态度,应该明白任何文本都处在变动不居的过程中,那是读者对待文本的一种新的态度和方式。目前博客中有关文学的论争,实质是一种新兴文学力量的挑战。对于这场论争,我期望传统精英最后能将自己的价值展示出来,能将自己的风度展示出来,让大众看到人类文明的精华应该是什么。毕竟,在传统传媒主导的时代,他们对人类、对社会产生了意义和影响。而新贵们也应知道,在这场乱哄哄的变革中,一切范式尚未确立,在众声喧哗中一切有关价值意义的呼声都被淹没了。但最终,人类数千年的文明终当接续,我们要在不断变换的新形式中维护人类不变的精神内核。你在争论什么?你为什么要争论?你从哪里出发?又要抵达哪里?如果双方对这些问题连想都没想就展开争论,那么争论的意义何在呢?

但无论如何,我们应该明白,博客的出现注定会对写作方式产生革命性的影响。将来,写作的哲学心态应当是视人类思维为一种网络,它超出个人的思维向外扩展,以包罗其他思维产生的其他文本,传统意义上的作者将不复存在,有的只是文本网络,任凭人们做不同的理解。

(《文艺报》2006 年 10 月 19 日;另以《博客如何文学》发表于《文学自由谈》2006 年第 6 期)

网络文学的模式转变和精神担当

尽管网络文学目前已成为一个使用相当广泛的概念,但对其内涵和外延却缺乏一个公认的明确定义。我把网络文学理解为依托网络完成从创作、发布到阅读全过程的文学作品。从这样的界定来理解,狭义的网络文学主要指在一定商业模式影响下依托网络产生的文学作品,其中绝大多数是类型小说,目前所谓的网络写手、网络作家基本指的就是这一类作品的创作者;从广义上讲,还应把诸如在博客、微博、微信以及众多同仁文学网站上写作发表的随笔、散文、诗歌、小说等各种文体包括在内,这样的作品大多是在某一特定圈子内传播,其中一部分会向外流传并进入大众的视野。

目前在世界范围内,华文网络文学呈现出一枝独秀的局面,这主要与我们发展出了一套可行的商业模式有关。目前的商业模式造成的一个后果就是网络文学作品的篇幅越来越长,500万以至上千万字的作品俯拾即是。这种商业模式导致网络文学的另一个重要特点是,它不像传统文学作品那样,是作者创作完成经反复修改并编辑出版后才由读者阅读的,它基本上是即时写作、即时发表、即时阅读的。这使读者在阅读网络文学作品与传统文学时有着明显不同的心态和期待。此外,由于网络文学基本没有进入门槛,导致作品数量极为庞大。于是,在众声喧哗中,如何吸引眼球成为网络写手最主要的考虑事项。

从文学史的角度看,词、曲、小说等都经历了从通俗文学、流行文学向主流文学、精神文学转化的过程。而流行文学基本都是类型化的。特别是当它与商业结合的时候,走类型化的道路几乎是一个必然的选择。比如报纸刚刚兴起时张恨水等人的"鸳鸯蝴蝶派"言情小说,再比如金庸、梁羽生等人的武侠小说等。网络文学在其发展过程中,逐步显示出商业价值,并寻找到了一定的商业模式。于是资本开始介入,特别是盛大中文网对一系列网站的收购,使网络文学真正迈向商业化的道路,并确立起商业模式,促使了网络类型小说的空前繁荣。

通常，我们把在题材选择、结构方式、人物造型、审美风格等方面具有相对固定模式、读者对其有固定阅读期待的小说样式称为类型小说。类型小说的充分发育，培育了相对稳定的读者群，并反过来影响了网络文学的发展形态。同时，信息即时获得的特性，使很多人对文学作品的阅读已不再像前人一样，是一种刻意为之的行为，而是成为一种生活习惯和生活方式。如果说对传统文学作品的阅读更多基于审美需求的话，对网络文学的阅读则更接近消费和消遣，甚至成为一种持续不断的生活方式。对文字的阅读成为一种消费，这种一过性的、随意的阅读，基本是一种轻阅读、浅阅读，不会再像以前欣赏传统文学作品一样以把玩的心态去体会文章的微言大义。这样的阅读与传统把玩式的欣赏是截然不同的，这时，语言本身带来的即时快感，情节的生动抓人，描写内容的奇异诡绝，通常会成为读者关注的重点。因此，在类型化写作中，作者更多在意的是语言的机辨锋利、情节的生动曲折、细节的夸张离奇、想象的奇妙诡异，相对而言，作者对作品的价值和意义缺乏明确的追求，除部分类型外，作品内容也大多与个人的生存经验无关。

网络文学的过分商业化，带来的是畸形繁荣的局面。同质化、低俗化的倾向愈发明显，对娱乐化的片面追求严重制约了它的健康发展，题材更新乏力、内容因循套路，已成为网络文学发展中存在的重要问题。美国埃默里大学的马克·鲍尔莱教授在《最愚蠢的一代》中说："人类延续了数千年的知识、理性的传统，也许就这样结束了，剩下的只有娱乐和成功……他们需要老人们的声音，告诉他们，这个世界上还有更重要的人、更重要的事。否则，他们永远是孩子，永远长不大。"网络文学应该长大，网络文学的读者也不应该永远是孩子。

网络文学商业化、世俗化的现状，是娱乐化、低俗化的现实土壤，也与当前总体的社会精神现实和趣味密切相关。应该说，如何弘扬社会主义核心价值观，不只是网络文学需要面对的问题，传统文学同样需要面对，甚至它不只是一个文学问题而是一个社会问题。从根本上说，具有用社会主义核心价值观引领全社会的意识，是作家通过文学作品弘扬社会主义核心价值观的基础。对网络文学来说，能否成为主流的文艺形式，主要取决于它是否能够从纯粹商业、世俗的层面走出来,能够反映社会的精神现实,并对全社会产生精神引领作用。

文学反映社会的精神现实并引领时代,就是要对人类的生存提供精神支撑,就是要帮助人们建立一种精神信仰和价值体系,这对个人生命的安立、对社会的和谐都具有重要的意义。弘扬社会主义核心价值观,就是要使全社会确立共同的信仰,建立共同的价值观念。

网络文学作为文学发展的新阶段、新形式,理应接续起文学的精神传统,去体现个人价值、社会价值、核心价值。网络文学如何践行社会主义核心价值观,重要的不是理论阐述而是具体实践。

很多人觉得目前以类型小说为主要形式的网络文学注定是通俗甚至低俗的,是供娱乐和消遣的,因而和精神价值与社会担当无关,与弘扬社会主义核心价值观无关。事实上,尽管目前的网络文学存在着远离社会现实的问题,需要加以正确引导,但不可否认的是,类型文学同样可以担负起弘扬社会主义核心价值观的重任,而且同样可以做得很好。此一方面,美国好莱坞的众多类型影片就是很好的例证。好莱坞的这些类型影片在宣扬美国精神、美国价值观方面所发挥的作用甚至比大量纯文学作品和艺术影片要大得多、好得多。

网络文学能否很好地弘扬社会主义核心价值观,关键问题在于能否引导网络作家确立责任感和使命感,改变单纯以商业、娱乐的心态从事文学创作的状况,树立正确的人生观、价值观,注重对作品价值和意义的追求,自觉在文学创作中弘扬社会主义核心价值观。

要想使网络作家自觉在创作中弘扬社会主义核心价值观,需要对网络作家进行正确的引导。其中最重要的一点,就是不应该人为制造传统文学与网络文学的对立,人为把传统文学看作高雅文学而视网络文学为低俗,人为使大家认为传统文学赋有弘扬社会主义核心价值观的使命,而网络文学就是用来娱乐大众的。文学就是文学,网络文学是新兴的文学样式,而且必将是主流的文学样式,它理应担当起文学的各种使命。为此,要引导网络作家树立积极的价值取向,在弘扬社会主义核心价值观方面形成自觉的责任意识、担当意识。文学创作是一种个体的、精神的、创造性的劳动,弘扬核心价值观,不是要图解概念,而是要在创作中自然而然地体现出来,通过良好的艺术手段表现出来。对网络文学来说,使社会主义核心价值观得到良好的表现并对读者产生积极的影响,需要适应并发扬网络文学的特点,造就网络文学的新经典。

考察网络文学的发展历程,可以看到,在自由发展的初期,网络文学是承继传统、关注现实的。此后,网络文学高举幻想的大旗获得了自己的身份认同。但对幻想的过分强调,使之走上了玄魔化的道路,越来越与现实无关,与人的生存经验无关,越来越追求娱乐性而忽视对价值和意义的追求。而且,网络文学在自由发展的初期,作品大多都是中短篇。随着资本的介入,网络文学走上了商业化发展的道路,但商业模式相对单一,中短篇小说难以在这样的商业模式下获得收益,因而被边缘化,而卷帙浩繁的长篇大作盛极一时。随着商业模式的改变,以及有关方面的大力引导,网络中短篇小说重新显示出活力。现在,豆瓣开始发力"中短篇小说",塔读、起点也以"单行本"的名义推出中短篇小说,并进行了网络文学中短篇年度作品的评选与评奖。张嘉佳《从你的全世界路过》的畅销,以及四篇小故事被卖出影视版权,对那些单纯拼体力拼更新的写手如醍醐灌顶,发现挣钱的手段不只是靠文字量,优质的精短文字依靠巨大的发行量和衍生产品一样可以获得巨大收益。网络文学中短篇的复兴,表明网络文学将继承并接续起文学传统。随着网络文学赢利模式的改变,网络文学也进一步向传统文学回归,出现了不少关注现实的优秀作品。如《宦海沉浮》虽是一部官场小说,但它在具有网络文学特点的同时,在表达上同样具备传统文学的特点,因而显得更加厚重耐看。而《大江东去》则以个人视角回顾1978年后的历史,同样具有传统文学的品格,因而获得了中宣部"五个一工程"奖。应该说,对现实的关注,是网络文学向主流化、经典化方向迈出的重要一步。

移动互联网的普及和人们生活节奏的加快,又使阅读呈现出随意的碎片化的特点。所以当我们在谈论网络类型小说的惊人篇幅时,还应看到微博、微信上的大量精短文字吸引了更多人的阅读。其实在短信流行时,"段子"已经成为一个几乎全民参与创作和阅读的独特文体。这种情形在微博、微信中又得到进一步加强。微博、微信、短信中的段子涉及各种各样的内容,有正面的也有负面的,有纯情的也有淫秽的,有政治化的也有娱乐化的,有励志的也有灰色的,总之是五花八门无所不包。这种"段子"或"类段子"的文字,有很大一部分纯粹是文字游戏,使语言本身展现出无穷的魅力。"段子"这样文字的流行,可以说是一场语言的狂欢,是对语言自身的消费。但同时也应该看到,这些"段子"确实有相当大的部分是在讲述社会生活方方面面的故事,尽管其中大多数是以调侃、恶搞的方式在讲故事,甚至很多带有负面情绪,但不可否认的是,它讲述的是实实在在的中国故事,而且其中也不乏传递正能量的优秀之作。

要使网络文学更好地弘扬社会主义核心价值观,讲述中国故事,还需要进一步加强对网络文学的评论和推广,把那些弘扬社会主义核心价值观的优秀作品推介给读者。传统文学因为有期刊、出版社编辑的筛选把关,保证了面世的作品总体上具有健康的思想倾向。网络文学由于缺乏相应的过滤机制,作品难免良莠不齐。而且,传统文学的大量作品,经过不断的阐释、沉淀,基本完成了经典化的过程。当我们拿传统文学作品与网络文学作品进行比较时,实际上不自觉是在以传统文学的经典作品和网络文学的普通作品进行比较,由此进一步强化了网络文学作品水平普遍不高的认识。因此,对网络文学,要进一步加强评论和优秀作品的推介,使广大读者不必在浩如烟海的作品中无头苍蝇般乱撞,能很容易地找到优秀的网络文学作品进行阅读。在此过程中,那些弘扬社会主义核心价值观的优秀作品会得到更好的宣传、推广,从而发挥积极的导向和示范作用。

同时,有必要设立网络文学奖,进一步加强对网络文学的引导。评奖的过程是筛选推介优秀作品的过程,也是一个加快经典化的过程。通过评奖,可以倡导积极健康的网络文学创作观念,并在网络文学作品经典化的过程中,提升从创作者到读者对网络文学的认同感,进一步使作家坚定弘扬社会主义核心价值观的责任感和使命感。

移动互联网的发展,改变了网络文学单纯依靠网络点击付费的 VIP 模式,使网络文学进一步在接续传统的基础上向多元化发展有了可能。同时,网络文学相关衍生产品的开发使其获得了更多的赢利途径,比如作为上游产品,为下游的影视、出版和游戏提供文本等。随着无线渠道分销、授权纸质出版、影视改编以及网游研发等渠道的开发，网络文学必将适应新的需要而出现多元发展的局面。就目前情况看，市场格局的变动、读者的分众化趋势，再加上有关方面的扶植引导，网络文学创作已逐步开始向传统文学对意义和价值追求的方向回归，同时又适应传播方式的新特点，走上多元化发展的正确道路。

网络文学多元化的发展，将改变目前类型小说畸形繁荣的状况，使网络文学日益向好的方向发展。网络文学的进一步发展，一定会使其接续起古老的文学传统，维护人类不变的精神内核。那时，网络文学将是社会主流的文学样式，而网络文学的名称或许将成为一个历史的概念，因为那时的一切都是网络化的，而文学的本质并未改变。因此，网络文学的发展从根本上说，一定会继承绵延千百年的文学传统，在保持其原有精髓的同时，利用新媒体的特点，在弘扬社会主义核心价值观、讲述中国故事方面发挥更大的作用，创造出属于自己的新辉煌。

（《大观·东京文学》2015年第1期）

叙事的革命

叙事的发展有四次革命性进步：首先是语言的出现，它使人有了口头叙事能力，神话、传说、史诗等是其主要成果。第二次源于文字的出现，个人化叙事创作因此成为可能，现在读到的大量文学作品都是因此完成的。第三次源于摄影、录音、摄像技术的发明，它使电影、电视成为主流叙事艺术样式和信息传播手段。第四次革命刚刚开始，这就是随着数字化浪潮而出现的网络叙事，即超文本叙事，它彻底改变了叙事的传统形态，为叙事提供了许多新手段，给叙事带来的影响无疑是革命性的。

叙事

文学与叙事有着极其密切的关系，但叙事并非一个仅仅关涉文学的问题，它广泛地存在于我们的日常生活中。我们每天都要接收到大量的信息，其中很大一部分——尤其是对我们来说比较有用的部分——都是叙事，它使我们得以理解现实和历史。因而，叙事其实是我们在时间中认识世界的一种基本方式。

通常，我们认为叙事是有因果关系的一系列事件按时间序列的展开，因此叙事总是线性发展的。华莱士·马丁（Wallace Martin）在《当代叙事学》一书中曾这样解释叙事："叙事对立于非时间性的规律，那些描述存在之物——无论是过去的还是将来的——的规律。任何一种解释，只要它在时间中展开，在过程中时有惊人之处，知识仅仅得之于事后聪明，那它就是一个故事，无论它如何纪实。历史和传记与小说和传奇的共同之处是时间安排。"[1]这就是说，叙事总是一个与时间相关联的概念。

既然叙事是一个时间性的概念，那么，叙事对于在时间中展开的事件，

---

[1]〔美〕莱士·马丁著：《当代叙事学》，北京大学出版社1990年版，第238页。

凭什么保证达到了该事件本来的真实呢？从哲学的角度看，任何真实仅只真实于一个时间、一个地点，时间流逝了、地点转移了（空间转移问题在一定意义上可以转化为时间问题），关于这个真实的一切都只能是叙事。而叙事又无法给出当下的存在，一切叙事其实都是追叙。这样看来，叙事的真实性实际上根本得不到保障。我们习惯于把"实有其事"的叙事叫作"纪实"，否则就是"虚构"。而当叙事的真实性没有保障的时候，"纪实"和"虚构"之间的界限其实也已变得模糊不清。比如说"他梦见自己到了天堂"，这个叙事，到底是"纪实"还是"虚构"呢？由于对他是否真的"梦见自己到了天堂"这个事件，除了叙事之外，没有任何证据，所以我们根本无法区分该叙事究竟是"纪实"还是"虚构"。这个例子也许特殊，但从哲学对于真实的追求这个意义上看，所有叙事的情形也都如此。这使叙事与其说是对事物的再现，还不如说是创生。

也许正因如此，语言被认为具有一种神秘的创造性力量。在许多民族的原始神话中，宇宙被认为是语言创造的，《旧约全书》的描述就是如此：

"神说：'要有光'，就有了光。"

"神说：'地要生出活物来，各从其类；牲畜、昆虫、野兽，各从其类。'事就这样成了。"

我们赖以生存的世界就这样出现了——是上帝用语言创的。

类似的情形同样存在于作家的创作中：作家说那里一片光明，对读者而言，那里就一片光明。所以，如果说在世界的背后隐藏着一位上帝的话，对读者而言，文本的背后同样隐藏着一位上帝——作家。先于世界而存在的唯一本体是上帝，他用语言创造了世界，这世界上的一切不过是上帝的语言；在作品之先同样存在着一个唯一的本体——作家，他同样用语言创造了一个世界——作品，这个世界也不过是作家的语言。在本质上，它们都是语言的虚构。所以，叙事在本质上具有幻真（虚拟现实）的特性。对此，看一看电脑虚拟现实技术所展现的情景，我们也许会有更深的感触。

传统的叙事样式受其自身属性的局限，一般说只能以线性的方式展开。而线性展开的叙事总要在某处开始，还要在某处结束，从而成为一部有头有尾、自足的完整作品。这就使叙述者，也就是作者有了对叙事作品的绝对控制权,创作成了一定限度、一定意义上的创世。

其实,当我们把作家的创作视为创世的时候,我们并不单单指他创造了作品、展现出了一个新世界,更在于他塑造了读者。

沉浸于阅读就是忘记日常的自我,在阅读过程中,读者乃是作为作家的创造物而存在。当读者阅读的时候,文本对于他即"先已展开的世界",读者与这个世界照面,必须是在这世界内,是这"世界内的东西"。所以,在阅读中,读者必须进入作家虚构的那个世界,化身为其中的一个人物,比如说作品的主人公在其中活动。因而,一开始阅读,一进入作品,读者实质上已成为作家的创造物,已不再是本己掌握的自己。[1]罗兰·巴特(Roland Barthes)也曾对此表达过类似的观点。他认为,沉浸于阅读之中,就是忘记日常的自我,走向与人物的想象性认同,或者站开一步旁观他们的命运。去接近作品的"我"并不是和朋友谈话的我,这是一个乐于在阅读中失去自己的我。[2]

所以说,线性叙事赋予文本作者的权力是至高无上的,他不仅绝对地左右着文本,同时也左右着读者。线性文本作者的这种霸权许多普通的读者可能会浑然不觉,他们其实非常乐意在阅读中沉沦。但对另外一些读者来说,作者的这种霸权可能就会让他们感到无法容忍,因为他们意识到在阅读线性文本时,他们只能被动接受,他们其实是在被主宰、被解释,根本没有自由可言,这里因而充斥着垄断、欺骗和暴政。

罗兰·巴特肯定是对这种霸权非常不满的一个,彻底颠覆这种霸权成了他追求的最大快乐。在《S/Z》一书中,他对巴尔扎克的小说《萨拉西纳》做了分解。在此,批评对象从可供阅读的文本变成了批评家可以任意撰写的文本。由此,批评也就从消费者的角色变成了生产者的角色。通过巴特的分解,"《萨拉西纳》被证明是现实主义一个'有限度的文本'。这部作品中占支配地位的观点现在看来危机四伏:整个作品充斥着败笔、性别的阉割、资本家财富来源的不明不白,以及在固定的男女情爱的角色中出现的大漏洞"[3]。

---

[1] 参阅海德格尔:《存在与时间》,三联书店1987年版。
[2] 参阅〔美〕华莱士·马丁:《当代叙事学》,北京大学出版社1990年版。
[3] 〔英〕特里·伊格尔顿:《文学原理引论》,文化艺术出版社1987年版,第163页。

当罗兰·巴特对《萨拉西纳》进行分解的时候，当解构或其他什么主义者对文本努力解构的时候，他警惕着，绝不沉入文本，必须外在于作家虚构的世界，站在与作家平等的地位，进行一场语言游戏。尼采说上帝死了，福柯说作者死了，他们这种消解作家上帝地位的行为与"上帝死了"的宣言，使他们无神论的旗帜上闪现着泛神的字样，浮现出他们使自身成为上帝的企图。

巴特把文学分为两种，一种是读者（可读）的文学，一种是作者（可写）的文学。前者是静态的，从能指到所指的这段路程是清晰的，是众所周知的、确定的和必须如此的，它使我们只能以"屈从的"态度阅读它，循规蹈矩、无所作为。后者则是动态的，它要求我们自觉地阅读它，"参与"并意识到阅读和写作的相互关系，因而也给予我们合作、共同著述的乐趣。在这种写作中，能指自由发挥作用，不鼓励也不要求自动提及所指。读者在这种文本中玩着无穷指涉的游戏，进行自由地再创造，从某种意义上说上升到了作者的地位。

但是，我们应当看到，不管批评家怎么去任意撰写，如何去努力打碎作家创造的世界，在三维的物理空间中，线性文本仍以它原有的顺序、面目、形态存在着，谁也不能改变，作家对该文本的专制地位也因而难以动摇。

对线性叙事的局限性，很多作家早就有所认识，他们改变此种状况的努力促使了许多现代主义实验小说的出现。意大利作家德里亚罗创作的小说《烟》可以说是一个较为典型的代表。为改变传统小说固有的线性特征，这部共有 198 页的小说像副扑克牌一样散装在一个盒子里，每次阅读时都要先洗一遍，以使作品的时空次序处于极不稳定的变动之中。《弗兰德公路》是一部较为知名的法国小说，这篇小说给读者阅读造成障碍，关键就在于作者试图改变传统叙事的时间顺序，而以空间次序来结构作品。如此的例子不一而足，但说实在话，这类小说给读者带来的混乱远大于它的创造性。毕竟，线性叙事自身的特征、传统文学作品的物质形式在制约着叙事，并限制了读者对交互性的渴望。只有当数字化的浪潮席卷而来的时候，当文学作品不必再以传统的物质形式存在的时候，一场真正的叙事革命才会真的到来。

超文本

不管从哪一个方面来讲,数字化都堪称是一场革命,它通过虚拟的手段消灭了传统的时间和空间界限,成为一个全新的信息平台。文本的数字化使它彻底摆脱传统文本载体的物理局限成为可能,也为超文本的出现提供了最基本的前提条件。

所谓"超文本"(hypertext)是指互联程度很高的文字叙述,或具有内在联系的信息。超文本作为术语最早由美国的尼尔森(Ted Nelsen)提出。他把超文本界定为一种非线性、没有连续性的书写系统,通过结点串联起一个个分散的文本,读者可根据自己的意愿随意选取阅读。后来,随着网络的发展,波特尔(Jay David Bolter)把超文本解释为一个由文本联结而成的网络,是电子媒体的排版模式。蓝道(George Landow)则把超文本看作一个完全开放的概念,从单一的多向文本到整个互联网都可看作超文本。

如前所述,传统文本乃是封闭、自足、有始有终的,而超文本则基本上是开放、交互甚至无始无终的。传统文本由于受载体物理属性的影响,比如说在印刷的书籍中,构成文本的字、词、句、段、页、章节等都是按顺序排列的,这一顺序由文本的作者决定,同时也由书籍本身的物理序列结构所决定。尽管读者可以不必局限于书籍原有的物理顺序而随意翻阅,但书籍本身仍然永远受限于物理的三维空间。而超文本的数字化特性决定它的信息空间完全不受三维空间的限制,不同的叙述单元通过一组多维指针(pointer)依阅读者的选择而进一步展开。超文本内嵌的链接可以由文本作者在写作的同时或之后加入,也可以由读者在以后的时间里陆续完成——也许永远不能完成。

前面我们曾论及叙事本质上的幻真性。法国批评家热·热奈特(Gérard Genette)在分析了亚里士多德和柏拉图对于模仿和叙事的不同看法之后得出结论:"柏拉图把模仿与叙事当作完全模仿与不完全模仿对立起来,但是(正如柏拉图本人在《克拉蒂勒》中所指出的那样)完全模仿已不是模仿,而是事物本身,说到最后,唯一的模仿是不完全的模仿。模仿即叙事。"[1]由于所有的模仿都是不完全模仿,也就是说并非事物本身,所以模仿其实是一种虚拟。但"模仿"给人的感觉总是"实有其事",而"虚拟"给人的感觉却往往是"无中生有"。当我们说"模仿即叙事"的时候,叙事的真实性似乎有了保障,但当柏拉图们将模仿的对象一直上推到"理念"的时候,叙事真实性的保障又是什么呢?而"虚拟"尽管可以是"无中生有"(也可以说是对"理念"的"模仿"),却也可以是对某种具体对象的"模仿"。所以我更喜欢这样表达我对叙事的看法:叙事即虚拟。

不同于传统文本的载体,超文本赖以存在的平台是以数字化的虚拟手段构建起来的,这使它能够摆脱传统文本载体物理属性的局限,不受时间和空间的限制,因而可以更好、更方便地去"虚拟",亦即可以更好、更方便地"叙事"。

超文本的各种功能是借助于 HTML(HyperText Markup Language,超文本标记语言)及类似语言来实现的。也就是说,与传统文本相比较,超文本在作者和文本之间多出了一个语言层。这个语言层使超文本本身看起来更像一种虚拟的产物,它进一步使超文本的虚拟——叙事能力得到了极大的拓展和加强。

这也许有点类似于影视或戏剧,它们也是在剧本的基础上,以各种不同的手段虚拟出一种有限度的"真实"。但与超文本叙事最大的不同在于,影视、戏剧的叙事依然是线性的,它们无法摆脱时间和空间的制约。不过,对影视、戏剧叙事形式的研究,倒是可以为"叙事即虚拟"的命题提供新的注解。

只是限于本文的研究范围,我们才基本上只是谈论"文本"这个话题。为了对问题有更深入的理解,我们还是来关注一下"虚拟现实"(Virtual Reality)。虚拟现实一样是在数字化的平台上构建的。借助于传感器和先进的计算系统,我们可以营造出一个和现实一样逼真的环境,这个环境会让我们产生身临其境的感觉,其中的事物会因我们不同的行为而产生不同

---

[1] 胡经之、张首暎主编:《叙事的界限》(《西方二十世纪文论选》第二卷),中国社会科学出版社,1989年版,第349页。

的反映——它是交互式(interactive)的。这个逼真的环境当然是虚拟的，因此我们才称之为"虚拟现实"。虚拟现实有各种各样的用途，同时，它无疑也是一种叙事手段。热奈特曾这样定义叙事："叙事即用语言，尤其是书面语言表现一件或一系列真实或虚构的事件。"[1]热奈特的定义基本上是局限于文学表达领域而言的。进一步说，如果在较宽泛的意义上理解语言——即表达方式——的话，虚拟现实当然可以"表现一件或一系列真实或虚构的事件"，因而当然可以作为一种叙事手段。在网络中，虚拟现实就是靠VRML(Virtual Reality Modeling Language,虚拟现实模拟语言)来实现的。

前边我们曾经提到，在许多原始神话和基督教的观念中，世界(现实)被认为是上帝用语言创造的。而虚拟现实同样是用语言创造了非常逼真于现实的"另类真实"。这样，我们就可以看到二者本质上是相似的。所以叙事本质上具有类似于创世的属性，只是相对于我们身处的现实来说，我们说它创造的是另类真实，是虚拟。就虚拟现实来说，由于可以最为逼真地虚拟出"现实"，因而在可以预见的将来，它无疑是一种最为先进的叙事手段。

在互联网中，www上的每一个主页都是超文本，所以超文本可以说是互联网的根本特征之一。超文本叙事作品，比如说超文本小说(hypertext fiction)，自20世纪80年代中期发展起来以后，已日益以网络为载体。其实这也是一个必然的趋势，因为只有这个覆盖全球的巨大网络，才能使超文本的特性得到淋漓尽致的发挥。

超文本叙事的特征

超文本叙事的特征有以下几个方面：

一是非线性。

任何叙事都无法企及绝对的真实。但作为"幻真"术，线性叙事与现实

---

[1] 胡经之、张首映主编：《叙事的界限》(《西方二十世纪文论选》第二卷)，中国社会科学出版社，1989年版，第344页。

不仅异质,而且是异构的;超文本叙事虽与现实异质,却可以同构。线性叙事的垄断、欺骗与暴政,正是由于它与现实的异构所造成的。

生活的现实对我们而言总是无始无终的,因而传统叙事相对于现实来说总是局部、片面和有限度的。超文本以虚拟的手段抹平了时间和空间的界限,因而可以是完全开放的,并因此可以与现实异质同构。

在传统叙事中,"现实主义"小说曾在很长时间里被认为是对现实的真实反映。且不说哲学对于真实的追求,我们知道,关于现实的一切再现都是人为的,即便假定"现实主义"作家主观上的确是要再现现实,那么,他个人以自己某个特定的视点叙述的事件最多也只是忠实于他自己,怎么能说忠实于现实呢?对于读者来说,一部作品是不是"现实主义"的,关键在于他是不是相信这个故事,并能沉迷其中。对于像巴特这样的读者来说,任何"现实主义"作品可能都经不起推敲。其实"现实主义"作品只是借助叙事技巧,使读者对其产生信任,对其虚构性没有丝毫的影响。"现实主义"应当是指某种阅读经验,作为一种线性展开的叙事,它与生活的现实是绝对异质异构的。

我们并不是要在此审视"现实主义"文学,我们关心的是一切传统叙事都将遇到的根本问题。如前所述,传统叙事是线性展开的,而生活——套用一句电脑术语——却是多线程的。因此,以线性的叙事去模拟多线程的现实,无论如何都是蹩脚的。而超文本以虚拟的形式抹平了时间和空间的界限,这使它能够冲破传统叙事的线性制约,以多线程的形式展开,并因此得以可能与现实异质而同构。尽管每一个读者的每一次阅读可能依然是线性展开的,但同一读者在不同的时间阅读、不同的读者在相同或不同的时间阅读,叙事却可以以不同的线程展开。而且就现在电脑技术的发展而言,即使同一个读者,也完全可以同时将超文本叙事以许多不同的线程展开——就像事件在现实中发生的情况一样——只要他有能力这样阅读。对于超文本的这种特性,蓝道提出了一个"多线性"(multisequential)的概念进行描述。其实,正如我们谈论时间的线性特征一样,正因为其发展只能沿着唯一的进程向前运行,我们才说它是线性的,如果存在多个线程,我们就说它是非线性的。所以"多线性"实质上就是"非线性"。

目前纯文字界面的 MUD,更像是许多人共同参与创作和阅读的无始无终的非线性小说。这里,传统作者的那种至高无上的霸权地位没有了,他降格为普通的读者,或者确切地说,传统的作者和读者都消失了,作者和读者互相融合为平等的对象。

这只是一个简单的例子,但它足以说明,超文本叙事确实与现实具有同构性。

二是开放性。

传统的线性叙事,由于其自身的特点,通常被认为是封闭的。这是因为线性叙事总是在某个固定的地方开始,又要在某个固定的地方结束,同时它所表达的一系列事件也总是以一种固定的逻辑顺序排列的。在文学作品中,我们把这种叙事结构称为"情节"(plot)。情节是由时间上的连续和因果关系这二者结合而成的,它基本上是从一个稳定的开端经历一系列混乱而达到另一个平衡点。所以线性叙事作品总是"有头有尾"的,正是"开端"和"结尾",将线性叙事作品封闭了起来。

然而,拒绝封闭的传统作家并不在少数。以下这个老生常谈的哄小孩的故事似乎就很能说明问题:

> 从前有座山,山里有座庙,庙里有个老和尚在讲故事,讲的什么呢?从前有座山……

这是一个典型的拒绝封闭的叙事,它通过将结尾指向开端的叙事技巧,使叙事本身构成一个往复不停的循环,从而成功地逃避了结尾。这种使叙事陷于循环的做法,只是种种拒绝封闭的叙事技巧的一个特例。对于大多数作家来说,他们避免使叙事陷于封闭的做法往往是选择一个似乎"开放"的结尾:不是终止故事,而是把故事引向未来。这种做法的另一个功用是,把叙事所虚拟的"现实"引向真实的历史时间之中,把二者对接起来,从而使虚拟的和真实的"现实"结合在一起,而真实的现实是没有开端和结尾的。如此一来,叙事就似乎避免了封闭。

但是,传统叙事受其自身特点和其载体物理属性的制约,不可避免地要有一个事实上的"开头"和"结尾"。比如说一部印刷的叙事作品,它要存在于现实的三维空间中,并按一定的逻辑顺序一页页排列起来,自第一页

"开始",到最后一页"终结",这一始一终自然而然地将它封闭了起来。

D.A.米勒(D. A. Miller)这样看待传统叙事:"如果没有结尾可逃避,逃避结尾的尝试就是不可能的;反对结尾就是承认乃至重新肯定结尾的存在。"[1]传统叙事从根本上说不可能逃避开头和结尾,这一半是传统叙事载体的物理属性决定的,一半则是由于传统叙事的作者们似乎更愿意这样做。在一般人的观念中,每一个事件似乎都是有头有尾的,这多半来自人们切身的经验:一天昼始夜终,一年冬去春来,生命从生到死……没头没尾的事件在一般人看来总是残缺不完整的。对叙事者来说,只有当叙事是完整且自足的时候,他们神一样至高无上的地位才不会被动摇。比如《圣经》,从创世到末日审判,它在一个统一的神定计划中囊括了全部时间。

然而,这样的传统叙事其实是无力面对现实的,就像在现代科学面前,圣经故事已不再被确信一样。因而叙事者其实是无力封闭叙事、无力界定开头和结尾的,而且这也并非一个可以通过构筑一套更好的理论就能解决的形式问题。J.希尔斯·米勒(J. Hills Miller)指出:"没有任何叙事能够让人看到其开端或结尾。叙事总是开始并结束于中间,以外在于它本身的某些前后部分作为其先决条件。"D.A.米勒认为,"可叙述的"是某种"失衡状态,悬而不决状态,以及一般性的不足状态,由此状态中一个给定的叙事就出现了";"不可叙述的"是"小说开始以前所具有的、并被小说在结尾处所恢复的那种沉寂状态"。这两个词并非形成一种匀称的对立,因为最终的静态平衡将不仅仅是欲望的实现,或稳定的生活,或完全的知识;静态平衡将意味着可叙述的以及所有走向未来的冲动,都是对于总体僵硬状态的任性背离。因此,叙述者只有首先结束叙事冲动,才能真正结束。[2]

对于两位米勒所论述的叙事的这种局限性,传统叙事受其自身属性的制约,是不可能真正克服的。因为要想彻底克服这种局限,叙事作品必须无限制地膨胀,这是传统叙事无力做到的。而超文本数字化的特性,使它能够消除时间和空间的界限,走上完全开放的道路,让叙事得以无穷地延续和延伸,从而回避掉开端和结尾,彻底克服传统叙事的种种局限。无论

---

[1] 参阅〔美〕华莱士·马丁:《当代叙事学》,北京大学出版社1990年版,第94页。
[2] 参阅〔美〕华莱士·马丁:《当代叙事学》,北京大学出版社1990年版,第94页。

是MUD游戏、BBS论坛,甚至各大新闻网站的新闻,都是向大众开放的,谁都可以参与进去。

三是民主性。

视点(point of view)被许多批评家认为是叙事的规定性特点,不存在没有视点的叙事。现实中发生的事件不是叙事,只有被叙述出来的事件才是叙事。所以,任何叙事都有叙述者,他处在故事和读者之间,决定着讲什么、不讲什么或先讲什么、后讲什么等。叙述者总是从某个特定的距离、按某种特定的角度、以某种特定的立场——不管是霸权的、民主的、民族主义或国际主义的等——观察、看待现实中发生的事件,这就是视点,它将决定着一个叙事会成为什么样的一个叙事。

但是,我们在阅读叙事作品的时候,往往会遇到这样的情形:在叙事不断展开的过程中,视点常常会发生变化。这种情形之所以会出现,是由于作者采取了特定的叙事策略。

视点泛指叙述者与故事关系的所有方面,包括距离(distance)、视角(perspective)或焦点(focus)以及确定叙述者身份和位置的声音(voice)等。对于一篇叙事来说,出现于叙事当中自称"我"的作者(author)与拿笔写作的作者(writer)是不同的,而叙事中不出现"我"当然也不表明作为作者(writer)的"我"不存在。根据斯坦泽尔(F. K. Stanzel)《叙事理论》(*A Theory of Narrative*)一书的观点,叙事可能采取的叙述情况有三种:第一人称叙述、作者叙述和形象叙述。在第一人称叙述中,作者和其他人物处于同一世界,作品以其中的一个人物——"我"——的视角看待、思考世界,这是一种有限视点;而在作者叙述中,叙述者和作品人物属于不同的世界,作品以一个外在的视角看待世界,这似乎是一个全能视点;而在形象叙述中,作品以其中某一人物——但不以"我"的身份出现——的视角看待世界,给读者的感觉就好像是没有人在叙述——有点像戏剧,这种视点也被称为"作者不提自己的第三人称有限视点"。在第三种情况下,有时候作者并不固定地一直以其中某一个人物的视角看待世界,而是随着情节的展开,不断变化着以不同人物的视角看待世界,这就会给读者一种叙事视角在不断变化的印象。

对于叙事作品来说，叙事视角的不同选择，可能是影响作品艺术效果的一个重要因素。否则的话，陀思妥耶夫斯基和卡夫卡就不会费力地把他们的《罪与罚》和《城堡》从第一人称形式改为第三人称。

许多人认为每种叙事视角都有各自的局限，实际情况也的确如此。但对于传统叙事来说，可能恰恰正是这种局限造就了许多成功的叙事作品。想想看，如果我们把一篇推理侦探小说改编成以罪犯的视点展开的叙事，结果会怎么样？这种情形其实并非仅仅存在于推理侦探小说中，许多故事悬念从生、情节跌宕起伏、结构扑朔迷离的小说都只有以某个特定的视角进行叙述时才会有这种效果，如果转换一下视角进行叙述，整个叙事可能就会变得索然寡味。

对传统叙事的作者来说，正是由于他们掌握着叙事视角的选择权，他们才掌握了对叙事进而对读者的控制权。抛开有限视点的两种叙事情形不谈，即使对于似乎拥有全能视点的作者叙述来说，由于传统叙事无法做到"共时叙事"，它不可能把发生在同一时间里的不同事件同时叙述出来，而必须有一个先后次序和取舍，作者因此就有了一个最终的决定权。所以，不管是选择有限视点还是全能视点，最终决定让读者看到什么、不看到什么或先看到什么、后看到什么的，依然是作者。也就是说，读者最后必然是以作者的视点看待作者叙述的事件。可以说，正是传统叙事的这种局限，成就了作者至高无上的霸权地位。

然而，在超文本叙事中，虽然读者的阅读进程可能同样是线性的，但对于作者来说，他已经不可能再决定读者先看什么、后看什么了，读者完全可以在所有内联的文本间任意跳转，自己决定阅读进程的走向。同时，由于任何作者都不可能再对超文本进行封闭，因而作者也不可能再决定读者看什么与不看什么了。对于开放的超文本来说，它是互动的，任何一位读者或任何一个人都是它的潜在作者，如此一来，它的叙事视点必然会处于不停转换的状态，巴赫金所谓的"多音齐鸣"只有在此时才能真正实现。关于这一点，我们从目前广泛存在于网络中的 BBS 及各种论坛中大家的发言情况就可看出些端倪。

笨狸曾发起一个叫《守门》(http://eway.963.net) 的网络联手小说，每个人可以参加进去。对于《守门》这样的小说,以传统的阅读习惯和阅读期待去要求它是没有意义的,它永远不可能成为一个具有很好"可读性"的作品。由于写作者背景的复杂性,使得它缺乏明确的主旨、价值观,从内容到叙事方法都混乱不堪。参与者最大的快乐可能在于续写或改写的过程。笨狸这样看待这部小说:"角色扮演类型的《守门》让每个人保留独自的视角,任何场景和事件都是个体的感受,与他人所知无关,这是一种最为自由的个人精神的张扬。在这样的网络联手小说中,道德、价值观念、文笔、风格都成了段落性的个别东西,整个情节发展只有能指,没有所指。重要的只是某一个具体生命由于其经历和所思所感在一次叙述中的表露,那不是历史道德的积累,也不需要反映狭隘区域利益的法规。在传统媒体社会,个体生命感觉的文化表达总是很难拥有最大传播范围的可能,而网络角色扮演小说让这种个人自由叙事伦理得到一个最广阔的相容空间,网络社会环境确实是解构主义的一个最大最好的舞台。"

因此,对于开放的超文本来说,由于每个作者都不拥有对整个作品叙事视点的控制权,他们也就因而丧失了对叙事同时也是对读者的霸权,真正开放的超文本叙事是民主的叙事。

四是游戏性。

游戏性并非超文本叙事的规定性特征,它是由其开放性、互动性所衍生出来的一个特征。

尽管我们现在为文学艺术赋予了许多神圣的意义,但从其产生那一刻起,它的意义可能就在于游戏,目的是为了娱乐。这可能更接近文学艺术的本质。比如,戏剧通常被中国人称为"戏",在英文中被叫作"play",也有游戏的意思。

比如在流行的网络游戏 MUD 中,每一个游戏者都作为一个角色在其中活动,你碰到的每一个角色背后都是一个现实的人。在 MUD 这个虚拟的环境里,你可以创造你想创造的,你可以影响它的进程,但你不可能最终决定它的进程,就像生活的现实一样。所以 MUD 与其说是游戏,还不如说是许多人共同参与创作和欣赏的无始无终的超文本小说。可以说,MUD 玩家不仅是这部超文本小说的作者,同时也是它的读者。MUD 是纯文本的,所以我们姑且称之为"超文本小说";现在此类游戏已是多媒体的了,游戏在一个虚拟现实环境中进行。

当然在 BBS 及其他各种论坛里,参与者并非都抱着游戏的心态。但很多人之所以参与进来,就是把它当作了一种游戏。

在罗兰·巴特看来,真正的"快乐文本"应该是"可写"的文本而不是"可读"的文本。传统阅读是重复性的可读,解构阅读是批判性的可写。解构主义大师雅克·德里达(J. Derrida)在《写作与差异》(Writing and Difference)一书中分析了传统阅读和解构阅读的区别:"一种是译解(to decipher),梦想寻找真理或者真理的源头;另外一种不再关心真理问题,也不寻求什么来龙去脉,只肯定阅读本身。也就是说,前一种(传统阅读)致力于对文本进行客观的解释、复述,后一种(解构阅读)则以游戏的态度对待文本,客观性从中消失。"无论是巴特的"快乐文本"还是德里达的"解构阅读",共同点在于对文本都秉持游戏心态,而这只能在超文本中才能真正实现。

所以,对超文本叙事而言,尽管不是必需的、确定的,但现实是它确实具有游戏性的特征。

叙事的革命

真正开放的超文本小说的出现,是作家——上帝的死亡宣言。

我们在此只是在纯文本的范围内探讨超文本叙事,实际上未来的超文本叙事可能会远远超出纯文本的范畴。据悉在美国的布朗大学(Brown University),超文本小说讲习班(Hypertext Fiction Workshop)的学生不仅听现代音乐,也研究现代绘画。他们学习怎样把音频和视频结合进小说中。讲习班的老师、小说家罗伯特·库佛宣称,线性小说像个"暴君"。他欢呼"超文本小说"的到来,在这种小说中,一个故事没有预先安排好的开头、中间或结尾。读者可以在基本情节中发现许多路径,然后自由选择某一路径,再将故事生发出来。库佛的一个学生鲍勃·阿里拉诺刚刚完成了一部新作"@Itamont",可以用两种方法阅读。那些点击"幼稚"开头的人,读到的是一对年轻恋人初吻的故事；点击"老练"的则会发现一起谋杀。两种情节在一个叙述框架内交织进行，用阿里拉诺的话说，读者可以"用自己的方式在故事创造的空间里游走"。

但这些"超文本小说"与真正的超文本叙事所带来的成熟的艺术形式也许还相去甚远。我们现在还不知道超文本叙事究竟会带给我们什么样的全新艺术样式，就像一百多年前的人们不知道今天的电影是什么样子一样。也许悲观地说，超文本将成为叙事艺术的终结者，我们现在还无法下定论。摄影术发明之初，人们也不过是拍些静态的照片，后来开始用摄影机把舞台演出的戏剧原封不动地拍下来放给观众看。但现在呢，电影早已发展成为一种相当成熟的艺术形式。

实际上，面对超文本叙事，传统作家可能会为失去了作者的控制权而不满，他们还会因为读者可以在他们的想法中进行挑选，或将完全不同来源的信息与他们的文本相掺和而愤怒。如果巴尔扎克能够看到巴特对他的文本所做的一切的话，不知道他是否会感到愤怒。但巴特毕竟无法对巴尔扎克的原文本进行任何改动，对读者而言巴尔扎克的文本还是他原来的那个文本，巴特的则是另外一个文本。而对于开放的超文本来说，这可能会变得不同，没有原来，只有变动不居的新文本，这将是真正的"快乐文本"。

对"中心－边缘"二元对立模式的消解是许多后现代理论家孜孜以求的梦想，但在受物理属性制约的现实时空中，这却只能是一个梦想。只有到了网络飞速发展的今天，这种梦想才可能实现。网络世界是通过虚拟的手段构建的全新平台，是一个没有中心和边缘的虚拟空间。存在于这个空间里的超文本，打破了不同文本间的界限，最大限度地体现了"文本间性"，我们可以任意在不同的文本间自由地穿行，它是的的确确的群星闪烁的能指的海洋。

对于这样的状况，以君主姿态出现的传统作家是不能接受的，因为这标志着传统君主式作家的退位和线性叙事帝国的崩溃。

实际上，从文学发展史这个角度看，四言诗曾一度主宰文坛，但当它不再能适应人们的表达需要时，五言诗取代了它，然后七言又取代了五言。有唐一代，七言诗发展到了它的最高峰，到了晚唐，它的形式尽管日益精巧，但终不过如虫鸣草间，句有长短的词取代了七言诗的主宰地位。当长短句在宋代经历辉煌之后，小说开始兴盛起来。但是，在小说经历了自己的辉煌之后，它所遇到的问题也日益明显。问题之所以会这样，并不是当代作家个人能力有什么不足，而是历史发展的趋势使然。每个时代有每个时代的主流媒体介质，它对叙事样式的改变起着决定性的影响。

现在一般把发表在网络上的文学作品称为"网络文学"，但这是一个非常含混的概念。这些所谓的网络文学作品与传统作品并没有什么本质上的不同，它们相互可以很容易地进行转换。所以现在的"网络文学"与超文本叙事也许可以说是不相干的事。像迈克尔·乔伊斯的《下午》、麦马特的《奢华》这样根本无法在纸质媒体上实现的文本，才是真正的"网络文学"。超文本叙事的出现注定会对写作方式产生革命性的影响，而更重要的是，人类的思维也许会因超文本的出现和广泛运用而发生新的变化。将来，写作的哲学心态应当是视人类思维为一种网络，它超出个人的思维向外扩展，以包罗其他思维产生的其他文本。这里不再有颐指气使的作者，有的只是文本网络，任凭人们做不同的理解。为此，有必要放弃高高在上的自我意识，而以一种自由的、平等的、民主的心态看待一切。

我们不知道超文本叙事的明天究竟会怎样，但我们相信它会带来一种全新的叙事艺术样式。仅仅出于个人的看法，我觉得，将来全新的主流艺术样式，也许会从网络游戏的模式中诞生。

（本文最初以《线性叙事的黄昏》为名发表于《莽原》1999 年第 3 期，以现名作为《网络化背景下的文学艺术》的一章）

附录

文学的难题是文化的难题

——专访河南省文学院院长、著名评论家何弘

君子真性情

何弘1984年进入南开大学中文系学习,长期从事文艺评论及文艺理论研究方面的工作,撰写了大量理论文章和评论,取得了突出的成就。现任中国作家协会全国委员会委员,河南省作家协会副主席,河南省文艺评论家协会副主席,河南省文学院院长、研究员。著有《生存的革命》《探险者》《我看》等,主编《坚守与突破——中原作家群论丛》《走在重振雄风的路上——改革开放30年的河南文艺》,主持或参与完成《图说河南文学史》《经典河南》等。曾获第三、四、五届河南省文学艺术优秀成果奖,第二、三届河南省文学奖,河南省"五个一工程奖",中国文联文艺评论奖等,是河南省宣传文化系统首批"四个一批"人才、河南省学术技术带头人、河南省优秀专家。

初见何弘,高个子,蓝色牛仔裤,军绿色夹克衫。我们一进门,他便从堆满书籍的书桌前站起身招呼我们坐下,并亲手给我们沏茶。

何弘不喜欢笑,但他笑的时候,肯定都是发自内心的,绝无虚假之感。他不爱说客套话,喜欢直来直去,说话、做事不矫饰,绝无拖泥带水之感。他语速很快,稍不留神,就无法赶上他思维的进度。采访结束后,他突然起身打开身后的大书柜,拿出一摞书,简单地说:"送给你们我写的一些书。"我们请他在书上签名,他就签名,话语极少、不爱说客套话可见一斑。与中国大多数的学者一样,何弘谦和、儒雅、学识渊博、思想敏锐,有极强的人格魅力。

他热爱足球,2010年世界杯期间,他的博客几乎每日都更新关于世界杯的话题和感想。他侠骨柔情兼具,在他的博客与著作中,有关武侠的小

说和论文时常出现。办公室的一侧有一张阔大的书桌,书桌上笔墨纸砚一应俱全。他博览群书,文学、历史、哲学、佛学、计算机、法学等都在他的阅读范围之内。阔大的办公室里,桌子上、窗台上、书柜里满满的都是书,可见他对本职工作的热爱与执着。办公室的墙壁上悬挂着名家书法作品,或秀丽疏朗,或刚劲挺拔,或率真拙朴,让整个办公室充满了书香气息。

对于文学和文化的谙熟、深厚的学养和扎实的理论功底,以及清晰的思维使何弘的谈话如行云流水,虽信手拈来,却自成系统。对于古往今来的文学现象和文化现象,他均有自己的真见解和真主张。作为河南文学评论队伍里的一员,他对中国文学与河南文学发展所具有的责任感以及高瞻远瞩的眼光让我佩服之至。与何弘短短一个多小时的谈话,似乎在我面前打开了一扇瑰丽的大门,一个个论题随着他的娓娓道来,变得豁然开朗。

文学的难题是文化的难题

何弘刚刚参加完中国作家协会第八次全国代表大会回到郑州,问及他参加作代会的感受,他说,文代会、作代会,对于文化界来说是一件大事。改革开放以来,我们一直致力于发展经济,而文化的发展相对滞后。文化的落后与我们文明古国的地位不相称,也与我们经济大国、政治大国的地位不相称。我们的文化不仅对外国的影响力小,而且我们自己也对自己的文化不自信。自晚清开始,中国人开始对自己的传统文化丧失信心,从而导致中国传统文化几近断裂。

中国传统文化的核心是"孝",其本质是生命崇拜。"不孝有三,无后为大"的观念实质上要把每个人的生命作为自祖先到后代的生命流的一个环节,保证这个生命流延续下去,不能中断。这样个体生命就有了自身的定位,获得了一种本体性的意义。进而,孝的观念要求每一个生命个体都应不断努力,有所作为,使祖先也因之而荣耀,即所谓"光大门楣",这使个体生命有了社会性的意义。同时,孝的观念所要求的对祖先的尊崇,使以此为基础的家庭伦理得以建立,进而扩大到社会,建立起稳定的社会秩序、国家秩序,从而使"修身、齐家、治国、平天下"成为可能。"孝"就是这样建立起完整文化体系的。

晚清列强对中国的欺凌,使中国知识分子开始反思自己的文化,并失去文化自信。于是,新文化运动开始发展,中国自"五四"开始,接受了西方科学、自由、民主的思想,启蒙是此一时期的主旋律。但很快到来的抗日战争,使救亡代替了启蒙成为主旋律。从新中国成立开始,马克思主义作为指导思想的地位得以确立,并在"文革"时期得到强化,而改革开放后搞市场经济,又使金钱成为衡量一切的最主要价值尺度。百年来,我们放弃了延续数千年的传统文化体系,接受了无神的观念,但西方以宗教为背景的价值观念又不可能被我们从根本上认同。在此背景下,如何建立我们的核心价值体系,确实是一个难题,但解决这个难题对我们而言又是迫切而必要的。

文学不是孤立的存在,目前中国的文化现状对文学的发展影响很大。当代文学写作最大的困难在于作者和读者缺乏可以共同依凭的精神资源,共同信仰的缺乏使人物的行为失去了依据。目前,中国的文学作品,相当大一部分前半部分写得很好,后半部分则很差;现实写得很好,写到人物、社会发展的方向时,就不能让人信服了。原因就在于叙事的走向和历史的走向无法达成一致,社会没有为人物未来理想的发展提供一个明确的走向,作家凭空想象的人物走向无法得到读者的认可,觉得作品内容不可信,没有办法读下去。也就是说,目前缺乏一种共同的精神信念,使作家相信、读者也相信,这个信念可以支撑人物沿着这样一条道路走下去,换句话说,人物的向善和作恶都有其内在可依赖的依据。所以说,文学面临的困难,从表面上看是作家叙事的难题,其实是文化的难题、是社会的难题。

经典的意义

经典的意义不在于经典本身有多好,而在于经典是一种文化传统。文化传统是文化的基础,只有在这样的基础上,我们的交流沟通才是顺畅的。古人有所谓"不学诗,无以言"的说法,因为在那个时代,人们在表达自己观点的时候,都会引用《诗经》中的话,赋予其具体环境中的内涵,如果不读

《诗经》，就听不懂别人要表达什么。这个例子可以帮助我们明白，经典作品的形式未必比当下的作品更完善，但是经典是文化传统的一部分，是文化进一步发展的基础，离开这个基础，发展就失去可能。从这个意义上讲，读经典是必需的。

"五四"前期，准确地说从1915年开始，我们放弃了旧的文学传统，把西方的概念拿来重新建立起新的文学样式，这就是新文学。现代文学作品今天从形式完善的角度看，可能不是很完美，但是就像中国的文化元典建立起了中国传统文化的基础一样，现代文学建立了新文学的基础。现代文学建立了白话文写作的新语言传统。例如鲁迅，他的小说、散文、杂文都很好，鲁迅他们那代人的写作为新文学的写作树立了语言的典范，同时也确立了一种现代的思想观念，他的批判精神和姿态在任何时代都是很可贵的。因为历史的原因，对于鲁迅、郭沫若、茅盾等人作品所表达的思想观念，可以有不同的理解，但是他们对新文学的贡献是无法抹杀的，他们在语言上对现代白话文写作的贡献是无法替代的。

文艺评论的方向

这些年的文学批评与文学理论，一直被各种各样的人所批评和指责。文学批评被认为缺少独立性，文学评论家被讥讽为寄生虫、吹鼓手与轿夫等，总之是需要依附于创作而生存的不光彩的角色。文学理论和文学批评被许多人认为是与人类的现实生存无关的理论游戏，距离大众的生活越来越远，越来越无关痛痒。文学理论和文学批评其实并非是无关紧要的，中外文化发展史证明，凡是产生伟大作家和伟大作品的时代，必然会有伟大的思想家和评论家。每一次创作高潮的出现，都离不开先进思想的引领和理论创新的支撑。

在文学批评界，别人给红包，从事文学批评的人说一些褒扬的话，这种情况肯定是存在的。出现这种状况的原因主要有两方面：一方面，现在是媒体时代，作家、艺术家本人和出版发行方出于宣传、炒作的需要，总是需要一些表扬肯定的话，负面的声音就很难发出来；另一方面，从事文学批评的部分人在鼓励和吹捧、人情和艺术之间没有把握好必要的尺度和界限，当然也有人确实在金钱面前丧失了自我。

目前存在于文学评论中的主要问题是，文学评论要么迎合市场、作者，成为商业炒作的道具或堂会表演，要么变成与大众无关的自娱自乐的游戏。要改变这种状况，文学评论家应该大力介入当代文艺现状并积极参与和建构，显示自身在新的历史时期的独特意义、价值、责任和使命。对于文学、艺术作品所表达的社会经验、时代经验，从事文学理论与文学批评的人应该有能力给这种经验赋予一种解释，这样，作家对时代经验的表达才能更好地完成。从事文艺评论的人对于文学作品要有一个起码的判断，作品的形式如何？表达是否完善？对我们的时代经验、历史经验是否做了很好的表达和阐释？如果能做到这一点，文艺评论就直接和当下的经验连在了一起，不再是与社会现实无关痛痒的了。

文艺评论出现问题的原因很多，一方面，从事文艺评论的进入门槛与创作相比要高一些，从事文学评论的人要接受过专业训练。另一方面，从事文学评论的回报低，做起来困难。写一篇评论文章，要阅读几十万字甚至更多的文学作品，还要做理论准备才能写评论。投入和产出不成比例，很多人也不愿意做。当然，从事文艺评论的人做得也不是特别到位，没有很好地处理和社会现实的关系。

文学的辉煌与作家的反思

从事文学写作的人大概都能记得 20 世纪 80 年代文学的辉煌与荣耀，也在体会当今时代文学的日益边缘化与衰落。20 世纪 80 年代是全民读小说的时代，任何一个文学刊物都能发行百万册。一个作品发表，全国大部分的文学爱好者都会读到。同时，文学理论与文学批评也空前活跃。

20 世纪 80 年代文学的繁荣与当时的时代环境密切相关。"文革"时期，社会价值观念单一，文艺受到禁锢，精神产品稀缺。改革开放之后，西方的思想涌进来与我们国内的思想产生碰撞，长期受压抑的精神需求得到释放。那是一个思想空前活跃的时代，在经历了"文革"的精神禁锢之后，人们的思想一下子迸发起来。特别是西方的文化,我们以前毫不了解,突然一下子涌进来,感觉特别新鲜。另外,当时的信息渠道很少,全年只有几部电影可看,因此文学是了解外部世界的重要窗口。

新时期文学首先出现的文学思潮是伤痕文学、反思文学。当时全民需要对"文革"进行反思,对时代进行梳理。伤痕及之后的反思与当时的时代心理是吻合的,人们需要这种东西。伤痕文学和反思文学的思想向度、历史观念的向度、叙事的向度与读者是一致的,与读者能引起共鸣。比如对"文革"期间苦难的回忆,对"文革"事件的反思,这些都是与读者的心理相契合的。

当今时代的文学与那个年代的辉煌相比,显得暗淡无光。我们的传统作家经常受到质疑,作品的被关注程度降低。当然,文学的衰落有读者阅读习惯变化的原因,但是作为作家也要反思自己的原因。作家要思考下创作出的文学作品是否对得起读者。

作家可以用以下标准作为测试作品优劣的标尺:

第一,文学作品所提供的社会经验,是否超出读者的经验范围。如果没有超出读者的经验范围,那么这个经验对读者可能是无效的。一部文学作品,只有当其提供的经验是新鲜的,是读者以前不了解的,读者才有兴趣去读。如果故事走向、人物感受,一看就能让人猜出大概,那读者是不会获得阅读快感的。第二点,作家对这个经验的解释要有思想深度,要超出读者的思想深度。第三点,作品的语言要有美感,能让读者在阅读中体验到语言的魅力。如果读者觉得还不如自己的语言,不能给自己美感,那读者还读它干什么?

精英化的文学

任何一个时代都有主流的艺术样式。主流文学样式的改变与传播媒介的变化是分不开的。

拿诗歌来说,韵味最早肯定是为了便于口口相传而产生的,是属于民间的艺术形式,后来由于文人的介入逐渐变得精英化,一成为经典,其创新的生命力就消失了。典型的例子就是宋词。词本来是在青楼浅吟低唱,不登大雅之堂,属于民间的。后来文人介入,开始言志载道,便成为当时主流的文学样式。任何一种艺术样式都有从民间逐渐精英化、经典化的一个过程。艺术形式一旦精英化就变成了经典,其生命力也就丧失了,会逐渐被新的艺术样式取代。

南宋时期,雕版印刷术普及,阅读书籍变得方便,单纯读读诗文已不能满足当时人的精神需求,于是小说在此时开始大量出现。小说的繁荣一定是与印刷术的发展结合在一起的,只有印刷技术的成熟,才可能有长篇小说的繁荣。小说过去属于民间,没有以之载道的使命。新文学之后,大量的精英开始进入小说写作领域,小说被赋予载道的使命,要有思想深度,要反映时代经验的本质,要对社会经验做出解释。十九、二十世纪,机械印刷的普及使长篇小说成为主流的文学样式。在不断发展的过程中,作为主流的艺术形式,要有思想性、要能载道,这时候长篇小说就变成精英化、经典化的文学样式了。说句不客气的话,尽管长篇小说还会有一段时间的繁荣,但不会再有太大的发展。当然这是就传统长篇小说而言的,它在网络上会出现怎样的变种,是另一个话题。

得奖的小说为什么反而不畅销?

畅销的、适合大众需要的作品与代表时代最高水准的作品不是一回事。例如茅盾文学奖评选出来的作品,读者就不一定喜欢和认可。为什么?因为茅盾文学奖的评奖标准要求作品有最好的表达形式,要对时代经验做出最好的表达。按照这种标准评选出来的小说未必能让社会大众喜欢。这种现象和小说的发展过程有关。

小说最初就是将生活故事化、传奇化。目前这类小说仍然有很大的市场,读者量也是最大的。之后小说向人物性格化的方向发展。比如拿《三国演义》和《水浒传》来比较就可以发现,《三国演义》中的人物是扁平的,或者说是类型化的,诸葛亮、刘备、曹操、关羽各自代表一种类型,性格从开始到结尾一直如此,没有发展。《水浒传》的人物相对就是立体的,比如林冲、武松的性格是有变化的，有成长的过程。而现代小说则注重内心生活的审美化。小说要表达人物内在的隐秘情感，要揭示人物内心灰色的地带，这种情感是无法用概念来衡量的。比如我们说一个人很高兴，如果这个概念就可以概括全部，那就不用写小说了，如果写一定是因为有一种特殊的喜悦无法用简单的概念来表达，只有能把这种特殊性描述出来，才可能成为好的小说。其实在每个人的内心，都有一些灰色的隐秘地带是无法用概念概括的，需要用文学作品揭示，这就是内心生活的审美化。从小说发展的这几个阶段来说，喜欢的人其实是在逐层递减的。

于是问题出现了，专业评论家、作家认为好的作品，社会大众不一定认可。大众读者喜欢读的可能还是故事讲得很生动的作品。文学专业奖项把奖给了对时代经验和人类内在精神有深刻揭示的作品，普通读者可能不一定能接受。这种状况反映了大众读者和专业人员之间欣赏趣味的差异。我们不能怪社会大众欣赏水平低，欣赏趣味不够，只是反映传统小说发展到现阶段进入了精英化的阶段。同时，我们之所以没把奖项给那些社会大众认同度高的作品，是因为这些精英化的作品确实代表着人类文化发展在这个时代所能达到的高度，在文学史、文化史、文明史上是有价值的。当然，精英化所导致的小众化，通常也意味着重要转变即将到来。

中原作家群的特征

中原作家群是指以河南本土作家为主体，包括国内河南籍作家如周大新、刘庆邦、刘震云、阎连科、朱秀海、柳建伟、邢军纪、邱华栋等在内的一个作家群体。20世纪90年代，河南作家就被认为撑起了中国文学的半边天。从1995年《光明日报》发表文章称"文坛冲过来一支豫军"开始，文学豫军已经成为中国文坛上的一支劲旅。无论是作品的质量，还是数量，没有一个地域的作家群体可以和中原作家群相抗衡。在我国具有最高荣誉的文学评奖中，中原作家群每届都有丰厚的收获。

中原作家群的创作关注现实，坚守文学精神和文学品质，具有强烈的现实感和浓厚的历史感。20世纪80年代，先锋文学风靡一时，先锋写作成为风尚，河南作家则踏踏实实地从事传统写作，曾被称为"慢半拍"。其实事实并非如此，河南作家在进行传统写作的同时，并未放弃创新。中原作家既注重对作品意义的追求，也有自觉的创新意识与文体意识。

河南新文学创作的基本母体就是对于苦难的抗争和对造成这种苦难的中原文化的反思。从徐玉诺、冯沅君、尚钺、师陀、姚雪垠到李準、张一弓、乔典运、田中禾、李佩甫、张宇以及阎连科、周大新、刘庆邦都是如此。辉煌历史留下的深厚文化积淀、边缘的现实和苦难的体验形成了河南作家内敛、不事张扬的个性，也为他们提供了进行叙事文学创作的宝贵财富，他们总是默默地把自己内在丰富的东西不动声色地展示给大家。

中原作家群的特征与地域文化关系密切。中原地处中国之中，生存环境既没有西北严酷又不如江南那般滋润。所以，河南人既没有西北人那样的坚忍执着，也没有江南水乡人的灵动机敏，反映在文学创作中，河南作家厚重执着不如陕山作家，灵动飘逸不如江浙作家。今天，如果说河南作家本身存在的问题的话，那就是大多数河南作家基本上仍是基于个人经验进行写作，内容的充实厚重是其产生影响的主要因素，而在艺术个性、形式创新等方面做得还不够。

网络写作代表文学发展的新方向

文学的每一次重大变革都是由媒体的变化推动的，网络的兴起必然带来文学新的变革。网络文学毫无疑问代表着文学发展的新方向，网络写作肯定会带来全新的文学样式。虽然目前网络小说、网络写作还处于初级阶段，但是网络文学的发展一定会像词、曲，经历一个过程之后，最终成为时代主流的文学样式。

网络文学的发展可能要经过这样的阶段：第一步，很多高水平的写作人才从众多写手中脱颖而出，把网络文学推向一个更高的水平。第二步，就像苏东坡进入词的写作一样，有很多从事传统文学写作的精英进入网络文学的写作领域，把网络文学往更高的精英化方向发展。当建立价值思想体系，表现思想深度要靠网络文学完成的时候，网络文学就会成为精英化的东西,成为文学的主流。

当然,网络文学的发展可能不是这种发展过程,可能有其他各种各样的发展道路。比如说电影,当摄影技术出现的时候,拍摄的只是静止的照片,模模糊糊的,但是电影最终从静态照片发展成现在的艺术形式。印刷技术的发展促成了小说的繁荣,摄影技术的发展促成了电影的繁荣,电子技术的发展促成了电视剧的繁荣,而网络的发展必然要带来网络新兴艺术样式的繁荣。现在的网络文学看起来很简单,但是网络提供的这种传播方式可能会使其最终形成一种完善的艺术形式。网络文学怎么发展,现在不好预料,但是它一定会发展成主流的文学样式。网络写作的发展终会通过不断变换的新形式去维护人类不变的精神内核。

网络文学的特点

传统文学认为需要仔细品味、反复把玩的作品才是好的作品,需要反复琢磨品味才能理解的才是好的作品。孔子写《春秋》使用"春秋笔法",当然有政治的因素,但在文学上的影响就是使文字值得玩味,能给读者提供思考、欣赏的空间。由于传播方式的限制,古代的文字记载不可能把无限的信息推给读者,这就需要读文字的人仔细琢磨品味。网络文学却并非如此,由于信息量的巨大,网络作品的阅读通常是一次性的浅阅读。网络文字消费和吃快餐一样,没有人吃汉堡包还像吃螃蟹那样,慢慢琢磨、品味。

目前,网络文学的形式受商业模式的影响很大。以盛大为代表的网络文学网站所创造的商业模式是这样的,先把 30 到 50 万字放到网上供免费阅读,后续的文字阅读则是需要付费的。在这样的商业模式下,传统的中短篇就不说了,即使传统的长篇小说,30 到 50 万字通常就是小说的全部了,把它放在网上免费阅读等着吸引人读后续部分,意味着作家一分钱都收不着。而且网络小说的收费是按照文字量分次计算的,必须不断更新才能保证持续的收入。因此,上千万字的网络小说有很多。目前网络小说通常把 100 万字以下看作短篇,100 万到 300 万字看作中篇,300 万字以上才看作长篇。

网络小说目前的这种商业模式,导致网络文学作品的水分比较大,文字比较粗糙。目前,反映比较好的、得到读者认可的网络文学作品恰恰是介于传统文学与网络文学之间的一些文字。如果网络作品的文字能节制一些,把文字中的水分去掉一些,这样的网络文学会更加有价值。

采访结束后,冬日的夕阳斜斜地照在窗户上,为他的办公室染上暖暖的光晕。我们被何弘对文化和文学的热情深深地感染着,心里热乎乎的。应我们的要求,他用毛笔为本刊读者写了新年贺词:有精神家园的人有福了。应该说,我们国家有何弘这样热爱祖国、踏实勤奋、品格高尚、思想敏锐、学养深厚的官员与学者,是文化的福气、文学的福气,更是人民的福气。

(本文是《神州·中国》记者李云所做的专访,发表于《神州·中国》2012年第1期)

腹有诗书，心有担当，永远在超越的路上
——何弘访谈录

时间：2014年3月14日　星期五

姬盼（以下简称姬）：何院长您好，平时跟您工作接触较多，知道您特别繁忙，很感谢您抽出时间做本期访谈。首先，能不能谈一下您是如何走上文学评论之路的？

何弘（以下简称何）：这么多年来我一直在做文学评论，应该说是学习经历、工作原因和自己理论兴趣综合作用的结果。我1984年进入南开大学中文系学习，那是一个文学繁荣的时代，更是一个思想解放的时代，理论对于文学创作发挥了巨大的引领作用。那时的大学思想活跃，同时在学术上保持着很好的传统。当时进入中文系的学生，很多都是为圆作家梦而来的。但一进学校，老师的教育却是，大学中文系不是培养作家的，我们培养的是文学研究人才和文学评论家。事实也确实如此，中国文学史、西方文学史、中国文论、西方文论的系统学习以及对于各种文艺思潮、作家作品专题研究的深入了解，基本完成了对我们的思想规训，走上文学评论而非文学创作的道路似乎是一件最顺理成章的事。当然这里面肯定有自己具有浓厚理论兴趣的因素。毕业之后，我被分配到河南省文联工作，在众多的中文系毕业生中，这是一份离文学创作和评论最近的工作。若非如此，我也许会逐渐远离文学评论的。事实上，我刚到文联的时候是做编辑工作的，但自己的兴趣其实仍然在理论、评论文章的写作上。所以一年多之后，当时文联的主管领导让我去了文艺理论研究室。当时王鸿生、耿占春等都在这个部门，河南的文学评论在全国都有着重要影响，并对河南的文学创作发挥了积极的影响。我从这时开始，算是走上了专业的文学评论道路，并一直坚持到现在。

姬：这些年，您在这一领域取得了突出成就，看来是缘分使然，更是默默地坚守与耕耘。作为评论家，您如何看待当下的文学评论？

何：这些年的文学批评与文学理论，一直被各种各样的人所批评和指责，文学评论家要么被讥讽为吹鼓手与轿夫，要么被看作与人类的现实生存无关的理论游戏者。但是，我坚定地认为，文学理论和文学批评其实并非无关紧要，如果说创作是通过现实生活、个人经验进行人类精神探险的话，评论家是通过文本进行更深入的人类精神探险。因而，好的文学评论不仅对创作有促进和引领作用，对读者、社会同样具有直接的意义和价值。

在文学批评界，别人给红包，从事文学批评的人说一些褒扬的话，这种情况肯定是存在的。出现这种状况的原因主要有两方面：一方面，现在是媒体时代，作家、艺术家本人和出版发行方出于宣传、炒作的需要，总是需要一些表扬肯定的话，负面的声音就很难发出来；另一方面，从事文学批评的部分人在鼓励和吹捧、人情和艺术之间没有把握好必要的尺度和界限，当然也确实有人在金钱面前丧失了自我。

目前存在于文学评论中的主要问题是，文学评论要么迎合市场、作者，成为商业炒作的道具或堂会表演，要么变成与大众无关的自娱自乐的游戏。要改变这种状况，文学评论家就应该大力介入当代文艺现状并积极参与和建构，显示出自身在新的历史时期的独特意义、价值、责任和使命。对于文学作品所表达的社会经验、时代经验，从事文学理论与文学批评的人应该有能力给这种经验赋予一种解释，这样，作家对时代经验的表达才能更好地完成。从事文学评论的人对于文学作品要有一个起码的判断，作品的形式如何？表达是否完善？对我们的时代经验、历史经验是否做了很好的表达和阐释？如果能做到这一点，评论就直接和当下的经验连在了一起，不再是与社会现实无关痛痒的了。

姬：正如您所说，现在文学评论现状饱受诟病，确实面临诸多问题。白烨曾发表观点："总体来看，在当下的文学批评领域里，仍然很难做到'实话实说'，这是文学批评中的最大问题。"您觉得如何才能做到"实话实说"？文学批评应该坚持怎样的评判标准呢？

何：文学评论之所以受诟病，其实问题倒不完全在于没有做到"实话实说"。文学批评受到质疑，远非近几年才有，只是近些年更趋激烈。对文学批评的不满，文学界内部当然也有，但这种不满实际上更多来自文艺主管部门和社会上。对此,文学批评界很多人感到非常委屈,认为当下的文学批评,论从业者人数之众、发表文章之多,甚至是研究的广度、深度及文章的学术水平,都要好过以前。因而,出现于社会上的这些质疑,实际上更多出于质疑者的无知和偏见。这种说法并非毫无道理。但是,在当下的社会舆论中,文学评论确实基本已到了一无是处、惨不忍睹的境地,评论家被普遍看作收红包的吹鼓手。何以批评界的自我认知和社会认可度之间存在这么大的差距呢?我认为问题的根本在于看待批评的着眼点有所不同,就文学批评本身的数量和质量而言,不能说不如以前;但如果从文学批评的社会影响力和对创作的影响力而言,确实是大不如前。造成这种状况的根本原因其实来自于当下学术评价机制存在的问题。

以 20 世纪 80 年代为代表,文学批评影响力的巨大,首先在于文学本身影响力的巨大。同时,当时的文学批评确实给文学创作、给全社会贡献了新鲜而有深度的思想和精神,对文学创作和社会具有极大的引领作用。那时文学批评还有一个重要的特点,就是作协系统自身的批评期刊和批评家都非常活跃,在文学批评中发挥了重要甚至堪称核心的作用。这种批评即今天所谓的"作协批评",雷达先生称之为"专业批评",我以为很有道理。这种"专业批评"的重要特点是:紧密结合创作实际,具有在场感;注重阅读作品的感觉,能对作品做出很好的美学和艺术判断;理解创作,能准确把握作品创作的得失,对作者和读者具有启示和引导作用;采用更加文学化的表达方式,能带给读者阅读快感。这种迥异于理论研究和学术论文的批评,更容易得到大众的认可,因而对社会和对作家都具有较大的影响力。

但是,随着以项目为中心的学术体制的建立,资金开始围绕项目流动,并形成一个自足的生态体系,作协系统的大量批评家开始进入高校,作协在文学批评活动中的影响力逐渐减弱。同时,在重视学术性的旗帜下,一套以量和发文刊物等级为标准的学术评价体系建立起来,追求文章的数量、追求学术的规范,成为普遍的风气,这些进入高校和科研机构的文学批评家当然也包括在内。此时的文学批评文章,已经日益向学术论文靠拢,可读性下降,对社会的影响力自然大大减弱。而且在这种畸形的学术体制中,表面化的学术规范代替了内在的精神思想,大量出现的文学批评文章除了反复炒些早已成为常识的理论外，缺乏发现和创见，貌似深刻实则空洞无物，基本是学术垃圾，自然不会有任何实质的影响力。而即使那些有较深刻见解的文章，因其过于强调学术性，也写得更像学术论文，难以被大众读者接受。这是当前文学批评社会影响力减弱的一个重要原因。

对于当下的文学批评，大家已普遍接受学院派批评、作协批评（专业批评）和媒体批评这样的划分。就学院派批评而言，除了前面提到的一些弊端之外，它其实在理论研究、文学史建构方面还是有自己贡献的，其根本问题在于远离大众。而专业批评，由于缺乏实质的资金等各方面支持，人才流失严重，影响力日益减弱。所谓的媒体批评，严格讲是就大众传媒而言的，在市场化的背景下，其问题在于金钱驱动下的无原则吹捧和以吸引读者为目的的恶评、炒作。文学批评三方面力量各自的问题结合在一起，是造成文学批评当前不能令人满意的根本原因。

在任何语境下，绝对的"实话实说"不仅无可能也无必要。没有"实话实说"和"说假话"还是有本质区别的。就文学评论而言，因人情甚至红包的关系而无原则吹捧的情况肯定存在，但在严肃的文学评论家这里其实并不普遍。就我个人而言，对于成熟的作家，我做批评时更多会在总结其风格特点的同时，找出其存在的不足；而对于一些年轻作者或业余作者，我可能会更多地努力在其作品中找到可以言说的优点。谈论一些并不成熟作品的优点而较少谈其缺点，说的同样是实话，但读者这时往往会产生没有"实话实说"的感觉。其实对我们这些做文学评论同时搞文学组织工作的人来说，这里面更多是要表达对年轻作者的鼓励和期望。所谓内行看门道，有经验的读者是会明白其中的意味的。

就文学批评来说，置身于市场化的背景下，我以为最重要的是不要被发行量、收视率、票房这些市场标准牵着走，而要坚持艺术的标准，看作品在文化上有无贡献、在叙事上有无贡献，如果一部作品表达了前人未曾表达的经验，如果一部作品寻找到了新的有效的表达形式，这样的作品就是好的作品。

姬：如您所说，评论式微的现状由诸多原因导致，怎样才能走出当前的尴尬与困境呢？文学评论在当前文学发展中应该起到什么样的作用？

何:"评论式微"的说法是应该受到质疑的。如我前面所说,如今评论文章的数量和质量较以往其实都是大幅度提高了的。目前的问题其实在于文学评论的有效性不够。提升文学评论的有效性,扩大文学批评的影响力,以更好地发挥文学批评对文学创作、对社会的重要作用,当务之急是加强专业批评。文学批评说到底与一般的学术研究还是有所不同的,它应该有极强的现实性、具体的针对性、良好的可读性和切实的在场性,以及因而实现的批评有效性。加强专业批评,首先需要作协系统加强自身的文学批评队伍建设,让作协的批评家不断发出具有自身特色的声音。同时,也要充分发挥作协的联络协调作用,整合高校、科研机构的各种力量,通过组织活动、开展项目等方式,发出专业的批评声音。再一点是加强文学批评刊物建设,办出有别于大学学报和一般学术期刊的特色刊物,成为专业批评的基本阵地,对文学创作和文学爱好者发挥积极作用。另外还要加强与大众媒体的合作,让真正的文学批评声音能够传达出去,对社会大众产生影响。如此一来,文学批评当下的困境或许能有所改观,文学批评才可能重新找回尊严。

文学评论与文学研究还是有区别的,必须与当下的创作实践紧密结合,脱离了创作实践的评论一定是无效的。文学评论的作用具体说在于总结和引导两个方面,对于文学创作实践,要及时总结,发现新特点,找到存在的不足,给予理论概括;对未来的创作,要在总结的基础上,给予理论引导,使文学创作水平能够不断得到提高。当然对读者而言,文学评论应该发挥引导阅读的作用,要有助于全社会文学欣赏水平的不断提高。

姬:作为文学创作与文学欣赏之间的桥梁纽带,文学评论的重要性不言而喻,相信您的呼吁一定会引起共鸣。相比 20 世纪争相传诵的手抄书《第二次握手》、《一只绣花鞋》等,当下人们耳熟能详、津津乐道的文学作品少而又少,文学早已不再是万众瞩目的焦点。如今越来越多的人说,生活远比小说精彩。在这种情况下,您觉得文学的出路在哪里?作家又应该何去何从?

何:从事文学写作的人大概都能记得 20 世纪 80 年代文学的辉煌与荣耀,也在体会当今时代文学的日益边缘化与衰落。20 世纪 80 年代是全民读小说的时代,任何一个文学刊物都能发行百万册。一个作品发表,全国大部分的文学爱好者都会读到。同时,文学理论与文学批评也空前活跃。

20世纪80年代文学的繁荣与当时的时代环境密切相关。"文革"时期,社会价值观念单一,文艺受到禁锢,精神产品稀缺。改革开放之后,西方的思想涌进来与我们国内的思想产生碰撞,长期受压抑的精神需求得到释放。那是一个思想空前活跃的时代,在经历了"文革"的精神禁锢之后,人们的思想一下子迸发起来。特别是西方的文化,我们以前毫不了解,突然一下子涌进来,感觉特别新鲜。另外,当时的信息渠道很少,全年只有几部电影可看,因此文学是了解外部世界的重要窗口。

新时期文学首先出现的文学思潮是伤痕文学、反思文学。当时全民需要对"文革"进行反思,对时代进行梳理。伤痕及之后的反思与当时的时代心理是吻合的,人们需要这种东西。伤痕文学和反思文学的思想向度、历史观念的向度、叙事的向度与读者是一致的,与读者能引起共鸣。比如对"文革"期间苦难的回忆,对"文革"事件的反思,这些都是与读者的心理相契合的。

当今时代的文学与那个年代的辉煌相比,显得黯淡无光。我们的传统作家经常受到质疑,作品的被关注程度降低。当然,文学的衰落有读者阅读习惯变化的原因,但是作为作家也要反思自己的原因。作家要思考下创作出的文学作品是否对得起读者。

我认为作家可以用以下标准作为测试作品优劣的标尺:

第一,文学作品所提供的社会经验,是否超出读者的经验范围。如果没有超出读者的经验范围,那么这个经验对读者可能是无效的。一部文学作品,只有当其提供的经验是新鲜的、是读者以前不了解的,读者才有兴趣去读。如果故事走向、人物感受,一看就能让人猜出大概,那读者是不会获得阅读快感的。

第二,作家对这个经验的解释要有思想深度,要超出读者的思想深度。

第三,作品的语言要有美感,能让读者在阅读中体验到语言的魅力。如果读者觉得还不如自己的语言,不能给自己美感,那读者还读它干什么?

姬:我看了您的几部作品集,您评论的对象主要是河南作家的作品,全省每年问世的作品上千部,你是如何进行选择评论的呢?近期又做过哪些?

何:在今天这个时代,即使像文学评论家这样的职业读者,不要说一个国家、一个省,即使是一个更小的范围,要想穷尽所有的作品进行阅读,都是不可能的。特别是对于网络文学作品来说,更是如此。就我个人而言,目前在河南有一定影响或者能为专业文学界所了解的作家,其代表性作品我大多都读过。其中有些因各种原因写了评论文章,大多数并未形诸文字。相对来说,一些专题文学活动、项目和文学评奖等,都需要集中阅读大量作品,这是了解我省文学创作总体状况的重要途径。而选择评论的作品,一是引起广泛关注的作品,二是新秀的作品需要进一步推介,三是一些需要扶持鼓励的作者的作品,当然还有一些其他各种原因介绍到我这里的作品。近期单篇作品的评论写得相对较少,但关注是一如既往的,文章可能会集中于一些重点作家和重要文学现象上。

姬:您对中原作家群总体的关注、研究和推介做了大量的工作,关于这一创作群体的特征,您最有发言权,给我们介绍一下吧。

何:中原作家群是指以河南本土作家为主体,包括国内河南籍作家如周大新、刘庆邦、刘震云、阎连科、朱秀海、柳建伟、邢军纪、邱华栋等在内的一个作家群体。20世纪90年代,河南作家就被认为撑起了中国文学的半边天。从1995年《光明日报》发表文章称"文坛冲过来一支豫军"开始,文学豫军已经成为中国文坛上的一支劲旅。无论是作品的质量,还是数量,没有一个地域的作家群体可以和中原作家群相抗衡。在我国具有最高荣誉的文学评奖中,中原作家群每届都有丰厚的收获。

中原作家群的创作关注现实,坚守文学精神和文学品质,具有强烈的现实感和浓厚的历史感。20世纪80年代,先锋文学风靡一时,先锋写作成为风尚,河南作家则踏踏实实地从事传统写作,曾被称为"慢半拍"。其实事实并非如此,河南作家在进行传统写作的同时,并未放弃创新。中原作家既注重对作品意义的追求,也有自觉的创新意识与文体意识。

河南新文学创作的基本母体就是对于苦难的抗争和对造成这种苦难的中原文化的反思。从徐玉诺、冯沅君、尚钺、师陀、姚雪垠到李準、张一弓、乔典运、田中禾、李佩甫、张宇以及阎连科、周大新、刘庆邦都是如此。辉煌历史留下的深厚文化积淀、边缘的现实和苦难的体验形成了河南作家内敛、不事张扬的个性,也为他们提供了进行叙事文学创作的宝贵财富,他们总是默默地把自己内在丰富的东西不动声色地展示给大家。

中原作家群的特征与地域文化关系密切。中原地处中国之中,生存环境既没有西北严酷又不如江南那般滋润。所以,河南人既没有西北人那样的坚忍执着,也没有江南水乡人的灵动机敏,反映在文学创作中,河南作家厚重执着不如陕山作家,灵动飘逸不如江浙作家。今天,如果说河南作家本身存在的问题的话,那就是大多数河南作家基本上仍是基于个人经验进行写作,内容的充实厚重是其产生影响的主要因素,而在艺术个性、形式创新等方面做得还不够。

姬:您曾经担任第八届茅盾文学奖评委,您认为我国当下长篇小说创作状况如何呢?您对河南作家冲击茅奖有何期许?

何:我国当下长篇小说创作,总体情况应该说是比较好的。单就叙事而言,放在整个世界文学的格局中,也可以处在一个相当不错的位置。当然问题并非不存在,精神力量的缺乏可能是影响长篇写作的一个重要因素。但这个问题并非一个简单的文学问题。文学不是孤立的存在,目前中国的文化现状对文学的发展影响很大。当代文学写作最大的困难在于作者和读者缺乏可以共同依凭的精神资源,共同信仰的缺乏使人物的行为失去了依据。目前,中国的文学作品,相当大一部分前半部分写得很好,后半部分则很差;现实写得很好,写到人物、社会发展的方向时,就不能让人信服了。原因就在于叙事的走向和历史的走向无法达成一致,社会没有为人物未来理想的发展提供一个明确的走向,作家凭空想象的人物走向无法得到读者的认可,觉得作品内容不可信,没有办法读下去。也就是说,目前缺乏一种共同的精神信念,使作家相信、读者也相信,这个信念可以支撑人物沿着这样一条道路走下去,换句话说,人物的向善和作恶都有其内在可依赖的依据。所以说,文学面临的困难,从表面上看是作家叙事的难题,其实是文化的难题、是社会的难题。

河南作家的总体创作水平在全国应该是处于前列的,得不得是一回事,我觉得河南作家具备了得奖的实力。只要实力在,只要努力,得奖是早晚的事。

姬:希望这一天早日到来。您一直在进行"网络化背景下的文学"的课题研究,应该对网络文学非常关注。良莠不齐,泥沙俱下,这是人们用来形容网络文学的常用语言。您也这样认为吗?网络文学有什么特点?

何:传统文学认为需要仔细品味、反复把玩的作品才是好的作品,需要反复琢磨品味才能理解的才是好的作品。孔子写《春秋》使用"春秋笔法",当然有政治的因素,但在文学上的影响就是使文字值得玩味,能给读者提供思考、欣赏的空间。由于传播方式的限制,古代的文字记载不可能把无限的信息推给读者,这就需要读文字的人仔细琢磨品味。网络文学却并非如此,由于信息量的巨大,网络作品的阅读通常是一次性的浅阅读。网络文字消费和吃快餐一样,没有人吃汉堡包还像吃螃蟹那样,慢慢琢磨、品味。

目前,网络文学的形式受商业模式的影响很大。以盛大为代表的网络文学网站所创造的商业模式是这样的,先把30到50万字放到网上,供免费阅读,后续的文字阅读则是需要付费的。在这样的商业模式下,传统的中短篇就不说了,即使传统的长篇小说,30到50万字通常就是小说的全部了,把它放在网上免费阅读等着吸引人读后续部分,意味着作家一分钱都收不着。而且网络小说的收费是按照文字量分次计算的,必须不断更新才能保证持续的收入。因此,上千万字的网络小说有很多。目前网络小说通常把100万字以下看作短篇,100到300万字看作中篇,300万字以上才看作长篇。

网络小说目前的这种商业模式,导致网络文学作品的水分比较大,文字比较粗糙。目前,反映比较好的、得到读者认可的网络文学作品恰恰是介于传统文学与网络文学之间的一些文字。如果网络作品的文字能节制一些,把文字中的水分去掉一些,这样的网络文学会更加有价值。

姬:您认为网络写作的前景如何?

何:文学的每一次重大变革都是由媒体的变化推动的,网络的兴起必然带来文学新的变革。网络文学毫无疑问代表着文学发展的新方向,网络写作肯定会带来全新的文学样式。虽然目前网络小说、网络写作还处于初级阶段,但是网络文学的发展一定会像词、曲,经历一个过程之后,最终成为时代主流的文学样式。

网络文学的发展可能要经过这样的阶段:第一步,很多高水平的写作人才从众多写手中脱颖而出,把网络文学推向一个更高的水平。第二步,就像苏东坡进入词的写作一样,有很多从事传统文学写作的精英进入网络文学的写作领域,把网络文学往更高的精英化方向发展。当建立价值思想体系,表现思想深度要靠网络文学完成的时候,网络文学就会成为精英化的东西,成为文学的主流。

当然,网络文学的发展可能不是这种发展过程,可能有其他各种各样的发展道路。比如说电影,当摄影技术出现的时候,拍摄的只是静止的照片,模模糊糊的,但是电影最终从静态照片发展成现在的艺术形式。印刷技术的发展促成了小说的繁荣,摄影技术的发展促成了电影的繁荣,电子技术的发展促成了电视剧的繁荣,而网络的发展必然要带来网络新兴艺术样式的繁荣。现在的网络文学看起来很简单,但是网络提供的这种传播方式可能会使其最终形成一种完善的艺术形式。网络文学怎么发展,现在不好预料,但是它一定会发展成主流的文学样式。网络写作的发展终会通过不断变换的新形式去维护人类不变的精神内核。

姬:近年来,类型小说发展迅速,言情、悬幻、惊悚、穿越、职场等类型文学越来越受到读者欢迎。《甄嬛传》、《失恋 33 天》、《杜拉拉升职记》等越来越多的类型小说成为影视改编的香饽饽。有专家认为,网络文学进入类型创作时代。类型文学为何如此受宠呢?纯文学和类型文学之间是否是二元对立的?

何:网络文学目前是在几种相对固定的商业模式主导下发展的,这种发展模式注定它必然走类型文学的路子。文学的类型化是商业化的必然要求,类型小说之所以是类型化的,就在于它有一个基本的模式,可以批量生产;而这个模式,也是符合大众审美趣味的,因而会拥有广泛的读者。类型文学的出现,是与大众传媒的出现密切相关的。当报纸开始流行的时候,鸳鸯蝴蝶派、黑幕小说、武侠小说等通过连载拥有了大量读者。网络作为一种全新的媒体,为文学作品的传播带来了革命性的影响,当它与商业结合的时候,类型写作必然出现新的繁荣。严格来说,尚未形成商业模式时的网络写作,只是传统写作的延续,并不能称为真正的网络文学。真正的网络文学,是那些在文学原创网站商业模式主导下,在网上写作、发表、阅读的作品,它基本上一开始就是类型化的,是为了满足各种群体的阅读趣味而发展起来的。纯文学与类型文学之间,表现手段等是会互相借鉴的,但从根本上说,其追求的方向是不同的。纯文学总是力求对人的精神世界有独特的发现和认识,常常会通过对日常生活中看似庸常无意义的细节的描写,来揭示人性幽暗、灰色的地带;而类型文学总是力求故事的生动精彩,总是尽可能契合大众的精神指向,满足大众的趣味,以此吸引更多的读者。追求的不同,带来了表达方式与趣味的不同,但有时,由于表达形式的相互借鉴,也会使有些作品的面目变得模糊不清。

姬:无论是传统文学、类型文学还是网络文学,人们普遍感慨,文学中文化的含量日益稀薄,文化与文学究竟有什么关系?

何:文化有着广义和狭义的不同定义。人类学家赋予文化的较为宽泛的定义是指某一群体的生活方式和人造环境,与之相对的是19世纪末英国文化批评家马修·阿诺德一类绅士学者将文化限定为个人完美成就的观点,而现代较有代表性的则是德国哲学家恩斯特·卡西尔的意见,指象征形式的领域。丹尼尔·贝尔在《资本主义文化矛盾》一书中说:"文化本身是为人类生命过程提供解释系统,帮助他们对待生存困境的一种努力。"他认为:"真正富有意义的文化应当超越现实,因为只有在反复遭遇人生基本问题的过程中,文化才能针对这些问题,通过一个象征系统,来提供有关人生意义变化却又统一的解答。"传统的文化形态,像绘画、诗歌、小说或由祈祷、礼拜和仪式所表达人类生存的意义,其来源都在于所有人类面临的生存困境。丹尼尔·贝尔认为,文明虽然在不断进步,"但在文化中始终有一种回跃,即不断转回到人类生存痛苦的老问题上去"。当然,对问题的提问方式和解答总会因社会变革的影响而不断变化,或干脆创造出新的美学形式,网络文学就是这样一种新的美学形式。因此,从广义的文化概念这个角度来理解,不存在文化含量稀薄与厚重的问题。而从狭义的角度来理解文化,把它看成是为人类生命过程提供解释的系统,那么今天的文学作品确实存在文化含量"稀薄"的问题，因为它无法对当下人类的个人经验、时代经验予以充分的表达，更无力对这种经验提供有说服力的解释。特别是网络文学，玄幻啊、穿越啊等各种类型，大都与当下的个人经验无关，与人们的精神现实无关，它何以去为我们的生命过程提供解释呢？所以，网络文学只有在关注个人的存在，关注个人的经验，并着力为这种经验提供解释的时候，才能显示出自己的文化价值，才能成为主流的艺术形式。

姬：很多文坛前辈劝勉年轻人要多读经典，意大利作家卡尔维诺在《为什么要读经典》中也说："经典作品是一些产生某种特殊影响的书，它们要么自己以遗忘的方式给我们的想象力打下印记，要么乔装成个人或集体的无意识隐藏在深层记忆中。"您认为，经典的意义在哪里？

何：经典的意义不在于经典本身有多好，而在于经典是一种文化传统。文化传统是文化的基础，只有在这样的基础上，我们的交流沟通才是顺畅的。古人有所谓"不学诗，无以言"的说法，因为在那个时代，人们在表达自己观点的时候，都会引用《诗经》中的话，赋予其具体环境中的内涵，如果不读《诗经》，就听不懂别人要表达什么。这个例子可以帮助我们明白，经典作品的形式未必比当下的作品更完善，但是经典是文化传统的一部分，是文化进一步发展的基础，离开这个基础，发展也失去可能。从这个意义上讲，读经典是必需的。

"五四"前期，准确地说从1915年开始，我们放弃了旧的文学传统，把西方的概念拿来重新建立起新的文学样式，这就是新文学。现代文学作品今天从形式完善的角度看，可能不是很完美，但是就像中国的文化元典建立起了中国传统文化的基础一样，现代文学建立了新文学的基础。现代文学建立了白话文写作的新语言传统。例如鲁迅，他的小说、散文、杂文都很好，鲁迅他们那代人的写作为新文学的写作树立了语言的典范，同时也确立了一种现代的思想观念，他的批判精神和姿态在任何时代都是很可贵的。因为历史的原因，对于鲁迅、郭沫若、茅盾等人作品所表达的思想观念，可以有不同的理解，但是他们对新文学的贡献是无法抹杀的，他们在语言上对现代白话文写作的贡献是无法替代的。

姬：除了评论，您还进行其他形式的创作吗？不知有哪些成果？下一步又有什么计划?

何:评论之外,我有时候会写一些随笔,但没什么计划,偶尔为之。从内心深处,我希望能集中精力写一些随笔,常常会想,等我把这件事做完了就好好写一批关于什么什么的随笔。结果是这件事完了有另一件事,集中写随笔的想法就被无限期搁置。有时候我也会写一两首旧体诗,用平水韵讲平仄的那种,纯粹是朋友间的唱和应酬。这些年我还为几部电视专题片撰写了脚本,反响还不错。但我更希望能亲自参与全部制作过程,不过只是想想而已。

与一二知己驾车远行,走走看看写写,是我特别向往的生活,我希望有一天能够成为现实。

姬:呵呵,看来您是评论界的"多面手",期待被您"搁置"的随笔早日问世,让我们一饱眼福。这次访谈很愉快,只是在您百忙之中又加忙了,颇感不安。又到了柳绿花红的好时节,也愿您能偷得半日闲,走走转转。

(本文是姬盼所做一个访谈,发表于《东京文学》2014年第3期)